农业资源

多维优化配置研究

刘 军 著

中国农业出版社
北 京

农业资源多维优化配置，

是实现城乡融合发展的有效手段。

韩杨

二〇二二年六月十五日

PREFACE 序

“三农”问题事关全党工作大局，党的十九大和近年中央1号文件提出全面实施乡村振兴战略。乡村振兴战略在某种程度上是资源的再分配与再平衡，按照效率、公平、稳定的资源配置原则，促进农业农村各类要素效能的最大化和实现资源配置的更优化；而农业资源优化配置是解决资源、环境双重制约并实现农业资源可持续利用的重要方式与手段，也是解决“三农”问题并高效推动乡村振兴战略全面实施的重要举措，直接关系乡村振兴战略的最终实施效果。最近，刘军研究员的《农业资源多维优化配置研究》一书即将出版，请我为本书作序，对此，我欣然接受。

刘军长期从事“农业资源配置”领域系列问题研究，而农业资源配置是以农业资源系统作为研究对象与基础，贯穿于农业生产经营管理全过程。刘军在长期潜心研究“农业资源配置”的实践中发现，传统农业资源配置没有把“农业资源评价—农业资源区划—农业规划—农业项目可行性研究—农业规划（可行性研究实施）—农业后评估—农业区划（规划调整优化）”等作为一个循环系统，而是各子系统相对孤立的就“配置”而研究“配置”，既不能适应“多维”“信息化”资源配置的需求，也不能实现配置利益多方的良性互动，属于典型的二维平面静态展示与机械式管理。刘军认为，新时期农业资源配置需要导入“多维”“信息化”元素，以生态循环型生命周期—系统论的方法为指导，促进传统农业资源配置向农业资源多维优化配置转型升级，才能破解传统农业资源的配置“怪圈”，促进农业资源要素配比效益最大化与农业资源可持续利用。

该书立足于传统农业资源配置理论基础，从多维的角度丰富并完善了农业资源配置理论体系，设计了“内涵+理论体系+方法体系+核心技术体系”四位一体的农业资源多维优化配置理论体系，系统阐述了农业资源多维优化配置的整体系统思路，科学搭建集循环系统和管理决策支持系统于一体的农业资源多维优化配置信息化共享管理平台，构建了循环系统与管理决策支持系统无缝对接的绿色高效畅通渠道，以环环相扣的形式不断循环配置达到不同时空条件下农业资源的持续更优配置，促进传统农业资源配置由二维平面静态展示与机械式管理向多维立体动态仿真展示与数字化管理转型升级。

我国人均农业资源远低于世界平均水平，受农业资源有限性和不均衡性、环境功能衰减的双重制约尤为明显，保稳定、保安全、保可持续发展的压力重于泰山，农业资源高效持续配置与可持续利用从来没有像现在一样引起社会、政府的高度重视。该研究成果在这种大背景下的出版发行，值得政府相关主管部门、专家学者、大专院校相关专业学生、涉农咨询服务机构、相关实际工作者阅读与参考借鉴。

该书的理论性、创新性、针对性与指导性都很强，对加快传统农业资源配置向农业资源多维优化配置转型升级意义重大。该书的出版发行，不仅对全面提高农业资源优化配置效率和实现农业资源可持续利用有较大的指导作用，而且对促进农业高质高效、农村宜居宜业、农民富裕富足和实现乡村振兴，中华民族伟大复兴中国梦的早日实现，必将起到重要的推动作用。

柏连阳

2022年6月

FOREWORD 前言

目前，人类社会受资源有限性和不均衡性、环境功能衰减的双重制约，保稳定、保安全、保可持续发展的矛盾日益尖锐，而对于人均资源远低于世界平均水平的中国而言，实现农业资源高效持续配置和可持续发展的形势尤为严峻。而农业资源配置是农业区域发展的重要内容，对农业资源的充分、高效利用和农业高效产出具有决定性作用，是指导农业综合开发、促进农业资源可持续利用的重要手段。农业资源配置以农业资源系统作为研究对象与基础，不仅贯穿于农业生产的所有环节，而且涉及众多学科、部门及相关要素，属于典型的复杂系统，不仅体现在系统自身的复杂性，也体现在配置过程的复杂性。

传统农业资源配置尽管也按照系统论方法指导资源配置，但一直未跳出资源配置的“怪圈”，需要树立全新的农业资源系统观、生态循环型生命周期—系统论的理念。为此很有必要在传统农业资源配置的基础上，以全新的思维、全新的理念、全新的视角，科学导入“多维”“信息化”元素，利用多维地理信息技术积极拓展农业资源配置的内涵与外延，构建农业资源多维优化配置理论体系。在此基础上，以生态循环型生命周期—系统论的方法为指导，搭建全国一盘棋的集循环系统和管理决策支持系统于一体的农业资源多维优化配置信息化共享管理平台，实现传统农业资源配置由二维平面静态展示与机械式管理向多维立体动态仿真展示与数字化管理转型升级，科学指导农业资源综合开发和农业生产，调节供给与需求双方的资源分布并使资源要素之间组合达到最佳状态，从而全面降低资源配置成本，实现农业资源利用效率和效益最大化目标，不断满足社会生产需要，生产满足人类社会需求的农产品及其服务，实现农业资源可持续利用和人类社会可持续发展。

全书共七章。第一章为农业资源多维优化配置理论体系与配置思路，首先重新界定了农业与农业区域、区域经济学与空间经济学、维度、信息论、信息技术、农业资源等基本概念；其次系统阐述了农业资源多维优化配置的概念、目的、特征体系、配置方式与配置体系，农业资源多维优化配置与传统农业资源配置的关系，农业资源多维优化配置的理论、方法、核心技术；最后设计了农业资源多维优化配置的整体思路。第二章为农业资源多维评价，首先科学界定并系统阐述了农业资源多维评价概念、主要内容、多维评价总体思路与原则、多维评价指标体系构建思路等重要问题；其次系统阐述了农业资源高效利用多维评价的概念、衡量标准，系统构建了其评价方法体系；再次在科学界定农业资源可持续利用概念与特征的基础上，系统阐述了农业资源可持续利用多维评价的概念、最佳评价标准和评价的总体思路；最后科学界定了农业资源利用效率多维评价的基本内涵，系统阐述了农业资源利用效率多维评价的总体思路与主要评价内容。第三章为农业多维区划，首先在全面介绍传统农业区划的概念、特征、客观基础、区划体系等基本情况的基础上，科学界定了农业多维区划的概念、特征、客观基础，提出了农业多维区划与传统农业区划的联系与区别；其次系统总结了农业区划的演变进程，提出了农业区划的发展史就是农业区划由1.0向4.0的不断演进史；最后系统阐述了农业多维区划的方法。第四章为农业多维规划，首先科学界定了农业多维规划的概念、特征及其体系，阐述了农业多维规划与农业规划的联系与区别，提出了农业规划的1.0～4.0体系，系统阐述了农业多维规划的工作程序和工作难点与重点；其次系统阐述了农业资源配置视角下的农业多维规划方法，明确提出了农业多维规划是实现农业资源多维优化配置的重要手段；最后从农业多维规划的角度，系统阐述了农业产业规划、农业示范区规划、农业园区规划、现代农业庄园规划的基本编制框架、主要内容及其编制要点。第五章为农业项目多维可行性研究，首先科学界定了农业项目多维可行性研究的概念、特征、作用，阐述了农业项目多维可行性研究与一般可行性研究的联系与区别，并系统阐述了农业项目多维可行性研究的发展历程；其次构建了农业项目多维可行性研究的理论、方法、技术体系与原则，系统阐述了农业项目多维可行性研究与农业资源多维优化配置的关系；最后系统阐述了农业项目多维可行性研究的基本框架与主要内容。第六章为多维后评估，首先科学界定了多维后评估的概念、特征、目的与作用，构建了多维后评估的理论、方法、技术体系及其总体思路；其次科学总结了多维后评估的组织与程序，系统阐述了多维后评估与农业资源多维优化配置的关系；最后构建了农业规划多维后评估、农业项目可行性研究多维后评估、农业政策多维后评估等不同类型多维后评估的基本框架、主要评估内容及相对应的研究要点。第七章为农业资源多维优化配置支撑体系，首先设计了农业资源多维优化配置的四大发展模式，其次设计了农业资源多维优化配置的五大组合系统体系，最后提出了农业资源多维优化配置的六大政策建议。

本书的创新点主要体现在以下三大方面。

1. 丰富并完善了农业资源配置理论体系，搭建了农业资源多维优化配置信息化共享管理平台

(1) 丰富并完善了农业资源配置理论体系。传统的农业资源配置属于典型的二维平面静态展示与机械式管理，在一定程度上限制了农业资源利用效益的最大限度发挥和农业资源可持续利用，很有必要引入“多维”“信息化”元素加快传统农业资源配置向农业资源多维优化配置转型升级。

农业资源多维优化配置是在传统农业资源配置基础上发展升级而来，是农业资源配置的更高级发展阶段。研究系统构建了“内涵+理论体系+方法体系+技术体系”四位一体的农业资源多维优化配置理论体系。从农业资源多维优化配置的角度，丰富并完善了农业资源配置理论体系，促进传统农业资源配置由二维平面静态展示与机械式管理向多维立体动态仿真展示与数字化管理转型升级（即向农业资源多维优化配置转型升级），实现农业资源优化配置各环节或子系统多层次全信息、多方良性互动、360 度全视角、实景、全过程数据共享的多维动态展示与数字化管理。

(2) 搭建了集循环系统与管理决策支持系统于一体的农业资源多维优化配置信息化共享管理平台。农业资源多维优化配置具有生态循环型生命周期特征，其发展历程也要经历“供应—利用—消费—废弃物—再

生利用”五个阶段，通过周而复始的生态循环与反馈调优，逐步优化农业资源利用结构和农业生产结构，不断提升生命周期的生态性能与综合效益。

农业资源多维优化配置以农业资源系统为研究基础与对象，贯穿于农业生产的所有环节步骤，这些环节、步骤主要由农业资源多维评价、农业多维区划、农业多维规划、农业项目多维可行性研究、农业多维规划（农业项目多维可行性研究）实施、多维后评估、农业多维区划（规划）方案调整优化、农业资源优化配置等组成，以这些环节步骤构成了农业资源多维优化配置的循环系统。这些环节、步骤通过反馈调整再到“农业资源多维评价”，形成下一轮循环。这些环节、步骤与农业资源配置不仅紧密相关，而且就是农业资源配置的重要组成部分，是从宏观到微观、从顶层设计到直接指导农业生产的不断递进过程。

农业资源多维优化配置需要跳出“传统农业资源配置”怪圈，按照生态循环型生命周期—系统论的方法，围绕农业资源优化配置，以多维地理信息技术为核心技术，搭建集农业资源多维优化配置循环系统和农业资源多维优化配置管理决策支持系统于一体的农业资源多维优化配置信息化共享管理平台，实现循环系统与管理决策支持系统，循环系统各子系统之间、各子系统与循环系统，管理决策支持系统各子系统之间、各子系统与管理决策系统无缝对接的绿色畅通渠道，以环环相扣的链条形式不断地循环配置，达到不同时空条件下的农业资源的更优配置，促进农业资源高效持续配置。

2. 丰富并完善了循环系统各子系统的基本理论体系

研究从多维的角度，系统阐述了循环系统各子系统—农业资源多维评价、农业多维区划、农业多维规划、农业项目多维可行性研究、多维后评估的基本理论体系，丰富并完善了农业资源评价、农业区划、农业规划、可行性研究、后评估理论体系。

（1）丰富并完善了农业资源评价理论体系。从多维的角度，科学界定了农业资源多维评价、农业资源高效利用多维评价、农业资源可持续利用多维评价、农业资源利用效率多维评价的内涵；从农业资源多维优化配置的视角，丰富并完善了农业资源多维评价的主要内容。

研究着重对农业资源高效利用多维评价、农业资源可持续利用多维评价、农业资源利用效率多维评价进行了综合系统研讨。作为农业资源多维优化配置循环系统的子系统，提出构建农业资源多维评价管理决策支持子系统及其在子系统中设计农业资源高效利用多维评价、农业资源可持续利用多维评价、农业资源利用效率多维评价的3大评价模块。系统阐述了农业资源多维评价的总体思路、农业资源多维评价指标体系的构建总体思路，同时也系统阐述了3大评价模块的多维评价思路，在此基础上构建了各自的主要评价方法。

研究认为农业资源多维评价与农业资源多维优化配置是相辅相成、相互支撑的关系，从农业资源多维评价的基本理论体系各方面实现与农业资源多维优化配置的无缝对接与高度融合。

（2）丰富并完善了农业区划理论体系。农业多维区划是传统农业区划的更高级发展阶段，研究从农业多维区划的角度丰富并完善了农业区划理论体系。

研究系统阐述了农业多维区划的概念、特征、客观基础、方法体系等基本理论体系；从发展阶段、区划维度、技术手段、支撑作用等方面系统阐述了农业多维区划与传统农业区划的区别与联系；系统阐述了农业区划的演进历程，提出农业区划的发展史就是农业区划由1.0向4.0的不断演进史，科学划定了农业区划1.0～4.0体系，并对其进行了系统阐述，而农业多维区划就是农业区划的4.0。

研究系统构建了根本特征、基本特征两位一体的农业多维区划特征体系，其中时间特征、空间特征、信息数字化特征为根本特征，并对特征体系进行了系统阐述。研究认为自然地域时空分异规律是农业多维区划的客观基础，并系统阐述了自然地域时空分异规律的基本内涵。构建了农业多维区划的方法体系，方法体系主要由定性经验分区、定量模型分区结合多维地理信息技术组合而成。

（3）丰富并完善了农业规划理论体系。农业多维规划是农业规划的更高级发展阶段，研究从农业多维规划的角度丰富并完善了农业规划的理论体系。

研究系统阐述了农业多维规划的概念、任务、特征体系、规划体系、依据与原则、程序、难点与重点、方法等基本理论。科学阐述了农业多维规划与农业多维区划的区别与联系。科学构建了农业规划的1.0～4.0体系，提出农业规划的发展史就是农业规划由1.0向4.0的不断演进史，并对其进行了系统阐述，而农业多维规划就是农业规划的4.0。从农业多维规划编制过程与主要目的、编制方法、规划实施等方面系统阐述了农业多维规划是实现农业资源多维优化配置的重要手段。

（4）丰富并完善了农业项目可行性研究理论体系。农业项目多维可行性研究是在可行性研究并结合农业项目规划、农业项目设计、多维的元素基础上发展升级而来，是农业项目可行性研究的更高级发展阶段。研究从农业项目多维可行性研究的角度丰富并完善了农业项目可行性研究的理论体系。

研究系统阐述了农业项目多维可行性研究的概念、特征体系、目的、作用、发展历程、程序与阶段、研究思路、基本框架与主要内容及其要点等基本理论。同时从基本理论体系各方面实现同农业资源多维优化配置的无缝对接与高度融合，并且还从农业项目多维可行性研究为农业资源多维优化配置提供基础、农业资源多维优化配置为农业项目多维可行性研究提供保障等方面系统阐述了两者是相辅相成、相互支撑的关系。

（5）丰富并完善了后评估理论体系。多维后评估是在后评估基础上结合“多维”“信息化”元素发展升级而来，多维后评估是后评估的更高级发展阶段。研究从多维后评估的角度丰富并完善评估理论体系。

研究系统构建了“内涵＋理论＋方法＋技术体系”四位一体的多维后评估基本理论体系，系统阐述了多维后评估的概念、目的、特征体系、总体评估思路与原则、程序等基本理论体系；系统阐述了多维后评估与前评估的联系与区别。在多维后评估基本理论体系的指导下，从农业规划多维后评估、农业项目可行性研究多维后评估、农业政策多维后评估等方面构建了农业多维后评估体系，分别设计了农业规划多维后评估、农业项目可行性研究多维后评估、农业政策多维后评估的构建思路、基本框架与主要内容、评估要点，并分别进行了系统阐述。

3. 设计了农业资源多维优化配置的“456”支撑体系

一是设计了农业资源多维优化配置的4大发展模式。在五大发展理念的指导下，注重数字化绿色发展、科技创新、财政资金、运行机制对农业资源多维优化配置的支撑作用，设计了以“农户微小型—企业小型—区域中型—省域中大型—国家大型”五级层次性数字化绿色发展模式、科技创新示范模式、财政资金撬动模式、市场与计划双重调控模式等为主导的4大农业资源多维优化配置模式，并系统阐述了各发展模式的内涵。

二是设计了农业资源多维优化配置的5大系统体系。5大组合系统体系包括生态型生命周期性循环系统体系和共享型多维性管理决策支持系统体系、调整优化产业生产布局体系与绿色发展支撑体系、完善产学研用技术创新推广体系与精细社会化服务体系、强化动态数字化管理创新体系与高效信息化后勤保障体系、统筹协调节约集约永续利用体系与高效预警保护体系。设计的五大体系都属于组合体系，组合体系之间相互促进、相互支撑、相互制约，属于典型的系统体系。

三是提出了农业资源多维优化配置的6大政策建议。6大政策建议包括启动农业资源详查和农业多维区划工作、优化资源配置形式、搭建大数据资源体系平台、完善实施监管体系、加大工作队伍建设力度、提升公众参与广度和深度。6大政策建议既是对4大发展模式和5大系统体系的补充与完善，也是从支撑体系的角度提出农业资源多维优化配置的政策建议和保障措施，与4大发展模式、5大系统体系共同构成了农业资源多维优化配置的支撑体系。

CONTENTS 目录

序
前言

第一章 农业资源多维优化配置理论体系与配置思路 …… 1

第一节 概述 …… 2
一、基本概念 …… 2
二、农业资源多维优化配置内涵 …… 22
三、农业资源多维优化配置与传统农业资源配置的关系 …… 32
第二节 农业资源多维优化配置理论、方法、技术 …… 34
一、农业资源多维优化配置理论 …… 34
二、农业资源多维优化配置方法 …… 41
三、农业资源多维优化配置核心技术——多维地理信息技术 …… 47
第三节 农业资源多维优化配置思路 …… 50
一、农业资源多维优化配置循环系统 …… 50
二、农业资源多维优化配置思路 …… 51
三、农业资源多维优化配置原则 …… 51
四、农业资源多维优化配置目标 …… 55

第二章 农业资源多维评价 …… 57

第一节 概述 …… 57
一、农业资源多维评价总体思路 …… 57
二、农业自然资源与农业社会经济技术资源多维评价 …… 66
第二节 农业资源高效利用多维评价 …… 68
一、农业资源高效利用及其衡量标准 …… 68
二、农业资源高效利用多维评价思路与方法 …… 69
第三节 农业资源可持续利用多维评价 …… 77

一、农业资源可持续利用内涵与特征 …… 77
二、农业资源可持续利用的评价标准 …… 79
三、农业资源可持续利用多维评价基本思路 …… 81
第四节 农业资源利用效率多维评价 …… 83
一、农业资源利用效率基本内涵 …… 83
二、农业资源利用效率多维评价思路与基本内容 …… 86

第三章 农业多维区划 …… 89

第一节 传统农业区划与农业多维区划的关系 …… 89
一、传统农业区划 …… 89
二、农业多维区划 …… 92
三、农业多维区划与传统农业区划的区别与联系 …… 96
第二节 农业区划演进历程 …… 97
一、古代农业区划 …… 98
二、封建社会农业区划 …… 100
三、近现代农业区划 …… 100
第三节 农业多维区划方法 …… 105
一、农业多维区划的一般方法 …… 105
二、农业多维区划的指标设置方法 …… 114
三、农业多维区划的一般分区方法 …… 115

第四章 农业多维规划 …… 117

第一节 概述 …… 117
一、农业多维规划 …… 117
二、农业多维规划的规划体系及其分类 …… 125
三、农业多维规划的依据与原则 …… 129
四、农业多维规划的程序 …… 133
五、农业多维规划编制的难点与重点 …… 137
第二节 农业多维规划与资源优化配置 …… 139
一、资源优化配置视角下的农业多维规划方法 …… 139
二、农业多维规划是实现农业资源多维优化配置的重要手段 …… 144
第三节 农业多维规划视角下不同类型农业规划基本框架与要点 …… 147
一、农业产业规划基本框架与要点 …… 147
二、农业示范区规划基本框架与要点 …… 151

三、农业园区规划基本框架与要点 …… 153
四、现代农业庄园规划基本框架与要点 …… 155

第五章 农业项目多维可行性研究 …… 161

第一节 概述 …… 161
一、农业项目多维可行性研究内涵 …… 161
二、农业项目可行性研究发展历程 …… 168
三、农业项目多维可行性研究步骤与阶段 …… 168
第二节 农业项目多维可行性研究思路 …… 171
一、农业项目多维可行性研究理论、方法、技术 …… 171
二、农业项目多维可行性研究与农业资源优化配置的关系 …… 174
三、农业项目多维可行性研究的总体思路 …… 175
第三节 农业项目多维可行性研究基本框架与要点 …… 177
一、农业项目多维可行性研究基本框架 …… 177
二、农业项目多维可行性研究要点 …… 182

第六章 多维后评估 …… 185

第一节 概述 …… 185
一、多维后评估的内涵 …… 185
二、多维后评估理论、方法、技术 …… 188
三、多维后评估思路 …… 193
四、多维后评估组织与程序 …… 195
五、多维后评估与农业资源优化配置的关系 …… 196
第二节 农业规划多维后评估基本框架与要点 …… 197
一、农业规划多维后评估基本思路 …… 197
二、农业规划多维后评估基本框架 …… 197
三、农业规划多维后评估要点 …… 200
第三节 农业项目可行性研究多维后评估基本框架与要点 …… 201
一、农业项目可行性研究多维后评估基本思路 …… 201
二、农业项目可行性研究多维后评估基本框架 …… 202
三、农业项目可行性研究多维后评估要点 …… 204
第四节 农业政策多维后评估基本框架与要点 …… 206
一、农业政策多维后评估内涵 …… 206
二、农业政策多维后评估思路与程序 …… 207

三、农业政策多维后评估基本框架 …… 210
四、农业政策多维后评估要点 …… 213

第七章 农业资源多维优化配置支撑体系研究 …… 215

第一节 农业资源多维优化配置模式 …… 215
一、层次性数字化绿色发展模式 …… 216
二、科技创新示范模式 …… 218
三、市场与计划双重调控模式 …… 219
四、财政资金撬动模式 …… 220
第二节 构建农业资源多维优化配置体系 …… 220
一、生态型生命周期性循环系统体系和共享型多维管理决策支持系统体系 …… 220
二、调整优化产业生产布局体系与绿色发展支撑体系 …… 221
三、完善产学研用技术创新推广体系与精细社会化服务体系 …… 222
四、强化动态数字化管理创新体系与高效信息化后勤保障体系 …… 223
五、统筹协调节约集约永续利用体系与高效预警保护体系 …… 224
第三节 农业资源多维优化配置政策与保障措施 …… 226
一、启动农业资源详查和农业多维区划工作 …… 226
二、优化资源配置的形式 …… 227
三、搭建大数据资源体系平台 …… 228
四、完善实施监管体系 …… 228
五、加大工作队伍建设力度 …… 230
六、提升公众参与的广度与深度 …… 231

参考文献 …… 233
后记 …… 240

第一章

农业资源多维优化配置理论体系与配置思路

农业资源配置是农业区域发展的重要研究内容，是指导农业综合开发与实现农业资源可持续利用的重要手段。农业资源配置以农业资源系统作为研究对象与基础，涉及学科与部门及相关要素众多，属于典型的复杂系统。传统农业资源配置主要运用系统论方法把农业资源各系统纳入农业资源大系统中来整体地考虑农业资源的优化配置，为农业资源的优化配置和合理开发利用发挥了积极作用。但传统农业资源配置既没有跳出就“配置”而谈“配置”的怪圈，也是典型的二维平面静态展示与机械式管理，不利于农业资源配置利益相关方进行多方良性互动和表达其合理诉求，也不利于农业资源配置全过程及其利用保护的数字化展示与智能化管理，在一定程度上限制了农业资源的高效配置。

在经济新常态下，学科发展和经济社会发展都对传统农业资源配置提出了更高的要求，为此新时期农业资源配置很有必要以全新的思维、全新的理念、全新的视角，科学导入“多维”“信息化”元素，积极拓展传统农业资源配置内涵与外延，构建农业资源多维优化配置理论体系，加快传统农业资源配置向农业资源多维优化配置转型升级。

在农业资源多维优化配置视角下，把作为农业资源优化配置重要组成部分且贯穿于农业生产全过程的农业资源多维评价—农业多维区划—农业多维规划—农业项目多维可行性研究—农业多维规划（可行性研究）实施—多维后评估—农业多维区划（规划）方案调整优化等环节、步骤，作为子系统纳入农业资源多维优化配置循环系统，这些环节、步骤是从宏观到微观、从顶层设计到直接指导农业生产的不断递进的循环过程。而农业资源多维优化配置需要跳出“传统农业资源配置”怪圈，按照生态循环型生命周期—系统论的方法，围绕农业资源优化配置，以多维地理信息技术为核心技术，搭建集农业资源多维优化循环系统和农业资源多维优化配置管理决策支持系统于一体的农业资源多维优化配置信息化共享管理平台，实现两大系统之间、系统内部各子系统之间、两大系统与各自的子系统之间的无缝对接与高度融合，实现农业资源高效持续配置，从而全面提高农业资源优化配置效率，为农业资源可持续利用和人类社会可持续发展提供支撑。

第一节 概 述

一、基本概念

（一）农业与农业区域

1. 农业

（1）内涵。农业是利用动植物的生长发育规律，通过人工培育来获得产品的产业。农业属于第一产业，事关国计民生，既是提供支撑国民经济建设与发展的基础产业，也是民生产业，研究农业的科学是农学。农业的劳动对象是有生命的动植物，获得的产品包括有形产品、无形产品两大类，其中有形产品主要包括动植物本身及其加工产品，无形产品主要指农业社会商业化服务。农业是国民经济中十分重要的产业部门，是以土地等自然资源为主要生产对象的部门，它是通过培育动植物产品从而生产食品和工业原料、提供社会商业化服务的产业。

广义农业包括种植业、林业、畜牧业、渔业、副业五种产业形式，甚至还包括农业服务业；狭义农业是指种植业，主要包括生产粮食作物、经济作物、饲料作物和绿肥等农作物的生产活动。利用土地资源进行种植生产的是种植业；利用土地上水域空间进行水产养殖的是水产业，又称渔业；利用土地资源培育采伐林木、发展林业经济的是林业；利用土地资源培育或者直接利用草地发展畜牧的是畜牧业；对上述产品进行小规模加工或者制作的是副业，它们都是农业的有机组成部分。对农业农村景观或者所在地域农业资源进行开发并展示、提供休闲旅游的是观光农业，又称休闲农业，这是新时期随着人们的业余时间富余、生活水平富足而产生的新型农业业态，也是农业多功能拓展与开发的具体表现。

（2）分类。根据生产力的性质和状况，农业可分为原始农业、古代农业、近代农业和现代农业。近代农业指手工工具和畜力农具向半机械化甚至机械化农具转变、生产活动由劳动者凭借直接经验开始转向依靠近代科学指导转变、由自给自足的生产向商品化生产转变的农业。现代农业是指应用现代科学技术、现代工业提供的生产资料和现代生产管理方法的社会化农业，萌发于资本主义工业化时期，是在 1945 年以后才形成的发达农业。

(3) 特点。经济再生产与自然再生产交织在一起，受生物的生长繁育规律和自然条件的制约，具有强烈的季节性和地域性；生产时间与劳动时间不一致；生产周期长，资金周转慢；产品大多具有鲜活性，不便运输和储藏，单位产品的价值较低。

(4) 产业特性。农业是利用动植物的生命过程获取人类所需产品的社会生产部门。在市场经济社会中，农业不同于工业生产，表现出很强的生物质产业特性，市场失灵在农业部门表现最为突出。在市场经济条件下产生的许多农业问题都源于农业自身的产业特性。农业的产业特性主要体现在以下五个方面。

一是农业的生存性。农业属于人类赖以生存的基础性产业。农业的主导功能就是提供农产品，而农产品是人类生活每天都离不开的绝对必需品，农产品多寡关系人类生存。而多数工业产品与生活质量水平相关，属于相对必需品，即使出现暂时短缺，也不会影响人类生存。农产品的需求弹性和供给弹性都比较小。

二是农业的生活性。农业的基本功能是生活保障功能。农业不仅是人类衣食之源，更是人类与自然界的一个有效接口，成为人与自然和谐相处的平台。农业是一种“生命的循环世界”，反映了自然界的生命变化；通过这种循环变化，人们可以感受到自然的生命力，体会到生命韵律。农业是异质和多样的生产，可以使不同性别和年龄的人选择适合自己的农事活动，从而给男女老少都提供参与农事活动的机会，农业成为一种进入门槛很低、可以干一辈子的“终身产业”。农业生产具有充满生命力的自然相互作用的特点，人可以与自然生命世界建立一种情感交流；在这种交流中，人从自然中学会协调与互助，品味生存的快乐与艰难。农业休闲旅游、科普与教育培训等是农业多功能的具体表现，农业生产是一种自我创造和自我形成的过程，其生产过程、产品包含相关农业知识和人类不可缺少的人生真谛，既能对中小学生的情操培养和素质教育产生重要影响，也能为城镇居民乡村休闲旅游、康体美容、参与式体验提供支撑。

三是农业的社会性。农业是国民经济的基础性产业，不仅能为国民经济其他产业提供原料和发展基础，更是人类赖以生存的基础性产业，具有广泛的社会基础；农业不仅受自然风险的制约，同时也受市场风险、技术风险、管理风险等社会风险的制约，具有强烈的社会属性。

四是农业的生态性。生态功能是农业多功能的具体表现之一。在自然空间进行的农业生产过程，具有很强的外部生态效应，主要体现为保持土壤、涵养水源、调节气候、维护生物多样性和提供自然景观等。日本农林水产省综合研究所用替代法定量估计日本 1997 年的农业生态价值是农业 GDP 的 69%，其生态效益十分显著。

五是农业的公益性。农业生产周期长，投资大，投资回收期长，投资回报率低，属于典型的低效益产业。从经济效益的角度来说，投资者用相同的资金在固定的时期内，一般情况下投资农业的回报远远低于投资其他产业，因而对于以利润为核心的投资者来说，投资农业在某种程度上就是在做公益，为人类的生产发展提供必要的生活保障，应该获得国家、社会的更多扶持。

2. 区域

（1）内涵。区域的概念非常广泛，人类的任何生产、生活活动都离不开一定的区域，但不同学科和领域有不同的界定。地理学是最早将区域作为研究对象的，认为区域是地球表面的地域单元；社会学认为区域是具有共同语言、共同信仰和民族特征的人类社会聚落；行政学认为区域是政府管理的行政单元。

一般来说，区域是指根据一定的目的和原则而划定的地球表面的一定范围的地理空间，是因自然、经济和社会等方面的内聚力而形成，并具有相对完整的结构，能够独立发挥功能的有机整体。区域具有以下四方面的含义。

一是具有实体和空间的二重性。区域具有典型的实体和空间的二重性，既是一个实体概念，又是一个抽象的空间概念。在进行具体的区域问题研究时，区域是指地球表面存在的特定范围的空间，属于实体概念，具有明显的要素禀赋、经济活动、范围大小等特征；而在进行理论研究时，区域是一个抽象的、弹性的、观念上的空间概念，去掉了区域内的要素禀赋、经济活动差异特质，没有地理边界、范围以及确切的方位，是用来分析区域现象的工具。因此，在区域经济学文献中，“区域”和“空间”这两个概念往往可以相互替代而不必作细致的区分。

二是基本要素以内聚力为主导。内聚力、结构、功能、规模和边界是区域的五个基本要素。其中内聚力是区域形成、演变的基础，它决定了区域内部的结构和功能，进而决定了区域的规模和边界。正是这种内聚力的存在，在一个区域各组成部分之间形成了一种相互依存的关系，并由此产生了一种共同的区域利益和区域意识。

三是以客观性和动态性为基本特征。客观性和动态性是区域的两个最基本的特征。一方面，区域是一个客观存在的范围，由此可以根据一定的目的对其加以描述，进而划区，并揭示其一般规律性。另一方面，区域又处于不断演进变化之中，随着社会经济的发展，区域的内聚力将不断发生变化，继而导致区域特别是经济区域的结构、功能、规模和边界也随之发生变化。但是，在某一特定时期，区域一般具有一定的规模和比较明确的边界。

四是区域等级体系与区域等级规模不一定成正比。区域具有一定的等级体系，不同等级区域的规模可能相差较大。一个大的经济地带、一个国家甚至跨国联盟等都可以看作是一个区域。按照地域规模的大小，国内区域大体可以分为地带级、大区级、省区级、市级、县级、乡（镇）级等多个层次，一般来说等级大的区域规模大于等级小的区域的规模，不同等级区域的规模可能相差较大。当然，区域并不是可以无限分割的，它具有一定的最小规模即单元区规模。

（2）特征。区域的特征除了客观性、动态性外，还具有整体性、结构性、可度量性、系统性等特征。

一是整体性。是指区域内具有较一致的某种特性，这种一致性往往是由于区域内部单元的联系造成的；区域的整体性还表现为划分区域时，必须符合不重叠和不遗漏的原则，即按照同一原则、同一指标划分的区域体系，同一层次的区域不应该重复，也不应该遗漏。

二是结构性。主要表现为层次性、自组织性和稳定性。

三是可度量性。区域在地理学上通常是指地球表面存在的特定范围的空间，即特定的地区，它具有一定的地理位置和明确的边界，而这个边界和空间是可以定位和测量的。

四是系统性。区域是一个开放性的耗散结构系统，大小系统相互配合，系统内外可以进行大量的人、财、物等的交换。

（3）分类。

一是按照区域内聚力的差别进行分类。根据内聚力的不同，区域一般可以划分为自然区域、经济区域、行政区域和文化区域等类型。

二是按照区域组成部分特性的相关性进行分类。根据区域各组成部分在特性上存在的相关性，区域一般可以划分为均质区、结节区和规划区等三类。其中均质区是以某个或某些重要因素为标准，按其特征的相似性而界定的一群地区。内部一致性或相似性是划定均质区的主要依据，如我国的民族自治区就是按照少数民族的地理分布和聚居特点的相似性而划分的均质区，农业专业化地区、土地利用类型区以及按人均收入水平确定的贫困地区，也都属于均质区的范畴。结节区又称极化区，是指一群虽然异质，但在功能上的关系却极为密切的地区。结节区通常有一个核心和一个互补的外围地区，每一个区域都有一个或多个占支配地位的控制节点，构成区域的核心部分，并通过各种联系渠道吸引区域的投入品、商品、人口和交通流量，其余的便是这个区域的外围地区，受核心区域的影响、支配和控制。从空间结构上看，结节区一般由运动、网络、节点、等级体系和表面五个基本要素组成，如城市区域或城市经济区，即城市与周围的通勤所达地区和吸引范围所构成的区域，就是一种广泛存在的典型结节区。规划区也称计划区，是指政府在经济决策时，按照政策目标而界定的区域。规划区一般建立在均质区或结节区的基础之上，区内自然条件、社会和经济特点的相似性以及各组成部分之间经济联系的紧密程度，是政府确定规划区的两个重要依据。

3. 农业区域

（1）内涵。农业区域是农业生产特征类似空间上密切关联的地区，即在农业生产上具有类似的条件、特征和发展方向的一定地域，是农业生产在地域空间上的表现。农业区域之间存在区际差异性，区内又具有较强的共性。农业区域以往一直被认为是以农业为核心产业的地区。虽然支撑农业发展的水田、旱地比重仍然比较大，但是农业占国内生产总值的比重在日益下降，有的国家或地区已经降至1%～6%的水平。随着社会的发展，农业区域正在成为包括农业、工业和商业服务业的广义空间。农业区域仅靠农业就能生存和发展的时代即将过去，大量过剩农民需要重新择业，要么成为区域内兼业农民，要么进城务工。

综上所述，农业区域是一个源于农业的、对外部开放的、具有竞争优势的多产业复合经济空间。从生态经济的观点看，是一个农业生态经济系统，它是客观存在的农业分布的实体，是认识农业地域分异现象的基础，既是农业多维区划的出发点，又是农业多维区划的归宿。其性质和特点随着社会生产方式和生产条件的改变而发展变化。当社会生产力水平比较低时，其性质主要属自然经济形态的生态适应区域；随着社会生产力水平的提高和商品生产的发展，这种性质的农业区域已被劳动地域分工和具有不同程度专业化的农业生态经济区域所取代。

（2）基本特征。

一是生态依赖性。农业区域深受特定地域光、温、水及地形地貌等自然条件的影响，是动植物对自然生态环境适应、选择的结果，呈现强烈的生态环境依赖性。

二是市场竞争性。农业区域是区域分工的结果，既是国家农业的重要组成部分，又是一个相对独立的经济实体。要组织区内资源配置与农业经济活动，广泛地参与农产品市场竞争和贸易，维系市场竞争优势是农业区域生存与可持续发展的经济基础。

三是生命周期性。农业区域如同生命有机体一样，要经历形成、发展、成熟、衰退或创新再生等发展阶段，表现出周期性，不同阶段处于不同地位，面临不同问题。

四是发展外部性。作为一个开放系统，农业区域发展会对相关区域产生正面和负面的影响，这种外部性需要通过制度安排加以调控，保证区际发展环境公平是农业区域可持续发展的社会基础。

（3）客观基础。农业区域存在的客观基础，既要从农业对地理空间的依赖以及空间的差异性去理解，也要从农业活动的本身，由自然分工到专业化劳动地域分工，由简单商品经济到发达市场经济等方面去理解。农业区域存在的客观基础是空间差异和历史演进的统一，也就是说具有时空的分异性。

资源要素的地域性是农业区域存在的基本前提。农业生产既是自然再生产的过程，也是经济再生产的过程，同时受自然规律和经济规律的制约和影响。不同地区有不同的自然资源和社会经济条件，各种具体农业活动对特定的地域自然、经济条件具有明显的空间选择性和空间适应性，每个地区的自然、经济和社会条件可能有利于某些部门和作物的发展，不利于另一些部门和作物的发展。于是，便形成了丰富多样的农业类型区域。

生产要素的不完全流动性也是农业地域时空分异规律形成的重要影响因素。农业生产赖以生存的光、温、水、土等农业自然资源要素具有空间分布的不均衡性和稀缺性，在常态下无法随心所欲地自由流动。随着技术的进步，通过特定的措施，引导部分自然资源的流动成为可能，但这种流动是需要付出昂贵代价的。生产要素的不完全流动性，使得农业活动不可能形成空间的均衡化，构成了农业地域时空分异的自然基础。

空间距离是农业区域存在的又一重要基础。有空间就有距离，克服距离就要产生成本，即空间成本。随着现代交通、通信的发展，空间距离对农业活动的制约会不断弱化。但只要距离存在，生产要素的流通和聚集经济的形成，总会产生费用和时间支出，农业在区域上不可能平均分布也无必要。因此，空间距离与生产要素的不完全流动性共同构成农业区域存在的物质基础。

（二）区域经济学与空间经济学

1. 区域经济学

（1）区域经济学概念。

一是区域经济的内涵。区域经济指在一定区域内经济发展的内部因素与外部条件相互作用而产生的生产综合体，以一定地域为范围，并与经济要素及其分布密切结合的区域发展实体。区域经济反映不同地区内经济发展的客观规律以及内涵和外延的相互关系。每一个区域的经济发展都受到自然条件、社会经济条件和技术经济政策等因素的制约。水分、热量、光照、土地和灾害频率等自然条件都影响区域经济的发展，有时还起着十分重要的作用；在一定的生产力发展水平条件下，区域经济的发展程度受资金、技术和劳动等投入因素的制约；技术经济政策对于特定区域经济的发展也有重大影响。

二是区域经济学的内涵。区域经济学是研究区域经济发展、区际经济关系和区域经济政策的综合性应用科学。区域经济学是研究和揭示区域与经济相互作用规律的一门学科，主要研究市场经济条件下生产力的空间分布及发展规律，探索促进特定区域而不是某一企业经济增长的途径和措施，以及如何在发挥各地区优势的基础上实现资源优化配置和提高区域整体经济效益，为政府的公共决策提供理论依据和科学指导。具体分析区域经济发展中的规律性问题，主要包括区域特征分析，目标系统与政策、手段、产业结构演进、人口增长与移动、城市建设与布局、区域国土规划，区域联合与区际利益的协调，区域比例关系等方面。学科主要研究方向包括城市化与城市经济问题、空间结构理论、区域生产力布局、资源合理开发利用、农村经济、区带规划及管理、区域投融资等方面。

(2) 区域经济学的由来。

①区位论研究。区域经济需要运用经济学的观点，研究不同区域经济的发展变化、空间组织及其相互关系的综合性应用科学。它的形成和发展最早源于德国经济学家约翰·冯·杜能提出的古典区位论，1826 年杜能出版《孤立国同农业和国民经济的关系》(以下简称《孤立国》)，标志着区位论的产生。经德国经济学家韦伯的研究和德国地理学家克里斯·泰勒、德国经济学家廖什的进一步发展，到 20 世纪 40 年代形成较为完善的理论体系。区位是指厂商经营生产活动的位置，如何确定最佳位置是区位理论所关注的核心问题。杜能指出距离消费市场的远近对农作物的布局有重大影响，韦伯继承了杜能的思想，认为运输费用决定着工业区位的基本方向，理想的工业区位是运距和运量最少的点，同时韦伯增加了劳动力费用因素和集聚因素，把由此决定的最小生产成本作为厂商选择最优区位的标准。韦伯以后的区位论学者认为，在现代经济活动中，市场对生产活动起越来越大的作用，因而提出以市场为中心、以取得最大限度利润为目的的区位理论。1945 年以后，区位理论主要由美国学者进一步发展和延伸，其中瓦尔特·艾萨德对区位理论的全面发展贡献最大，其研究已超出了传统区位论局部均衡、纯经济要素的研究范围，追求的是区域总体的均衡以及各种要素对区域总体均衡的影响。

②区域经济问题的出现和凯恩斯主义的国家干预政策。20 世纪 20 年代，在已实现了工业化的西方国家，开始出现老工业区结构性的衰退现象，20 世纪 30 年代又爆发了经济大危机，使得这些萧条地区和贫困地区的经济状况更加恶化，致使区际经济两极分化加剧，西方国家纷纷采取一系列措施帮助落后地区发展经济，缓和两极分化带来的痛苦与灾难。英国经济学家约翰·梅纳

德·凯恩斯以开创了经济学的"凯恩斯革命"而闻名于世，被后人称为"宏观经济学之父"，1936 年发表代表作《就业、利息和货币通论》（简称《通论》），主张放弃经济自由主义解决有效需求不足的问题，代之以国家干预的方针和政策。1945—1957 年，西方经济迅速发展，当时人们普遍认为一个国家只要能保持发展的势头，在普遍繁荣中，通过资本与劳动力的自由流动，市场机制就可以调节区域间的不平衡问题。因此，各国普遍追求更高的发展速度，把大量的财力、物力、人力集中投入到经济发达、技术条件好、基础设施好的地区，以便实现投资少、见效快的目的。然而，这种做法虽然实现了发达地区经济的繁荣，却造成了发达地区和欠发达地区之间的差距进一步拉大。赫希曼在 1958 年出版的《经济发展》一书中指出，增长在区域之间不均衡的现象是不可避免的，核心部分的发展会通过"涓滴效应"在某种程度上带动外围地区的发展，与此同时，劳动力与资本从外围地区迅速流入核心区，加强核心区的发展，又起到扩大地区差异的作用。虽然"涓滴效应"与极化效应同时起作用，但在市场机制作用下，极化效应起支配作用，要改变这种情况，缩小区际差距，唯一可行的方法是加强国家干预，采取各种有效的经济政策扶持落后地区的发展。20 世纪 60 年代以后西方国家经济发展的实际情况证明了这种观点的正确性。20 世纪 60 年代初，西方国家经济繁荣期结束，进入长波周期的低潮阶段，普遍出现失业率高，萧条区、落后地区的处境进一步恶化，社会矛盾迅速激化，这种情况使许多国家的政府认识到不能顺着老路往下走，于是借助凯恩斯的理论加强政府干预，纷纷采取相应措施，多数国家成立了专门解决区域经济发展问题的机构，编制区域规划，制定区域经济政策，设立专门基金（如区域开发基金、社会基金、农业基金等）和区域开发银行，从金融、财政等方面支援欠发达地区加快发展步伐。20 世纪 80 年代以后，在经济全球化与区域经济一体化的双重背景下，区域经济研究领域不断拓展，出现了许多新特征。如交通、通信设施的改善，特别是知识、信息、网络和人力资源的开发，使区位要素、区域发展要素的内涵和组合发生根本性变化；发展目标从单纯追求经济增长率、利润最大化到以人为本、全面发展和可持续发展；经济结构和城乡结构的调整，成为区域经济发展中的关键问题；在区域经济理论与方法研究、实践中注入了大量丰富的新内容，使得区域研究模型化、动态化，呈现非平衡和非线性的特点等。这一时期是区域经济理论和实践迅速发展和繁荣的新时期，也是区域经济学获得高速发展的时期。

（3）区域经济的特点。

一是二重性。区域经济蕴含着"空间经济"的含义，任何人类的经济活动都离不开空间，其生产、交换、流通和消费过程都必须落实到具体区位，从这一点出发，可以把区域经济看成是一个国家经济的空间侧面；同时区域经济又通常是指国内特定地区的国民经济，在一国之内，各个地区所发生的各种经济活动及其资源配置问题，都属于区域经济范畴。

二是地域性。区域经济的发展必须因地制宜，扬长避短，体现合理分工，充分发挥优势，以逐步形成各具特色的地区经济结构。

三是中观性。区域经济是一种承上启下，并有着自己的区域特点的中间性、非均衡性经济，是一种介于宏观经济和微观经济之间的中观经济。任何一个区域的经济发展，都是既要满足本地居民的需要，谋求区内居民经济福利的增长，又要考虑整个国民经济发展的需要，与全国经济协调发展，兼顾区域利益和国家利益。作为区域经济的管理部门，地方政府既要对区内经济进行管理和调控，又要接受中央和上一级政府的监督、指导和调控，执行国家的宏观经济政策。

四是相对开放性。与国家经济相比，区域经济在社会制度、经济体制、经济运行规则和货币政策等方面是一致的，区域经济不存在国家之间常有的人为障碍，如关税、进口配额、移民限制等，因而具有更大的开放性。但是这种开放性只能是相对的，受空间距离和运输成本的制约。一般来说，区域规模越大，开放的程度越低；反之，区域规模越小，开放的程度越高。

五是系统性。区域经济是由自然、环境、经济、人文等要素组成的一个有机整体，也可以说是由自然、环境、经济、人文等子系统共同组合形成的一个更大的系统——区域经济系统，就是在不同类型区域内形成的经济系统，是地域生产综合体或国民经济综合体。它涵盖国民经济的各个部门，即工业、农业、交通运输、邮电通信、文化、教育、科技、卫生、城镇、金融、商业、国家机关和人民团体等。各部门在国民经济运行中有机地联系在一起，构成了一个地域系统整体。在这个系统整体内各部门有着相互联系、相互作用、相互制约的关系。

六是综合性。区域经济是一种综合性的经济发展的地理概念，它反映区域性的资源开发和利用的现状及其问题，尤其是指矿物资源、土地资源、人力资源和生物资源的合理利用程度，主要表现在地区生产力布局的科学性和经济效益上。区域经济的效果，并不单纯反映在经济指标上，还要综合考虑社会总体经济效益和地区性的生态效益。

2. 空间经济学

（1）空间经济学概念。空间经济学是根据时间、层次、传统三维空间相互转化原理研究经济发展规律、预测经济发展趋向、进行经济空间布局、调整产业空间结构、取得经济规模效益、实现经济可持续发展的经济学，是结构经济学向发展经济学转化的中间环节。空间经济学与结构经济学使发展经济学成为科学。空间经济学是在区位论的基础上发展起来的多门学科的总称，它研究的是空间的经济现象和规律，研究生产要素的空间布局和经济活动的空间区位。空间经济研究的是关于资源在空间的配置和经济活动的空间区位问题。空间经济学的核心主线是集聚。

（2）空间经济学的由来。关于空间经济学的渊源可以追溯到德国传统的古典区位理论。杜能 1826 年出版《孤立国》，对于地租和土地利用的分析使人耳目一新，而对于孤立国（城市）的描述，成为城市经济学的发源。韦伯于 1909 年出版《工业区位论》，系统地建立了一系列概念、原理和规则，严谨地表述了一般的区位理论，并发展为空间经济学的另一流派。

新古典区位理论的代表人物是沃尔特・克里斯塔勒（Walter Christaller）和奥古斯特・勒施（August Losch）。前者于 1933 年出版了《德国南部的中心地区》，提出了中心—地方理论（Central Place Theory）；后者于 1939 年出版《区位经济学》（原名为《空间体系经济学》），于 1954 年在美国以 The Economzcs of Loca-tzon 为名翻译出版，将一般均衡理论应用于空间研究。

1956 年，沃尔特・艾萨德（W. Isard）出版了《Location and Space-Economy》，将杜能、韦伯、克里斯塔勒、勒施等人的模型整合为一个统一的易驾驭的框架，把区位问题重新表述为一个标准的替代问题：厂商可以被看作是在权衡运输成本与生产成本，正如它们做出其他任何成本最小化或利润最大化的决策一样。阿隆索（W. Alonso）于 1964 年出版了《区位和土地利用》，用经常在城市与农村来回穿梭的“通勤者”（Commuters）替代农民，用中央商业区（CBD）替代城市，建立了一个“单中心城市模型”，描绘了一幅比杜能的模型更令人满意的图景。

将区位理论与国际贸易密切联系起来的是贝蒂尔・俄林，他认为国际贸易理论是一个多边市场理论，其他多边市场理论可以从价格差异理论和地租理论中得到。1977 年，迪克西特（Avinash Dixit）和斯蒂格利茨（Joseph Stiglitz）在《美国经济评论》上发表著名文章，建立了迪克西特—斯蒂格利茨垄断竞争模型；该模型为很多经济领域的研究提供了崭新的工具，掀起了经济学研究中收益递增和不完全竞争的革命，全面推动了产业组织理论、新贸易理论、新增长理论、空间经济理论的研究。20 世纪 80 年代，保罗・克鲁格曼认为经济地理是“生产的空间区位”，即新经济地理学。

（3）空间经济学的基本模型。

一是区域模型，即中心—外围模式。中心—外围模型（Core Periphery Model）考虑的是一个只有农业和制造业两个部门的经济，农业是完全竞争的，生产单一的同质产品，而制造业部门是垄断竞争的，供给大量的差异化产品，具有收益递增的特征；两个部门仅使用劳动力这一种资源；农业雇佣劳动力要素不可流动，而制造业工人可以自由流动；农产品无运输成本，而制造品则存在“冰山成本”。满足当运输成本足够低、当制造业的差异产品种类足够多、当制造业份额足够大等三个条件，经济的演化将可能导致中心—外围格局（即制造业“中心”和农业“外围”）。较大的制造业份额意味着较大的前向关联和后向关联，它们是最大的集聚力。关键系数的微小变化会使经济发生波动，原先两个互相对称的地区发生转变，起初某个地区的微弱优势不断积累，最终该地区变成产业集聚中心，另一个地区变成非产业化的外围。也就是说，经济演化使得对称均衡在分岔点上瓦解，区域性质发生突变。将两地区的例子推广至多地区与连续空间，克鲁格曼用 Turing 方法证明了中心—外围模型中的结论仍然有意义，集聚因素将使得在多个地区和连续空间中产生数量更少、规模更大的集中。而即便放松农业运输成本为零这一非现实假设，基本结论也不会有多少改变。当然，中心—外围模式能够发生并不表示必然发生，即便发生，是否可维持也是有条件的。在一定的条件下，一个地区形成的产业集聚可以自我维持，但在同等条件下，产业在两个地区分布也是稳定的。同时这也表明，真实世界中的空间地理结构要比想象中的复杂得多。

二是城市模型，即城市层级体系的演化。城市模型以杜能的《孤立国》为起点，定义城市为制造业的集聚地，四周被农业包围。然后逐渐增加经济的人口，农业腹地的边缘与中心的距离逐渐增加，当达到一定程度时，某些制造业会向城市外迁移，导致新城市的形成。人口的进一步增长又会生成更多的城市，然后继续向外发展。一旦城市的数量足够多，城市的规模和城市间的距离在离心力和向心力的相对强度下将在某一固定水平上稳定下来。如果经济中有大量规模各异和运输成本不同的行业，经济将形成层级结构。这种城市结构的未来趋势取决于“市场潜力”参数。经济演化的过程可看作是市场潜力与经济区位共同作用的结果，市场潜力决定了经济活动的区位，而区位的变化重新描绘了市场潜力。

三是国际模型，即产业集聚与国际贸易。国际模型主要讨论国际专业化与贸易、产业集聚、可贸易的中间产品和贸易自由化趋势对一国内部经济地理的影响。贸易和经济地理（区位理论）应该融为一体，这两个学科分支在以往几乎没有什么联系，空间经济学则将两者相互融合。在中心—外围模型和城市体系模型中，要素流动在集聚形成中起着关键的作用。但是在现实生活中，生产要素的流动会受到种种限制。在世界范围内考虑要素流动，“国界”是不可避免的影响因素。正是因为国界，在中心—外围模式中起关键作用的产业关联效应，并不能导致世界人口向有限的几个国家集聚，却能产生一种专业化过程，使特定产业向若干个国家集聚。空间经济学力图解答关联效应、贸易成本（涉及运输成本和贸易壁垒）和国际不平等或世界经济的“俱乐部收敛”之间的关系，对外贸易如何影响内部地理等问题。对于世界经济的一体化趋势，贸易自由化会使一个国家的工业在空间上显得更加分散，但是对某些工业而言，贸易自由化却可能带来空间集聚。一般认为，国际贸易所得来自消费者所得和生产者所得，其中后者是通过发挥比较优势，从而改变产业结构所带来的。但空间经济地理的分析表明，贸易可以导致内部经济地理的重新组织，它既在总体上促使制造业活动变得更加分散，同时又促使某些产业发生集聚。当一个产业为了适应贸易方式的变化而重新组织生产时，意味着贸易也许会通过更深一层的作用机制改变一国的经济水平。

（三）维度

1. 概念

维度又称为维数，是数学中独立参数的数目，在物理学和哲学的领域内，指独立的时空坐标数目。广义维度是事物“有联系”的抽象概念的数量，“有联系”的抽象概念指的是由多个抽象概念联系而成的抽象概念，和任何一个组成它的抽象概念都有联系，组成它的抽象概念的个数就是它变化的维度，如面积。广义概念的客观基础是一切事物都有相对联系。

从哲学角度看，人们观察、思考与表述某事物的“思维角度”，简称“维度”。如人们观察与思考“月亮”这个事物，既可以从月亮的“内容、时间、空间”三个思维角度去描述，也可以从月亮的“载体、能量、信息”三个思维角度去描述。

维度不只是整数，还有可能是分数，甚至可能是无理数。19 世纪，数学家们发现了分形，由此创立了“分数维”。

2. 物理维度

物理维度是从数学上定义的。而空间维度应当只有三维。零维向任意方向生长就形成了一维线（直线），一维线沿法线方向生长就形成二维面，同理二维面沿法线方向生长得到三维体，而三维体在空间上已经没有生长可能，用推论法可知，零维点以一维线为生长方向，一维线以二维平面为生长方向，二维平面以三维体为生长方向。生长方向随空间维度的升高而递减。三维体的生长维数为零。所以三维空间不可能生长成四维空间，四维空间称为时空，时间维度是独立在空间维度之外的物理维度。

线是一维，参数是点；面是二维，参数是线；体是三维，参数是面；时空是四维，参数是体；对称空间是五维，参数是时空。弦理论预言空间维度总共有十一个维度，再加上反物质空间等特殊空间，有 26 个空间，但人类目前仅探索到五个维度，而其他的六个维度则被称为超空间。

（1）三维。

①三维的概念。三维是指在平面二维中加入一个方向向量构成的空间。三维即坐标轴的三个轴，即 X 轴、Y 轴、Z 轴，其中 X 表示左右空间，Y 表示上下空间，Z 表示前后空间；在实际应用方面，一般 X 轴表示左右运动，而 Y 轴用来表示上下运动，Z 轴用来表示前后运动，这样就形成了人的视觉立体感。三维是由一维和二维组成的，二维即只存在两个方向的交错，将一个二维和一个一维叠合在一起就得到了三维。三维具有立体性，前后、左右、上下都只是相对于观察视点而言的，没有绝对的前后、左右、上下。

②三维的特点。空间目标通过 X、Y、Z 三个坐标轴定义，空间关系基于体进行划分，复杂性明显；相对二维而言可更真实地表达客观世界；可进行三维空间分析和操作。

③三维空间。三维空间是指点的位置由三个坐标决定的空间，具有长度、宽度和高度。日常生活中可指由长、宽、高三个维度所构成的空间，是看得见、感受得到的空间。三维空间直接反映直观思维对外界物体的形状、大小、远近、深度、方向等特性的把握。

（2）四维。四维是指在立体三维中加入一个时间轴构成的空间，而时间轴是一条虚数值的轴。

四维空间打破了时间与空间的概念，将时间与空间统一于一个运动的物质世界中，具有时空的概念，四维空间所体现的“时间是流动的空间，空间是凝固的时间”这一哲学原理，把不同时间里互为排斥的消极空间变化为了互相补充的积极空间。

3. 多维

本研究所指的“多维”主要是相对于“二维”而言的，属于三维（含三维）以上的维数。因此空间性、时间性是其根本特征。

（四）信息论与信息技术

1. 信息论

信息论是运用概率论与数理统计的方法研究信息、信息熵、通信系统、数据传输、密码学、数据压缩等问题的应用数学学科。信息论是专门研究信息的有效处理和可靠传输的一般规律的科学。信息论将信息的传递作为一种统计现象来考虑，给出了估算通信信道容量的方法，是从量的角度来研究系统的信息如何获取、加工、处理、传输和控制的一门科学。信息传输和信息压缩是信息论研究中的两大领域，这两个方面又由信息传输定理、信源—信道隔离定理相互联系。

广义信息论研究领域宽泛，涉及的领域包括心理学、遗传学、神经学、心理学等。基于广义信息论的广泛范围，部分学者提出对信息论的定义应该从应用性与时效性、语法与意思表达等方面共同出发，强调的观点主要是信息的主观因素。狭义信息论研究包括噪声理论研究、信息的信号滤波频率、统计检查、调试方法、信号的设计与处理等。从研究范围来讲，狭义信息论是对广义信息论中的客观问题的精华提取。

信息论认为，系统正是通过获取、传递、加工与处理信息而实现其有目的的运动。信息论能够揭示人类认识活动产生飞跃的实质，有助于探索与研究人们的思维规律、推动并进化人们的思维活动。

信息论是由美国数学家克劳德·香农创立的，他于1948年10月发表《通信的数学理论》代表了现代信息论研究的开端，因此被称为是“信息论之父”。

2. 信息技术

（1）概念。信息技术（IT）是主要用于管理和处理信息所采用的各种技术的总称。它主要是应用计算机科学和通信技术来设计、开发、安装和应用信息系统及应用软件。

信息技术也常被称为信息和通信技术，主要包括传感技术、计算机与智能技术、通信技术和控制技术等。目前，物联网、云计算、大数据、区块链、多维地理信息技术等作为信息技术新的表现形态得到快速发展。

（2）特征。

一是技术性。信息技术具有技术的一般特征即技术性，具体表现为方法的科学性，工具设备的先进性，技能的熟练性，经验的丰富性，作用过程的快捷性，功能的高效性等。

二是信息性。信息技术具有区别于其他技术的根本特征即信息性。具体表现为信息技术的服务主体是信息，核心功能是提高信息处理与利用的效率、效益。

三是数字化。信息的秉性决定了信息技术还具有数字化、网络化、多媒体化、智能化、虚拟化、普遍性、客观性、相对性、动态性、共享性、可变换性等特征。

（五）农业资源

1. 农业资源概念

（1）资源的概念。

①概念。资源是在一定的时空分布和一定的经济条件及技术水平下由人们

发现的，可被人们利用的、有价值的物资或条件，特指一国或一定地区内拥有的物力、财力、人力等各种物质、能量、信息或条件要素的总称。资源可分为自然资源和社会经济技术资源两大类，其中自然资源包括阳光、空气、水、土地、森林、草原、动物、矿藏等；社会经济技术资源包括人力资源、信息资源以及经过劳动创造的各种物质财富等。

一般认为，资源是一个内容广泛的术语，它既包括有形的实体，也包括无形的条件。实际上，任何事物都可以被认为是资源，只要它能满足人们的某种特定需求，能够被人们利用来实现某些有价值的目的，当然实现这些有价值的目的总是受到许多社会经济技术因素的制约，而缓解这些制约的物质条件或为解决这些限制提供便利的事物也可以理解为资源。

马克思认为“劳动和土地，是财富两个原始的形成要素”，恩格斯认为“劳动和自然界在一起它才是一切财富的源泉，自然界为劳动提供材料，劳动把材料转变为财富”。马克思、恩格斯的定义，既指出了自然资源的客观存在，又把人（包括劳动力和技术）的因素视为财富的另一不可或缺的来源。可见，资源的来源及组成，不仅是自然资源，也包括人类劳动、经济、技术等因素，而且还包括人力、人才、智力（信息、知识）等资源。因此资源包括两个范畴，即自然界赋予的自然资源和来自人类社会劳动的人为因素，也包括一切社会、经济和技术因素。

“资源”是一个动态的概念，在不同的时期有不同的理解，而决定这种理解变化的因素是技术的发展。随着科学技术的发展和人们对自然界认识的不断加深，人们对资源的内涵与外延的认识也在不断拓展及深化，对资源的利用也更加高效与环保。这种变化，取决于科学技术的发展水平和人类利用自然的能力。

②特性。

一是有用性或有价值性。能被人类利用来满足某种需求的物质或条件才能称之为资源。人类能否利用某种东西，人类社会对某种东西是否有需求，取决于一定的社会经济技术条件。由于社会经济技术条件的发展，采用大棚技术利用冬季太阳来发展农业生产的广度、深度越来越大，冬季的太阳也就成了农业生产的宝贵财富之源。可见资源是与一定地区特定时代的社会经济技术条件联系在一起的。

二是稀缺性与排他性。任何资源的规模都存在上限，也就是说数量都是有限的，用一点就少一点；同时也具有排他性，同一时空位置同一规模的资源不能同时被两者占有，当然合作开发是允许的。

③新资源观。在知识经济条件下利用某种资源的时候，必须充分利用科学

技术知识考虑利用资源的层次问题，在对不同种类的资源进行不同层次利用的时候，又必须考虑地区配置和综合利用问题。同时随着科学技术的发展，资源的内涵与外延也在不断拓展与深化，如原来所谓的“废弃物”就是资源内涵与外延拓展之后利用现代技术可以充分利用的资源。

“新资源观”是在经济技术条件下解决资源问题的认识基础。在人类社会经济活动中，资源之间相互联系、相互制约，形成一个结构复杂的资源系统，而每一种资源内部又有自己的子系统。资源系统观是新资源观中最核心的观点。只有当人类充分认识到个人是人类与自然大系统的一部分的时候，才可能真正意识到人类的社会经济活动应该与自然协调发展才能可持续；同时只有当人类把各种资源都看成人与自然这个大系统中的一个子系统，并正确处理这个资源子系统与其他子系统之间的关系时，人类才能高效利用资源。

自然资源就其物质性而言是有限的，然而人类认识、利用资源的潜在能力是无限的，片面的悲观和盲目乐观都是不正确的。

（2）农业资源的概念。农业资源是一种特定的资源，是指农业生产活动中所利用的有形投入和无形投入，它包括自然界的投入和来自人类社会本身的投入，由于它与农业产业部门联系在一起，因而在某种程度上具有农业这一产业部门的一些特性。

农业资源有广义与狭义之分。广义的农业资源是指人们从事农业生产或农业经济活动中可以利用的各种资源，包括农业自然资源、自然条件和农业生产所需要的社会经济技术资源的总和；狭义的农业资源仅指农业自然资源和自然条件，不包括农业生产的社会经济技术条件。

农业自然资源和自然条件是自然界可被利用的农业生产的物质和能量，及保证农业生产活动正常进行所需要的自然环境条件的总称。两者紧密联系在一起，但也有一些区别。一般来说，农业自然资源主要是指参与到农业生产的生物生长发育过程中并且转化为农业实际产品实体的自然物质，而自然条件主要是指保证农业生产的生物生长发育所需要的环境条件，并不参与农业生物的生理过程，也不直接转化为农业的实际产品。农业社会经济技术资源是指农业生产过程中所需要的物质技术投入和保证农业生产活动正常进行所必需的条件，概括为物化劳动（资本）、劳动力（体力、智力）、科学技术、信息和管理等，其中农业物化劳动等同于农业资本，指投入农业生产的各种人类加工物和能量；农业管理是指人们组织经营农业生产的措施、制度和能力。

农业生产经济学从微观经济研究的角度出发，把农业资源视为农业生产资源、农业生产投入要素或农业技术要素，农业生产要素从两要素发展到六要素。英国经济学家威廉·配第在《赋税论》中虽然没有明确提出“生产要素二元论”，但实际上已经将土地和劳动作为生产的两个要素。英国经济学家亚当·斯密在《国富论》中又将资本列为生产要素之一，形成了“生产要素三元论”。英国经济学家阿尔弗雷德·马歇尔在其著作《经济学原理》中将组织作为第四生产要素，与劳动、资本、土地共同构成“生产要素四元论”。后来的经济学家又将技术列为第五生产要素，从而将“生产四元素”提升到“生产五元素”。20 世纪 80 年代，我国著名学者徐寿波认为人力、财力、物力、运力、自然力和时力六种资源为生产六要素，还有学者将信息归为第六要素，认为劳动、土地、资本、组织、技术、信息为生产的六要素。可见，无论生产要素理论如何变化和发展，一般都将土地作为生产核心要素。

2. 农业资源特征

农业资源特别是农业自然资源，都具有自己的特点，但也存在共性，从事农业资源优化配置研究既要掌握它们的特殊规律，也要对共同规律有明确的认识，只有这样才能从总体上把握农业资源的组合优势，提出农业资源的优化配置和合理布局方向与途径。

农业资源特征主要包括系统性、整体性、地域性、持续性、动态性、数量的有限性和潜力的无限性、有价值性等方面。农业资源是一个综合性概念，所具有的特征远不止这些，但从农业资源优化配置的角度来看，农业资源的这些基本特征对区域农业发展有比较重要的作用。

（1）系统性。农业资源是具有多因素、多层次、多结构、多功能的大系统，其组成要素之间相互依存、相互制约，形成一个有机的整体，包括农业自然资源系统和农业社会经济技术资源系统，每个系统又由许多资源因素组成，并且各自形成多层次的资源系统。农业自然资源系统由土地、水、生物、气候等多个子系统组成，而各子系统中又由若干要素组成，如土地资源是由土壤、气候、地貌、岩石、水文等要素构成；社会经济技术系统主要由人口和劳动力、农业资本、科学技术、组织管理、信息等多层次的子系统组成。农业自然资源系统和农业社会经济技术系统同属于资源系统的分系统，它们两者相互制约、相互促进，从而构成了农业资源系统。因此在农业资源调查评价和开发利用过程中，必须树立资源系统的观念，从系统联系的角度综合考虑农业资源的开发利用与保护问题，使生态、经济和社会效益三者统一起来，实现区域农业资源开发利用的最大效益。

同时，农业资源系统总是处于动态平衡之中，也就是说农业资源系统有输入和输出功能，与外界环境进行频繁的物质能量交换。人们利用农业资源，向资源索取财富，进行农业经济开发，如果开发量超过了农业资源系统的更新能量，农业资源系统就会出现负担过重现象，长期的超量开发，将会使农业资源系统逐步衰减，形成恶性循环，最终可能出现崩溃和衰竭。合理开发利用农业资源，优化农业资源利用结构，其目的是充分发挥农业资源的生产效率，生产出更多产品，提高农业资源系统的有效输出，从而不断提高农业生产系统的经济、社会和生态效益，实现农业资源的可持续利用和人类自身需求的持续发展。

（2）整体性。组成农业资源的各要素是相互联系、相互制约、相互统一的有机整体；农业资源系统中某种构成要素的变化，会引起其他要素甚至整体农业资源要素组合的相应变化。仅依靠农业自然资源条件或仅依靠农业社会经济技术资源，都不能进行农业生产，它们之间存在错综复杂的联系，与农业生产过程一起构成一个有机整体。

因此农业资源的开发利用，必须从整体性角度综合考虑各有关要素之间的联系，进行全局性的管理决策行动；不能只顾眼前，不顾长远，只考虑个别因素而不考虑其他相关因素，特别要防止对土地、生物资源的过度利用或破坏，避免引起一系列不良后果，导致农业生态环境恶化。

（3）地域性。由于纬度差异和地表形状的复杂变化，地球上各个地区水、热条件各不相同，加上地理位置与社会经济技术发展水平的差异，不同地区农业资源都有其独特的类型和组合方式。从大区域的角度来看，如我国南方和北方、东部和西部、沿海和内陆、平原和山区，农业自然资源的形成条件、种类、分布数量、质量及其组合类型等都有较大差别，农业社会经济技术资源和条件也存在明显的差异。从小区域的角度来看，农业自然资源的生态特点也存在差异，如阳坡和阴坡以及在不同的海拔高度之间的生态特点的差异性就较为明显。农业社会经济技术资源也是如此，尤其是区位条件、劳动力素质、资本富集程度、商品经济意识等也可能存在较大差别。严格地说，农业资源的分布及其区域组合特征，在不同区域之间只有相似而无相同的。

（4）持续性。大部分农业自然资源是可更新的和可循环利用的，因此也是持续性的。农业自然资源的持续性集中表现在土壤肥力的周期性恢复、生物体的不断死亡与繁衍、水分的循环补给、气候条件的季节性变化等方面。更新和循环的过程可因人类活动的干预加速，从而打破原来的动态平衡。合理科学地干预和影响，有可能在新的良好状态下建立起新的动态平衡；反之过度开发利用，或者只用不养，农业自然资源有可能遭到破坏，使良好的农业自然资源系统发生逆向转化，当这种转化达到一定程度之后，农业自然资源的利用价值就会衰减，最终丧失其经济利用的持续性。

人类虽然不能创造农业自然资源，但可以采取各种措施，在一定程度上改变它的形态和性质，进一步发挥自然资源的生产潜力。因此农业自然资源不仅是人类生产劳动的对象，而且有些农业自然资源也可以说是人类劳动的产物。

（5）动态性。虽然区域的农业自然资源在数量上具有相对稳定的特征，但作为一个系统，农业自然资源不会停留在一个静止的状态，它是不断发展变化的。在没有人类活动干预的条件下，农业自然资源的发展变化一般是缓慢的、渐进的，一旦人类施加影响之后，其变化可能是迅速的、强烈的。农业社会经济技术资源的动态性就更加明显，随着农业时代向工业文明的逐渐演进以及农村经济由农业逐步向非农产业转变，农业的社会经济技术资源和条件的变化也会不断加剧。

农业资源的动态性特征不仅是指农业自然资源和农业社会经济技术资源在时空两方面的不断运动变化，而且也是指农业资源本身随着时代的发展和技术的进步而表现出的动态变化。因此，不仅要合理开发和保护现有的有限农业资源，而且在进行区域农业资源开发与保护研究时要开阔视野，充分考虑科技发展对农业资源内涵、外延的扩充的可能性，探讨农业资源内涵、外延的扩充对未来区域农业发展格局和资源配置的可能影响。

（6）数量的有限性和潜力的无限性。任何农业资源都有一定的数量限制，在一定的技术水平条件下，人类利用资源的能力、范围和种类也是有限的。同时农业自然资源的利用也有它自己的局限性，不同性质的资源可能有利于某种利用而不利于其他种利用。

区域农业的持续稳定发展，仅依靠简单的数量增加，扩大资源的利用范围是远远不够的，也是不现实的。在某种程度上可以说，农业资源特别是农业自然资源经过长期的开发利用，在现有技术水平条件下，从数量的角度来看能利用的几乎已开发利用，增加这些现有资源供给的可能性已经不大。因此仅仅依靠数量增加来维持农业的持续稳定增长是不现实的。为此必须充分挖掘现有农业资源的潜力，转变农业增长方式，走内涵扩大型增长道路。一方面，由于农业自然资源是可更新和循环的，可以周而复始地利用；另一方面，随着科学技术的进步，农业生产物质技术基础的增强，人类可以不断改造自然条件，从而不断提高光能利用效率和土地的生产潜力，资源的利用范围也可以不断扩大。

（7）有价值性。农业资源是人类的宝贵财富，是农业生产赖以生存与发展的基础和条件，具有典型的有价值性特征。

农业社会经济技术资源包括劳动力、科学技术、资本、组织管理、信息等方面，有价值性显而易见，如农业劳动力通过自己的劳动创造价值。我国农业自然资源在过去相当长的时期内，大部分是无偿使用，不仅造成了农业资源的低效率利用、甚至滥用和浪费，而且给人们造成一种农业自然资源是没有价值的错觉。实际上，从经济学角度来看任何短缺性的资源都是有价值的，因此短缺性的农业自然资源也就具有价值性；如土地、水等农业自然资源随着需求的增加，价格呈上涨趋势，很好地诠释了其有价值性特征。因此必须实行有偿占用及其利用的政策，避免农业自然资源的浪费；要逐步推进农业自然资源核算制度，加快农业自然资源资产化进程；明确稀缺性农业自然资源的管理使用权属，制定稀缺性农业自然资源的管理使用法规，用经济和法制手段对农业自然资源的开发利用进行综合管理，保证农业自然资源开发与保护的有序进行。

3. 农业资源分类

农业资源是一个综合性的概念，实际上是由多种资源组成的。划分不同类型的农业资源，是为了更好地认识农业资源与农业生产发展之间的关系，促进农业资源的优化配置、合理布局、高效利用与保护，保证农业生产的持续稳定健康发展。

（1）按照传统方法和新资源观分类。按照传统方法和新资源观进行分类，农业资源分为土地资源、气候资源、水资源、生物资源、农业废弃物资源、矿物资源、其他资源、社会经济技术资源等类型。

（2）按照生产用途分类。按照生产用途进行分类，农业资源可分为种植业资源、林业资源、畜牧业资源、渔业资源、农业服务业资源等类型。

（3）按照资源存量与需求之间的关系分类。按照主要存量与需求之间的关系进行分类，农业资源可分为广泛性资源与稀缺性资源两大类。广泛性农业资源主要是指数量较大并且存在较广泛的农业自然资源，如森林资源、草地资源等。稀缺性资源主要是指其数量相对较少而需求量非常大，如优质耕地和淡水资源等。

（4）按照资源属性分类。按照主要属性进行分类，农业资源可分为农业自然资源和农业社会经济技术资源。农业自然资源主要包括农业气候资源、农业土地资源、农业水资源、农业生物资源等；农业社会经济技术资源主要包括农业人口资源、农业劳动力资源、农业资本资源、农业物质技术资源、农业组织资源、农业信息资源等。

（5）按照农业资源是否可控分类。按照资源是否可控进行分类，农业资源可分成可控资源和不可控资源，其中可控资源又可分为流动性资源和非流动性资源，其实“不可控”“非流动性”属于相对概念（图 1-1）。

不可控资源是指人类不能控制投入量的资源，主要包括农业气候资源。其

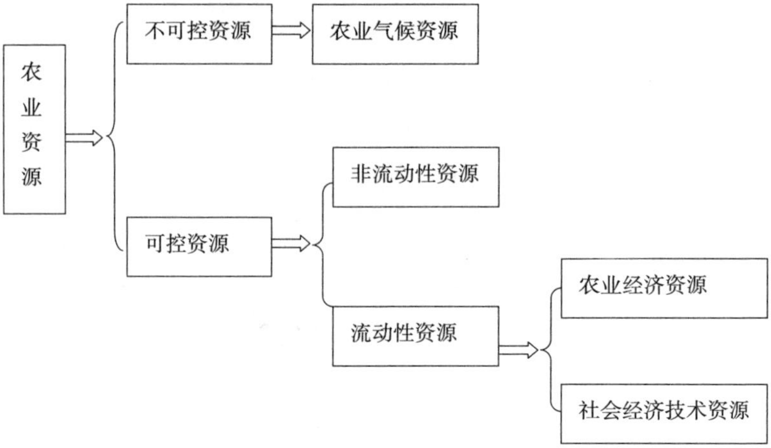

图 1-1　农业资源按可控因素分类

实“不可控”属于相对概念，在人类对其施加影响时，不可控资源也可转化为可控资源，如塑料大棚和温室的出现就使得热量资源能够为人类所控制，只是控制的范围相对狭小或使用的范围有限而被认为是不可控资源。

可控资源指的是人类能够控制投入量或人类能够改变其用途的资源，按农业可控资源是否具有流动性将其分成非流动性资源与流动性资源。非流动性资源主要指的是在大范围内不能自由流动的资源，主要包括土地资源、水资源和生物资源；流动性资源主要指的是农业经济资源和农业社会资源，主要包括农业人口资源、农业劳动力资源、农业资金、农业物质技术资源、农业信息资源等。当然流动性和非流动性也是相对的，在一定条件下非流动性资源也可转化为流动性资源，如“南水北调”工程，水资源在大范围流动后，水资源即可成为流动性资源。

不可控资源和非流动性资源是农业资源配置的基础，流动性资源则决定着农业资源配置的发展方向，决定农业资源配置的具体形式。

二、农业资源多维优化配置内涵

（一）农业资源多维优化配置概念

1. 农业资源配置概念

农业资源配置是指在特定时间和空间条件下，拥有质量和数量符合需求的可控制的农业资源，以符合人类特定需求为目的，将所有资源在不同用途方面合理分配。

2. 农业资源优化配置概念

农业资源优化配置是指通过市场交易具有比较优势的要素，自动调节供给和需求双方的资源分布，达到农业资源系统及其要素之间最佳的组合状态，实现每种生产形式或经济组织既定成本下的收益最高或既定收益下的成本最低。

农业资源优化配置对农业资源的充分、高效利用和农业产出具有决定性作用。以制度经济学、资源经济学的观点看，有效组织生产要素达到最佳的宏观和微观配置则取决于要素本身以外的制度、政策、市场、服务、管理等各种外部条件。

3. 农业资源多维优化配置概念

农业资源多维优化配置是指在农业生产全过程中利用多维地理信息技术动态推演、遴选农业资源要素配置方案，通过市场交易并合理兼顾、计划调控具有比较优势的要素，有效调节供给和需求双方的资源分布，高效配置农业资源，达到农业资源系统及其要素之间最佳的组合状态，实现每种生产形式或经济组织既定成本下的收益最高或既定收益下的成本最低，进而实现农业资源可持续利用和农业生态、社会、经济效益最大化。

农业资源多维优化配置概念是在传统农业资源配置（包含农业资源配置、农业资源优化配置）基础上发展而来，两者是一脉相承的，主要在传统"农业资源配置"基础上科学导入"多维""信息化"的要素，全面拓展传统农业资源配置的内涵与外延，是农业资源配置的更高级发展阶段。

时间、空间、数量、用途是农业资源多维优化配置的四个重要组成要素，构成了农业资源多维优化配置体系，其配置体系包含四个层面的含义。一是自然地域时空分异规律导致配置存在时间差异。某种农业生产的农业资源需要在特定的时间内进行配置才最有效，农业各部门、各产业、各区域进行农业资源配置的时间存在差异性，这是由部门、产业、区域间的空间差异造成的，归根结底是自然地域时空分异规律的影响。同时还要探寻以往农业资源配置的历史脉络与变迁规律，结合现存状态，科学预测其发展趋势，科学拟定农业资源高效配置方案。二是生产多样性和社会分工导致农业资源需要在不同部门和不同生产用途领域进行优化配置。三是地区资源禀赋差异与区域发展不平衡导致农业资源需要在不同区域之间进行交叉配置，同时同一区域内不同海拔高度农业生产的差异性也导致农业资源配置的差异性。四是区域需求多样性导致农业资源需要在某特定区域内进行有效的组合与配置。农业资源多维优化配置体系如图 1-2 所示。

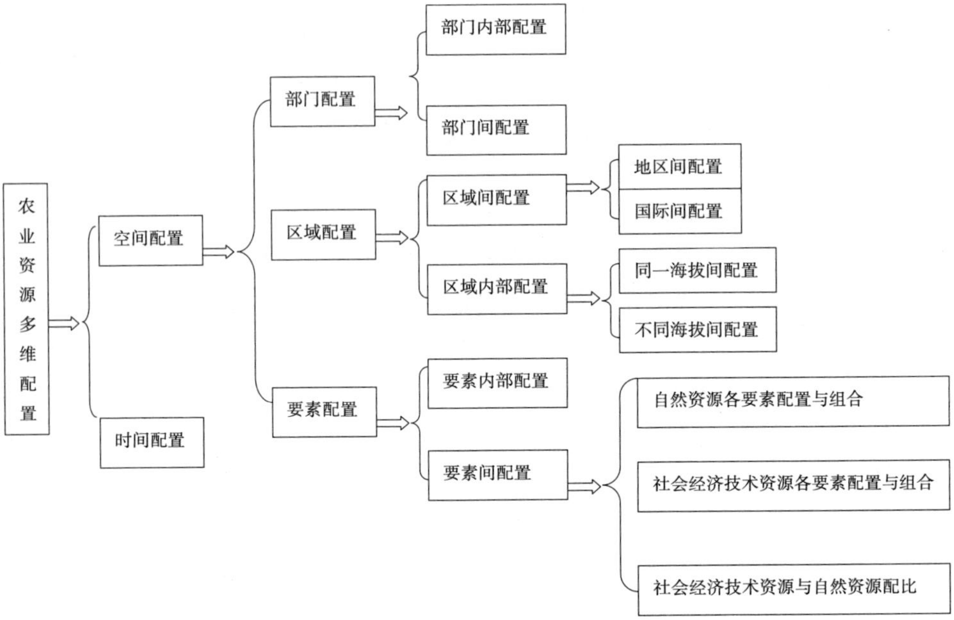

图 1-2 农业资源多维优化配置体系

（二）农业资源多维优化配置目的

研究农业资源多维优化配置的目的是满足人类社会及全体劳动人民共同的需要，这就要求农业资源利用效率和效益都应达到最大化，协调好农业资源在各种用途中存在的相互抵触性。农业资源有效性是市场存在的前提，在主观和客观上对资源的合理分配是农业资源多维优化配置的本质内容。

公平合理分配农业资源四要素，才能真正物尽其用。农业资源多维优化配置是使有限的资源在地域空间和时间上合理布局，实现农业资源投入产出效率和生态效益最大化。农业生产经营者则以其能调动的资源进行合理配置，以获得最大的产出效益。

农业资源多维优化配置应该以经济、社会、生态效益和综合效益相结合为出发点，实现四大效益的最大化。经济效益原则就是用有限的农业资源创造出尽可能多的农产品实现经济效益最大化；社会效益原则就是要求不仅农业资源利用率得到提高，还要从人类文明、消费者、隐形成本等方面综合考虑社会效益最大化和实现人类社会可持续发展；生态效益原则就是在整个资源环境中实现生态环境良性发展，获取生态效益的最大化；综合效益原则就是通过资源的合理高效利用，不仅农业资源配置效率高，达到农业资源的优化配置，而且生产者和消费者的利益得到合理满足，农业生产经营各方甚至整个社会的共同利益实现最大化和可持续发展。

（三）农业资源多维优化配置特征体系

构建根本特征、基本特征两位一体的农业资源多维优化配置特征体系，其中根本特征主要包括时空多维性、生态循环型生命周期性、动态仿真性等特征；基本特征主要包括层次性与系统性、整体性与综合性、效率性与公平性等特征。

1. 根本特征

（1）时空多维性特征。一是时间多维性特征。农业生产需要在特定的时间配置农业资源才最有效。农业资源在各部门、产业、区域的配置存在时间的差异。每一次配置农业资源都需要充分参考以往若干次农业资源配置方案，从历史的农业资源配置中探寻发展脉络与变迁规律。同时研判现存状态，科学预测发展趋势，拟定未来农业资源配置方案。二是空间多维性特征。农业资源配置既需要在部门内部进行配置，也需要在不同部门进行交叉和组合配置；既需要在区域内进行配置，也需要在区域间进行交叉和组合配置；既需要在同一水平线或海拔高度上进行配置，也需要在不同海拔高度进行配置，即立体空间配置。

（2）生态循环型生命周期性特征。任何事物都有其生命周期，农产品、农业资源与农业资源配置同样也是如此。农业资源多维优化配置的生态循环型生命周期性特征来源于农产品、农业资源的生态循环型生命周期性特征的内涵，在该特征上三者是一脉相承的。

农产品生命周期是指农业生产经营者通过一定方式生产并供应初级农产品，相关部门利用初级农产品进行加工，生产加工产品，人类对初级农产品和加工产品进行消费，生产和消费产生的农业农村废弃物经过处理后再次利用，再次获取初级农产品，从而形成一个循环反馈的过程。因此利用农业资源生产的任何农产品都要经历“供应—利用—消费—废弃物—再生利用”五个阶段，通过周而复始的生态循环，逐步优化农业资源利用结构和农业生产及产品结构，不断提升生命周期的生态性能和效益，实现农业资源的高效可持续利用，不断满足人类的生产生活需求，因此农产品的生命周期称之为“农产品生态循环型生命周期”。

农产品是在农业资源利用和优化配置的前提下生产的，同时这些被生产的农产品本身也属于农业资源，而农业资源多维优化配置是以农业资源为研究基础与对象，因此在某种程度上，可以把农产品本身所具有的生态循环型生命周期等同于农业资源多维优化配置的生命周期，称之为“农业资源（农业资源多维优化配置）生态循环型生命周期”。

尽管我国农业资源总量较为丰富，但部分农业资源如水、耕地等的人均资源量远低于世界平均水平，农业资源结构性短缺问题也日趋严重，并且配置效率相对不高，为此只有从农业资源生命周期的角度来配置农业资源，让生命周期的每一个环节都尽量产生最大的效益，才能最大限度挖掘农业资源的使用价值，使有限农业资源的价值最大化。同时每一生命周期的结束意味着下一轮农业资源配置首个步骤或阶段的开始，只有这种不断循环地配置，才能使农业资源配置不断趋向于合理—更合理、优化—更优化的理想状态，才能全面提升农业资源配置效率，不断生产满足国民生产生活需求的农产品及其服务。

（3）动态仿真性特征。农业资源在数量上具有相对稳定的特征，但作为一个系统，时刻处于不断发展变化中；农业资源的动态性不仅是指在时空方面的动态变化，也是指资源本身随着时代的进步和技术的发展而表现出来的动态变化。而农业资源多维优化配置以农业资源作为研究基础与对象，涉及部门和学科门类众多，属于典型的复杂系统，不仅体现在系统自身的复杂性，也体现在配置过程的复杂性与动态性。为了客观真实、多维立体、动态仿真地反映农业资源配置各环节步骤的全过程与重要场景，利用多维地理信息技术，建设配置区域的三维实景影像数据库、基础空间数据库及其基础属性数据库，构建具有多维立体、高度动态仿真功能的农业资源多维优化配置管理决策支持系统，从而实现农业资源多维优化配置的平台化、动态仿真化。

2. 基本特征

（1）层次性与系统性特征。农业资源配置存在于国内（微观、宏观）、国际等各个不同的层次，不同层次资源配置的侧重点和内容有所不同，共同组成了农业资源多维优化配置的系统性特征。

①国内微观层次的资源配置。微观层次的资源配置指自然条件相似的一定地域范围内，农业资源各要素之间的相互组合和匹配。

②国内宏观层次的资源配置。宏观层次的资源配置包括农业部门内部各产业（农、林、牧、渔）之间的资源配置和各地区之间的资源配置两个方面。

一是区内资源配置。指在某一区域内，如何安排农业布局以及农、林、牧、渔各业的比重才能充分利用农业资源。从杜能的农业区位论开始，到法国经济学家佩鲁提出的强调经济增长中心的形成与发展问题的“成长极”理论，为区域内农业部门之间的资源配置奠定了坚实的理论基础。这是一种静态的配置方式，通常以生产率最大化为目标函数，如运用多目标规划模型研究农作物的结构优化，就属于区域内农业资源配置的重要研究方法之一。

二是区际资源配置。区际资源配置的理论基础是比较利益原则，它是由英国古典经济学家李嘉图针对国际贸易而首先提出的。一个国家由于农业资源总量的有限性，必须实现资源在地区之间的合理配置，以实现全国整体最佳的资源产出效益，这样就客观地要求资源向使用效益大的方向和地区流动。尽管土地资源具有区位上的不可移动性，但农业资源的区际配置实际上是通过农业资源在不同地区的不同利用方向而获得的不同产品形式实现的，通过产品的流动与交换，达到资源的流动与配置。我国的农业地域分工、地区专业化、各种农作物基地建设都基于区际农业资源的配置研究。

③国际资源配置。指通过国际贸易、国际金融、国际投资以及国际经济和技术交流而实现世界范围的资源流动。各种农业资源在各国分布的数量、质量以及结构上的差异，各国在生产组织上的差异，成为国际资源流动和国际分工的基础。不同国家凭借各自的优势资源，相互为他国提供相应的资源产品，达到优势互补，互通有无，从而获得一定的比较利益。农产品国际交流，本质上是资源的交流。由于每种产品都是不同的资源经过若干生产过程转化而来，在目前国际经济一体化的形势下，我国一些重要资源相对贫乏，国际农业资源配置显得尤为重要。国际资源配置的实质是面向国际市场，通过与其他国家的资源优势互补与生产分工和商品贸易达到本国资源利用的最佳效率。

由于农业资源配置具有不同的层次，形成了明显的层次性与系统性特征。农业资源配置应该以层次性与系统性原则为重要指导，每一个层次的资源配置都必须考虑与上一层次或下一层次的相互联系与协调。同时农业资源配置也是开放式的配置系统，地区级配置应考虑面向其他省区，国家级配置应考虑面向国际市场。

（2）整体性与综合性特征。农业资源不是单一的资源，农业资源门类数量众多，用途也很广泛，涉及农业各相关部门、各产业及其他相关部门。组成农业资源的各要素是相互联系、相互制约、相互统一的整体，因而需要从综合角度整体考虑各有关要素、各相关部门之间的联系，进行全局的管理决策行动。

农业资源系统中某种构成要素的变化，会引起其他因素甚至整体农业资源要素组合的相应变化。农业资源的整体性特征，需要在农业资源配置时对各种资源的合理利用进行统筹安排，综合考虑。

（3）效率性与公平性特征。公平与效率是经济学中永恒存在的一对矛盾。效率作为农业资源配置的目的，是指在同等条件下投入较少的农业资源获得同样的产出，或投入同样数量的资源获得更高的产出。公平的内涵相当丰富，并随着研究领域的不断扩展而趋向多层次、多角度，它不仅是一个分配问题，而且也是一个生产问题，它不仅涉及当代人，而且也涉及代际分配的问题；它不仅是一个经济形态中的平等观问题，而且也是一个对不同经济体制的基本评价问题。

只讲效率，不讲公平，不仅会挫伤积极性，也要出现贫富两极分化加剧的矛盾；只讲公平，无视效率，不仅公平会陷于幻想，也违背资源配置的初衷。因此，尽管两者是一对矛盾组合体，但两者相互制约、相互依存、相互促进。

农业资源配置必须统筹兼顾、系统协调效率与公平的关系，应特别注重两点。一是坚持效率至上的原则。这不仅是由我国资源短缺的国情决定的，也是由人们追求美好生活的向往所决定的；高效率不仅是农业资源配置的主要原因，也是资源配置的动力；在公平与效率发生矛盾时，应先从效率方面考虑，必要时应牺牲一点公平。二是公平是高效率的公平。尽管公平是社会主义国家的重要特征与标志，也是其最终目的，但这个公平应是高效率下的公平，而并非无效率的公平，也是相对的公平。

（四）配置方式体系

农业资源多维优化配置方式是随着科学技术、生产力的进步和农业经济体系的规模化和复杂化而逐步演变的，其配置方式主要包括劳动力数量增长型配置、市场配置、计划配置、市场与计划双重配置等方式。农业资源配置的发展史，就是农业资源配置由 1.0 向 4.0 的演进史。以生产力水平、运行机制等为主导并结合社会制度的优越性、存在的先后顺序，合理划分农业资源多维优化配置方式，使农业资源多维优化配置方式实现由 1.0 向 4.0 的演进，这种演进不是替代关系，而是叠加、并存关系，共同组成了农业资源多维优化的配置方式体系。

1. 劳动力数量增长型配置方式

农业资源多维优化配置方式的 1.0，主要时期为传统农业时期。这个历史发展阶段，生产力相对低下，农业生产要素的供给表现出一种绝对性和全面性的短缺，这种短缺不仅表现在物质资源上，也表现在人力资源上，而人力资源短缺是一种质量型短缺。要素供给短缺从根本上制约着农业的跃迁。

该配置方式主要是通过劳动力数量增长和基于其经验的“习惯”和“传统”来弥补物质资源供给缺口，扩大生产总量。劳动力是这个时期农业克服资源瓶颈约束的基本手段。

强调劳动力要素在这个历史时期农业发展中的特殊作用，并不否认增加其他生产要素有效供给的必要性和重要性。依靠劳动数量上的扩张和基于其经验的“习惯”“传统”来填补资源缺口，本质上是一个包含着内在矛盾的资源配置方式。劳动力要素供给的增长，必然首先表现为农业人口的增加，而人口的增加又使本来就已短缺的资源更加短缺；同时依靠劳动数量扩张及其所拥有的“习惯”“传统”替代土地和资金等要素的部分供给，无助于提高劳动生产率，农业生产的增长也是极其缓慢的，因此这是一种成本高、收益低的资源配置方式。

2. 市场配置方式

农业资源多维优化配置方式的2.0，主要时期为18世纪70年代至20世纪30年代。主要起源于英国古典经济学家亚当·斯密于1776年出版《国民财富的性质和原因的研究》（简称《国富论》），代表着自由市场经济正式出现在历史舞台；而到1936年英国约翰·梅纳德·凯恩斯出版专著《就业、利息与货币通论》，形成凯恩斯理论，主张国家对经济进行干预，标志计划配置方式的出现。

市场配置方式主要依靠市场运行机制进行农业资源配置，这种配置方式是随着资本主义制度而出现的，在资本主义制度下，社会生产力有了较大的发展，所有产品、资源都变成了可以交换的商品，市场范围不断扩大，进入市场的产品种类和数量越来越多，从而使市场对资源的配置作用越来越大，市场成为这一时期资源配置的主要方式。

在市场经济中，农业资源配置的基本问题主要是由一种竞争的价格制度来决定的。消费者、生产者和要素所有者拥有充分的自由选择权，从自身经济利益出发进行经济决策，并通过市场交换和竞争达到其目的并调整其行为。由于市场经济具有平等性、竞争性、法制性和开发性的特点和优点，它能够自发地实现对商品生产者和经营者的优胜劣汰的选择，促使商品生产者和经营者实现内部的优化配置，调节农业资源向效益好的经营主体、地区、部门集中，进而实现整个社会资源的优化配置；同时由于市场调节作用的有限性使市场调节又具有自发性、盲目性、滞后性等缺陷。

3. 计划配置方式

农业资源多维优化配置方式的3.0，主要时期为20世纪20年代至20世纪80年代。主要由政府做出有关生产和分配的决策。政府通过对农业经济体系中相关信息的收集与整理，系统研究社会福利及其社会供需状况，从而根据一定的原则和方法来制定一整套计划方案，确定农业资源在时间、空间、产业等多维度的分布。在苏联和原共产党执政的东欧国家、20世纪90年代之前的中国，都是按照这一理论来实践的，把计划作为资源配置的主要方式。

计划配置方式在一定条件下有可能从整体利益上协调经济社会发展，集中力量完成重大工程建设项目；但是计划手段难以反映复杂多变的社会需求，信息传递容易失真、扭曲，容易造成市场主体缺乏动力与活力。计划配额排斥选择，统管取代竞争，市场处于消极被动的地位，从而易出现资源闲置或浪费的现象。

4. 市场与计划双重配置方式

农业资源多维优化配置方式的4.0，主要时期为20世纪40年代至今。市场是农产品价值规律的载体和实现的条件，是连接生产者与消费者的媒介，市场能够以更低的成本配置资源，但市场配置具有自身的缺陷，单纯依靠市场机制，无法解决农业资源开发利用中的资源短缺和市场失灵问题，因而政府要在农业资源配置导向和宏观调控方面发挥重要的作用，即采用市场与计划双重配置方式。

政府的宏观调控与市场调节两者都是必不可少的，宏观调控要以市场调节为基础，要按规律办事；市场调节则应以宏观调控为前提，市场作用越大，越要加强宏观调控，以弥补市场调节的不足。在我国农业市场发育不全、价格体系未真正理顺、市场信息不灵的情况下，政府的宏观调控更不容忽视。市场配置与计划配置之间存在着对立统一的辩证关系，二者的结合在功能上具有互补性，在效应上具有协调性。

双重配置方式并不是说两者刚好占有同等配置比例，而是有所侧重，无论是以市场为主导还是以计划为主导的双重配置方式，其资源配置效率均高于单纯的市场配置或单纯的计划配置。至于以市场配置为主还是以计划配置为主，则应以具体的社会经济环境和农业资源配置的具体要求而定。

（五）农业资源多维优化配置影响因素

1. 资源禀赋条件是资源配置的基础

农业资源特别是农业自然资源，其禀赋条件一旦形成，往往很难改变，这是发展农业生产的固有物质基础。一是农业资源禀赋是农业不同部门生成的基础。“农林牧渔”无论哪一部门的形成，无不以资源作为基础。我国东部地区大面积平坦的土地资源，适宜的气候资源和较为充足的可利用水资源，形成了以农业为主的资源利用方式；我国广大西北地区，草地资源丰富，气候资源的限制较大，才形成了以牧业为主的资源配置方式。二是资源本身的条件是资源要素匹配的基础。区域各种资源要素匹配是否良好，也是资源禀赋的重要特征，取决于资源条件本身是否良好，当然区域某种资源条件极差时，就难以很好地匹配其资源。三是资源禀赋条件是区际资源协调配置的基础。区域产业优势的发挥首先是以资源优势为基础，通过资源优化配置，区域资源优势才有可能转化为经济优势。区际优势互补，实际上是通过产品、资源的交流，使区际甚至全国资源配置达到最佳和协调发展，缩小因资源禀赋差异而造成的区际发展水平的差距。因此，区际资源协调配置，也是以不同区域资源的禀赋条件为基础的。

2. 经济体制决定资源配置的方式

计划经济体制从资源供给条件出发，属于资源供给导向型的计划配置模式，苏联、东欧国家和我国都曾是计划配置模式的主要践行者。市场经济体制是从市场需求拉动出发的，属于市场需求导向型的市场配置模式，欧美、日本等发达国家就是市场配置模式的典型代表。由于市场本身在资源配置中的缺陷，宏观调控常以“行政干预”的方式表现出来，“看不见的手”和“看得见的手”相互配合，相互弥补各自的局限性，在“公共物品”和“准公共物品”的利用和保护上表现得尤为突出。

3. 农业产业政策干预资源配置的导向

产业政策是政府根据区域特点确定的对主导产业、特色产业、新兴产业、融合产业等发展政策的集合。根据我国的实际情况，农业资源配置在保证重要农产品尤其是粮食生产的基础上，促进规模经济，实现地区间专业化分工。我国农业资源配置中的重要粮棉油基地的形成就与国家的产业政策导向关系密切。

4. 科技进步刺激资源配置的变化

科学技术是通过农业资源配置的变化而实现其作用的，科技进步使农业资源需求与供给发生变化，从而使资源配置状态处在不断的变化之中，常常引起资源的重新配置，产业结构会随之变化，资源的利用率和产业效率也随之不断提高。科技进步不断改变农业资源的配置状况，由于科技进步引起资源配置的不均衡，再通过科技进步使资源配置实现新的均衡，并在“不均衡—均衡—新的均衡”的变动中使资源配置更趋合理化。

5. 经济发展影响资源配置的方向

经济发展阶段和水平不同，人们的社会需求和价值取向也会相应改变和调整，对资源的产出需求变化，影响着资源配置方向。随着全面小康社会的建成、乡村振兴战略的全面实施、社会矛盾的调整和世界经济一体化程度日益提高，农业资源配置的专业化、多样化、特色化、产业化、规模化、商品化、信息化、数字化等必将随之提高。

6. 生态环境制约资源配置的选择

农业资源中的水、土、气候、生物等在生态系统中既相互联系又相互制约，共同构成一个有机的整体，其中某种资源的利用与开发，往往引起其他资源的连锁反应，并影响整个生态系统的结构和功能。生态环境的退化往往意味着农业资源某种功能的退化，农业资源配置要考虑生态环境的后果，生态环境条件的优劣限制资源配置的选择。实现社会经济可持续发展，其核心就是资源的可持续利用，为了使资源达到可持续利用，就必须在资源配置中充分考虑生态效益，以不破坏生态环境为前提，达到综合效益最大化。

三、农业资源多维优化配置与传统农业资源配置的关系

（一）农业资源优化配置与农业资源配置的关系

市场机制是农业资源配置的基础性力量，但市场配置资源客观上存在不足，不可能使农业资源配置尽善尽美。当一定时期农业资源配置出现问题，地区结构、产业结构、市场结构、企业结构存在失衡时，国家可通过宏观调控及相关政策，把掌握或控制的资源转移分配到急需发展的农业部门、产业及其相关领域，使农业农村经济结构更加符合生产力发展的要求，这就是在原有“农业资源配置”基础上进行优化调整。如我国在地区结构调整中，加快西部地区发展，保持东部、中部与西部之间的平衡；在农业产业结构调整中，着重突出农业多功能的开发与拓展、农产品加工、冷链物流及电子商务产业的发展。

农业资源配置与农业资源优化配置既有区别也有联系。“农业资源优化配置”着重突出“优化”，是在“农业资源配置”基础上进行的“优化调整”；“农业资源配置”涵盖“农业资源优化配置”的内涵与外延，“农业资源配置”的结果可能是合理的，也有可能是不合理的，这种不合理的农业资源配置，就需要进行调整优化，同时这种合理性随着时间与科技水平的变化，也会逐步转化为不合理，就需要在此基础上进行优化调整。农业资源配置是农业资源优化配置的前提和基础，而农业资源优化配置是农业资源配置的基本目标。

（二）农业资源优化配置与农业资源合理配置的关系

1. 区别

（1）基本内涵不同。农业资源优化配置指的是能够带来高效率的资源使用，其着眼点在于“优化”，它既包括农业内部的人、财、物等资源的使用和安排的优化，也包括社会范围内人、财、物资源配置的优化。农业资源合理配置是指符合社会生产、生活需要的有效的资源使用，其着眼点在于“有效”“有用”。农业资源合理配置在微观上指农业经营主体内部有效的资本投资方向、资产结构、产品创新机制等能达到资源配置的合理化；宏观上指资源的安排能可持续地满足农业各部门、农业生产者、农产品消费者等多方利益。

（2）衡量标准不同。农业资源配置是否优化，其衡量标准主要在于资源的使用是否带来了生产的高效率和农业经营主体经济效益的大幅度提高。农业资

源配置是否合理，主要是资源的使用是否符合甚至满足社会生产和人民生活的需要。

(3) 实现途径不同。农业资源优化配置主要依靠市场途径，农业资源合理配置则既依靠市场，又依靠国家宏观调控。由于市场经济是实现农业资源优化配置的一种有效形式，但市场调节作用的有限性必然需要结合国家的宏观调控，对农业各部门、各产业、区域内部、区域之间的农业资源进行合理配置，进而实现农业生产所需要的供求的总量平衡、农业农村经济社会的可持续发展。

2. 联系

(1) 合理配置是优化配置的前提条件。农业农村经济是由各部门构建的复杂系统，它要求人、财、物等资源在各部门的配置保持一定的比例，只有比例协调，社会再生产才能顺利进行。在市场经济条件下，农业产品结构、产业结构等经济结构不合理，被淘汰的不仅是劣者，而且某些强势产业、部门和经营主体也会在地区或国家的整体经济发展大局下进行调减甚至淘汰。因此，农业资源的优化配置是以合理配置为前提，以经济和社会的可持续发展为前提，以整个社会经济的协调发展为前提的。

(2) 优化配置是合理配置的基本目标。人类社会的生产过程，就是利用资源，实现资源配置的过程。优化配置是合理配置的基本目标，主要体现在两方面。第一，资源有限性。由于农业资源的有限性，投入到某种产品生产的资源的增加必然会导致投入到其他产品生产的这种相应资源的减少，因此人们被迫在多种可以相互替代的资源使用方式中，选择合理配置的资源使用方式，以达到农业生产的最高效率和消费者、农业经营主体及社会各方利益的最大满足。第二，合理配置的目的是优化配置。市场对农业生产资料和劳动力在农业各部门、农业部门与相关部门之间、区域内部、区域之间等大体保持适当比例关系的调节；在此基础上国家通过宏观调控统筹考虑并合理安排农业农村经济发展的规划及总量控制、重大结构和生产力布局等，因此农业资源通过市场与计划双重的合理配置的基本目的就是为了保证社会生产的顺利进行，保证有限的农业资源得以最大限度地利用，也就是实现农业资源优化配置。

（三）农业资源多维优化配置与传统农业资源配置的关系

农业资源多维优化配置是在传统农业资源配置（包含农业资源配置、农业资源优化配置）基础上发展升级而来，涵盖了传统农业资源配置的基本概念与特征，两者是一脉相承的，后者是前者的升级，也是农业资源配置的更高级发展阶段。“农业资源多维优化配置”主要在“传统农业资源配置”基础上科学导入了“多维”和“信息化”的元素，进而全面拓展与深化了传统农业资源配置的内涵与外延，使之具备了“多维”“立体”“动态”“仿真”“循环”等特性，而时空多维性、生态循环型生命周期性、动态仿真性等特征是其区别于传统农业资源配置的根本性标志。

农业资源多维优化配置通过采取生态循环型生命周期—系统论的方法，将农业资源配置贯穿于农业生产的各个环节与步骤，搭建由农业资源多维评价、农业多维区划、农业多维规划、农业项目多维可行性研究、农业多维规划（农业项目）多维可行性研究实施、多维后评估、农业多维区划（农业多维规划）方案调整优化、农业资源优化配置等组成的农业资源多维优化配置信息化共享管理平台，跳出传统农业资源配置就配置而配置的怪圈，实现传统农业资源配置由二维平面静态展示与机械式管理向多维立体动态仿真展示与数字化管理转型升级。

第二节　农业资源多维优化配置理论、方法、技术

农业资源多维优化配置以农业资源系统作为研究对象与基础，涉及众多涉农部门与要素，不仅属于典型的复杂系统，而且也是农业区域发展研究的主要内容，依托农业资源多维优化配置的概念、目的、特征、配置方式等内涵，结合农业资源多维优化配置的各构成要素或子系统的相关理论基础、方法及技术，归纳总结其共性，按照农业资源多维优化配置的目标要求，构建农业资源多维优化配置理论、方法、技术。

一、农业资源多维优化配置理论

根据农业资源多维优化配置概念、目的、特征等基本内涵，结合各子系统的理论基础，遴选支持其发展的相关联理论，按照这些相关联理论对农业资源多维优化配置的影响程度大小，构建了“基础理论—支撑理论—核心理论”三级层次性农业资源多维优化配置理论。其中核心理论包括可持续发展理论、系统理论，支撑理论包括区域空间结构理论、地域时空分异规律理论，基础理论主要包括农业区位论、农业区域分工理论、农业区域比较优势理论、农业区域调控理论、景观生态学理论、可拓学理论六大理论。

（一）核心理论

1. 可持续发展理论

可持续发展理论是使经济、社会、科技、人口、资源、环境相互协调、持

续不断地发展，把发展的负面效应和代价减少到最低程度，既达到发展经济的目的，又保护人类赖以生存的自然资源和良好环境，满足当代人的需要，又使子孙后代能够安居乐业，持续发展。

可持续发展理论是人类在生存环境面临严重威胁的背景下提出的，是能动地调控“自然—社会”的复合系统，使人类在不超越资源环境承载能力条件下，促进经济的发展，保持资源永续利用和提高生活质量。可持续发展理论包含发展观、生态观、公平观、协调观、道德伦理观等基本内涵。

我国受农业资源有限性、生态环境状况不佳的双重制约。由于我国人口众多，人均耕地资源、水资源等都远远低于世界平均水平，因此树立并执行可持续发展理念对我国来说尤为重要。可持续发展既是农业资源多维优化配置的指导思想，又是终极目标。

针对农业资源的利用，从可持续发展的观点来看农业资源多维优化配置是把发展农业生产、开发利用农业资源和建设自然环境等统筹结合在一起，在一定意义上体现人与自然相融的生态美。农业资源多维优化配置，应以可持续发展理论为核心指导，以不牺牲资源环境为代价，既满足当代人的需求，又不危及后代人生存条件。在可持续发展理论的指导下，实现农业资源高效配置，全面提升农业资源优化配置效率，更好协调农业资源利用与生态环境保护的关系，达到社会、经济、生态效益的最大化，为农业资源永续利用提供支撑。

2. 系统理论

系统理论是研究系统的一般模式、结构和规律的学问，它研究各种系统的共同特征，用系统理论知识定量地描述其功能，寻求并确立适用于一切系统的原理、原则和模型，主要对计算机、应用数学、管理等专业的某一方向有专门研究，掌握系统思维方法，能够从整体上系统地思考和分析问题，是具有逻辑和数学性质的一门新兴的科学。

奥地利理论生物学家 L. V. 贝塔朗菲是系统理论的真正创立者。系统论认为，整体性、关联性、等级结构性、动态平衡性、时序性等是所有系统共同的基本特征。系统论的核心思想是系统的整体观念，系统中各要素不是孤立的，要素之间相互关联，构成了一个不可分割的有机整体。要素是整体中的要素，如果将要素从系统整体中割离出来，它将失去要素的作用。世界上任何事物都可以看成是一个系统，系统是普遍存在的，系统论的基本思想就是把所研究和处理的对象当作一个系统，分析系统的结构和功能，研究系统、要素、环境三者的相互关系和变动的规律性，并优化系统观点研讨问题。

农业资源多维优化配置是复杂的系统，推动资源多维优化配置的各环节或步骤或要素构成了复杂系统的子系统，其研究可以称为是一个区域系统工程的组织与实施过程。农业系统工程是运用系统分析的方法对优化配置方案进行对比选优的一种决策方法。系统分析是将资源多维优化配置研究工作视为一个系统，以系统内农业资源的时空优化配置和整体综合效益的最优化为目标，通过建立数量化的评价指标体系和数学模型的方法，将系统的变量和约束条件有机地联系在一起，运用多种分析与综合技术求出最优配置方案。

农业资源多维优化配置对农业区域开发的系统化、综合化和协调平衡的要求，配置成果对最优化与定量化的要求，都使得系统理论成为组织和进行农业资源多维优化配置研究的最佳和最适合的现代科学理论之一。农业资源多维优化配置中系统理论的引入也能大大提高资源优化配置的效率和质量，同时系统理论同现代化信息系统的结合为资源优化配置的现代化、科学化、多维动态化提供强大的技术与物质基础保证。

（二）支撑理论

农业资源多维优化配置的支撑理论包括区域空间结构理论和地域分异规律两大理论。区域空间结构相关理论为资源的空间开发、利用、管理和保护及结构调整优化提供理论依据和运行方法，而因地制宜布局农业生产必须依靠地域分异规律理论的指导。缺乏地域分异规律理论的指导，农业生产及其农业资源多维优化配置就会失去方向、没有基础依据，难以实现农业生产、农业资源配置的因地制宜；没有区域空间结构理论的指导，农业生产及其农业资源配置就难以达到空间结构的优化调整，从而促进农业资源的高效配置，实现可持续发展。因此，区域空间结构理论和地域分异规律理论是支撑农业资源多维优化配置理论的重要基石。

1. 区域空间结构理论

区域空间结构理论是一定区域范围内社会经济各组成部分及其组合类型的空间相互作用和空间位置关系，以及反映这种关系的空间集聚规模和集聚程度的学说。该理论主要包括社会经济各发展阶段的空间结构特征、合理集聚与最佳规模、区域经济增长与平衡发展间的倒“U”形相关、位置级差地租与以城市为中心的土地利用空间结构、城镇居民体系的空间形态、社会经济客体在空间的相互作用、“点—轴”渐进式扩散与“点—轴系统”等内容，是地理学和区域科学的重要理论基础，主要用来指导制定国土开发、区域发展战略、区域资源配置等方面。

区域空间结构的研究起源于 20 世纪 30～40 年代的德国，发源于古典区位论。伴随着科学技术手段的急速推广应用，生产力水平迅速提高，原先的社会结构受到冲击与解构，出现了生产地域分布不均衡、整体环境质量下降、区域发展分化等问题，要求从宏观角度调整优化区域范围内的土地利用结构、城镇体系结构、农业生产结构、产业结构、区域发展结构等，最大和最优地利用区域的空间和资源；同时第三产业的形式和内容也发生了较大的改变，服务体系和生产体系的空间结合，大大提高了区域经济的集聚效果和集聚优势，并进一步影响社会经济如农业带、工业点及工业区、城镇与居民点等空间分布及区位的空间结构。

不同的农业资源及其类型在空间分布上都各有其相应的位置，但是它们彼此之间又是相互作用、相互影响、相互联系的，不断地进行物质、能量、信息等方面的相互交换。区域空间结构是指在区域内各种经济活动在相互作用下所形成的空间集聚程度和集聚形态。区域空间结构理论中的增长极理论、梯度推移理论、中心地理论、核心—边缘理论、“点—轴”系统理论、成长三角理论和双核结构模式、空间经济学等是当前农业资源空间优化布局中应用较为广泛的理论。农业资源优化配置的目标就是使区域内的农业资源在时间和空间上得到合理安排，达到结构协调、空间协调、生态经济系统功能最大化的目标。

2. 地域时空分异规律理论

“地域时空分异规律理论”是在“地域分异规律理论”基础上发展而来的，在其基础上增加了“时间”的维度，不研究自然地理的历史变迁规律，就不能科学地严谨地分析其存在状态及其规律，科学预测也缺少了历史规律的参考。地域时空分异规律是指自然地理要素各组成成分及其构成的自然综合体，在地表沿一定方向随时间变化进行相同或相异分异或分布的规律性。也称时空地理规律，时间地带性和非时间地带性是两种基本的地域时空分异规律，控制和反映自然地理时间环境的大尺度分异。地域时空分异规律在大小不同的范围内其表现形式和差异程度不同，具有等级差别。不同尺度的地域时空分异间具有一定的从属关系，大尺度分异构成较小尺度分异的背景，小尺度分异则是较大尺度分异的基础。

农业生产的最基本生产资料水、土、气候等资源与生态环境的分异性，决定农业生产也具有地域时空分异规律。农业生产必须遵循自然资源的地域时空分异规律，同时由于区域产业基础、经济发展水平、市场潜力等方面也存在一定差异，随着时间变化差异性和发展方向也会出现不同的状况，为此必须在时间和空间两个维度上对各地影响农业资源配置的诸多因素进行翔实的调查研究，充分考虑区域农业资源与经济发展的历史发展脉络与变迁规律，从全局高度进行合理规划，确定不同区域农业资源多维优化配置的方式、模式和配置方向。

由于不同的农业资源均分布在各自相应的地理生态环境之中，形成了地区间农业资源的差异性。因此，农业资源多维优化配置应充分认识农业资源分布规律，根据当地农业资源的地域特征，科学分析历史发展脉络，充分尊重当地人民群众的生产生活习惯和民俗文化习俗，开发适合当地自然地理条件、人文社会地理条件和民俗文化的农业，而不能超越地域时空分异规律的限制，刻意追求人为的创造与配置，否则会造成资源的浪费甚至造成资源功能的衰退、枯竭。

（三）基础理论

1. 区位论

德国经济学家冯·杜能1826年出版了《孤立国》一书，从区域地租出发阐明了因地价不同而引起的农业分带现象，着重强调了农产品产地到农产品市场距离这一因素对土地利用类型产生的影响，创立了农业区位论，奠定了农业区域发展理论的重要学科基础。

杜能农业区位论第一次系统阐述了空间距离对人类经济活动的影响，他用事实批驳了农作物布局决定于自然条件，是农业和其他产业利用土地的一般理论。农业区位论是关于人类活动的空间分布及其空间中的相互关系的学说。不同地理位置的土地具有不同的物理、化学和生物学特性，与中心城市、交通枢纽或干道距离不同的土地或同一城市内部到商贸中心的距离不同的土地具有不同的农业经济价值或用途。在进行农业资源配置时，必须充分遵循农业区位理论，优化农业资源的数量结构与空间结构，使地域内有限的农业资源发挥出最大的整体效益。

2. 农业区域分工理论

农业区域分工理论是指不同地区利用各自的特有条件进行各有侧重的区域专业化农业生产，并在地区间进行商品交换，是农业劳动分工的空间形态。农业区域分工是基于自然地域分工基础之上的劳动地域分工，是自然地域分异与劳动地域分工相互耦合作用的结果。

农业区域分工理论来源于传统区域分工理论、发展于现代区域分工理论。1776年亚当·斯密的《国富论》、1817年李嘉图的《政治经济学及赋税原理》、1933年赫克歇尔和俄林的要素禀赋学说等传统经典区域分工理论，均是基于区域差异、完全竞争和规模收益不变，尤其是生产要素的相对差异来解释区域分工和区际贸易；20世纪90年代以来，区域分工理论在不完全竞争和规模报酬递增的框架下获得新发展，试图解释条件相似或相近地区之间的分工和贸易现象。

区域比较优势的持久增进是农业区域分工和区域专业化发展的原动力，也是衡量分工合理性的客观标准。区域比较优势是资源、市场、环境、区位、技术等多因素交互作用的结果，农业资源生产要素的数量维护和质量改进是农业区域比较优势发展的物质基础，市场需要它引领区域农业资源配置方向和规模。农业区域分工深化的内在要求就是通过利益诱导机制建立有效的区域农业资源保障体系，进而才能发展有持久竞争力的区域农业产业体系，这都需要农业资源在区域分工的基础上进行优化配置，发展各具特色的农业产业和生产各具优势的农产品。

3. 农业区域比较优势理论

农业区域比较优势理论是指某区域进行规模化生产向市场提供低成本、强竞争力农产品的能力。农业区域比较优势包含区域农业比较优势、区际农业比较优势、国际农业比较优势 3 个层面的含义。决定和影响农业区域比较优势的因素主要包括区域自然资源禀赋、农产品质量、生产成本、营销环境等，这些因素之间相互联系、相互依存、相互作用，共同作用于农业区域比较优势的形成和变化。农业区域比较优势是动态变化的，随社会经济的发展，影响农业区域比较优势的因素也会随之发展变化，只要改变这些影响因素，就可以改变农产品的区域比较优势。

农业区域比较优势理论以绝对优势理论、相对优势理论、要素禀赋理论、竞争优势理论、比较优势理论等为基础理论发展起来。农业区域的比较优势不是自封的，而是需要通过构建农业区域比较优势测度模型进行识别和评价，经过区域优势的比较评价，把相同农业资源尽最大可能地优化配置到比较优势区域的农业相关部门、相关产业、相关产品、相关农业经营主体等，使农业区域比较优势得到最大程度发挥，进而达到社会经济效益的最大化。

4. 农业区域调控理论

区域调控理论来源于区域经济非均衡发展理论，是指从地域空间的角度对地区或国家农业发展的通盘谋划，主要立足于地区或国家层面来解决农业发展中的各种区域问题，协调地区间的农业分工关系和利益关系，建立合理的分工和协作体系，最终实现农业区域协调发展、农业整体效益提高、为地区或国家社会经济发展提供稳定的基础物资供给。

区域调控理论的调控模式主要包括完全计划型区域调控、完全市场型区域调控、计划与市场结合型区域调控模式。

农业区域调控的目标就是按照发挥区域比较优势原则，将地区或国家的农业发展目标和拟实现的功能在不同区域间进行合理分工，促进农业区际贸易与区际协作，规范农业发展空间秩序，形成优势互补、良性互动、共同繁荣的农业区域协调发展空间格局，实现区域利益的帕累托改进，全面提高地区或国家农业整体竞争力。既避免不同区域在农业发展速度、农民收入水平上的差距过度扩大，又避免区域间恶性竞争，不顾各自的自然、社会、经济、科技等条件差异而人为调控使得农业产业结构盲目趋同。农业区域调控的主体是政府，政府在市场经济规律条件下进行宏观调控，对农业资源在地区内与地区间、部门内与部门间、产业内与产业间等进行优化配置和合理配置，主要对自然资源要素、经济技术要素、区域发展目标要素等进行统筹调控，克服市场经济发展的弊端，协调区域间竞争与协作、效率与公平等关系。

5. 景观生态学理论

景观生态学是以整个景观为对象，通过物质流、能量流、信息流与价值流在地球表层的传输和交换，通过生物与非生物以及与人类之间的相互作用与转化，运用生态系统原理和系统方法研究景观结构和功能、景观动态变化以及相互作用机理，研究景观的美化格局、优化结构、合理利用和保护的学科。景观生态学的研究焦点主要集中在较大的空间和时间尺度上生态系统的空间格局和生态过程等方面。

景观生态学强调空间异质性的维持与发展，生态系统之间的相互作用，大区域生物种群的保护与管理，环境资源的经营管理以及人类对景观及其组分的影响。景观生态学的概念是德国植物学家 Troll 提出的，随后由 Forman 和 Godron 对其深化及丰富，当前越来越多的生态学家利用景观生态学理论进行农业景观格局的研究。

景观格局是指景观的空间结构特征，它是由自然或人为形成的，一系列大小、形状各异、排列不同的景观镶嵌体在景观空间的排列，它既是景观异质性的具体表现，又是包括干扰在内的各种生态过程在不同尺度上作用的结果。对区域内的农业景观空间格局进行研究，能够揭示区域内农业生态状况及空间变异的特征，为区域的农业资源利用规划、农业资源多维优化配置研究提供参考。

6. 可拓学理论

可拓学理论是研究事物拓展的可能性和开拓创新的规律与方法，并用以解决矛盾，有别于生物学、机械学、电工学等纵向学科，是与数学、系统论、信息论、控制论等相类似的横断学科。可拓学理论由蔡文、杨春燕等在 1983 年创立，基础理论包括物元可拓性理论、物元和物元变换理论、可拓集合理论、共轭分析理论等。

农业资源利用类型之间具有较强的相关性，运用可拓学理论研究农业资源的可拓性，能够有效揭示农业资源的特征，探索农业资源合理利用的影响因素，为农业资源多维优化配置提供理论依据。

二、农业资源多维优化配置方法

农业资源多维优化配置是一项复杂的系统工程，是一个多目标、多层次的持续拟合与决策过程，既包括宏观的数量配置，也包含微观的空间布局优化配置。目前，农业资源多维优化配置方法主要是通过构建相关模型来实现的，而农业资源多维优化配置模型的构建涉及多学科、多种方法耦合，包括动态仿真模拟、数学建模、工程学、系统动态学等理论与方法的相互融合。因此，农业资源多维优化配置的模型也包括数量结构优化配置模型和空间布局优化配置模型。

（一）数量结构优化配置模型

1. 线性规划法（LP 模型）

线性规划法是指研究线性约束条件下线性目标函数的极值问题的数学理论和方法。线性规划是运筹学的一个重要分支，广泛应用于军事作战、经济分析、经营管理和工程技术等方面，为合理地利用有限的人力、物力、财力等资源做出最优决策，提供科学的依据。线性规划法已成为人们为合理利用有限资源制定最佳决策的有力工具。

线性规划方法是农业资源优化配置建模研究中最为常用的一种方法，它能够求解多方面的问题，除了解决线性问题之外，还可以使用对数法等方法解决一些非线性的问题。许多学者运用线性规划模型优化地块尺度和区域尺度上的农业资源，尤其在地块尺度下的土地利用结构优化的研究中应用较多。虽然线性规划法在农业资源优化配置建模研究中应用范围较广，但也存在局限性，不能反映约束条件随时间动态变化的过程，是一种静态模型；不能兼顾所有的优化目标及其约束条件，一些难以量化的因子也不能加入模型中，因此得出的最优方案也不一定完全符合实际情况。

2. 系统动力学方法（SD 模型）

系统动力学是一门基于系统论、控制论、信息论和计算机仿真技术的新兴学科。系统动力学方法自创立以来，已成功地应用于企业、城市、地区、国家甚至世界规模的许多战略与决策等分析中，用以研究复杂的社会经济系统，后来逐步运用于区域和国家尺度上的农业资源优化配置建模研究中。系统动力模型能够灵活地进行决策模拟和多方案比较，特别是模拟大型非线性动态多重反馈系统的能力很强，适用于解决复杂系统的结构功能协调和中长期系统动态发展问题。

系统动力学模型将研究对象看成一个闭合系统，其建模过程中必须充分研究系统的内部结构，掌握系统内部的各种反馈机制。该方法的优势主要体现在三方面。一是能精确模拟系统的运行方式。采取定性和定量相结合的情景模拟模式，能更精确地模拟系统的运行方式，对数据的依赖性较小，操作灵活，可塑性强。二是注重动态趋势，突出系统结构。注重一般的动态趋势，突出系统反馈结果，不关心系统变量在特别年份的精确数值。三是全面地反映研究过程。既能够对未来进行预测，也能够对系统的历史行为进行回顾，能够反映数学形式难以表达的过程。该方法的局限性主要表现为中、短期预测和分配问题精度差，建模难度较大等。

3. 多目标规划方法

多目标规划法是指为解决多目标决策问题而发展起来的一种科学管理的数学方法。多目标规划是运筹学的一个重要分支，是在线性规划的基础上发展起来的，它涉及多目标函数的优化问题，同时也是多目标优化问题。

多目标规划的概念是 1961 年由美国数学家查尔斯和库柏首先提出的，至今有些理论问题尚在探讨之中，应用范围不如线性规划广泛，主要应用在工程、经济、物流等领域的资源分配、计划编制、生产调度等方面，在两个或更多冲突的目标之间存在取舍时，需要采取最优决策。

近 30 年来，多目标规划方法也广泛应用于农业资源优化配置的研究中。在可持续发展的主题下，多目标规划方法应用目标决策理论，优化农业资源系统，在农业资源优化配置建模中发挥了重要的作用。决策者可以依据不同标准选择比较满意的优化配置方案，从而提高农业资源优化配置方案与决策的科学性。

多目标规划模型作为 20 世纪后期迅速发展起来的一门新兴科学，主要研究在某种意义下多目标的同时最优化问题，具有多目标、多方案的特点。其最大的优势在于能够有效解决多方利益冲突，可以充分地反映决策者的愿望，给决策者提供期望的最佳目标，在实际的生产应用中具有积极的意义，特别是在农业资源多维优化配置中具有指导意义。

4. SDLP 方法

SDLP 是指最大限度地发挥有限资源作用，提高资源利用效率，创造出较高经济效益，具有其他模型无可比拟的优越性。因此，该模型被广泛地用于各个领域最优方案（计划）决策。

SDLP 集成了 SD 模型和 LP 模型的优点，使宏观控制（由 SD 模型完成）和微观决策（由 LP 模型完成）得以有效兼容。SDLP 配置农业资源优化利用方案具有较强的应变性、适用性和时间上的连续性；不受线性的限制，许多非线性方程都可以纳入模型，应用十分灵活。SDLP 属于静态优化模型，在一定程度上限制了模型应用，特别是对复杂大系统管理的决策，往往会遇到困难；另外设置变量与约束方程多的时候，建立大规模 LP 往往需要技术和实践经验，否则会出现矛盾方程，LP 问题就得不出解。

5. 灰色预测方法

灰色预测方法是通过鉴别系统因素之间发展趋势的相异程度，即进行关联分析，并对原始数据进行生成处理来寻找系统变动的规律，生成有较强规律性的数据序列，然后建立相应的微分方程模型，从而预测事物未来发展趋势的状况。灰色预测是就灰色系统所做的预测，而所谓灰色系统是介于白色系统和黑箱系统之间的过渡系统，其具体的含义是指如果某一系统的全部信息已知为白色系统，全部信息未知为黑箱系统，部分信息已知，部分信息未知，那么这一系统就是灰色系统。

由于线性规划模型是静态模型，不能适宜技术条件、社会经济状况和自然环境发展变化的要求，在其他规划方法解决实际问题也比较困难的情况下，灰色预测方法就成为优先选择。灰色预测方法可以解决线性规划法无法解决的优化动态性问题，对复杂系统中时间序列单调增长且速度慢的情况下拟合效果较好，适宜数据少、波动不大数据列的预测研究。其局限性在于预测的结果不是特别准确，只能作为指导性的参考。

6. 层次分析法

层次分析法（AHP）是指将复杂的多目标决策问题作为一个系统，将目标分解为多个目标或准则，进而分解为多指标（或准则、约束）的若干层次，通过定性指标模糊量化方法算出层次单排序（权数）和总排序，以作为目标（多指标）、多方案优化决策的系统方法。层次分析法是将决策问题按总目标、各层子目标、评价准则直至具体的计划投资方案的顺序分解为不同的层次结构，然后用求解判断矩阵特征向量的办法，求得每一层次的各元素对上一层次某元素的优先权重，最后归并各计划选择方案对总目标的最终权重，最终权重最大者即为最优方案。层次分析法比较适合于具有分层交错评价指标的目标系统，而且目标值又难以定量描述的决策问题。

该方法是美国运筹学家匹茨堡大学教授萨蒂于 1973 年提出的一种层次权重决策分析方法，是从定性分析到定量分析综合集成的典型系统工程方法，目前被广泛应用于多因素权重的确定。优点主要表现为系统性的分析方法、简洁实用的决策方法、所需定量数据信息较少等方面；局限性主要表现为不能为决策提供新方案、定量数据较少，定性成分多、不易令人信服，指标过多时数据统计量大、且权重难以确定，特征值和特征向量的精确求法比较复杂等。

层次分析法主要应用在安全科学和环境科学领域，也是指导农业资源多维优化配置的重要方法，特别是在指导水资源优化配置到各区域、各用水部门等方面发挥了重要作用。

7. 数据包络分析法（DEA）

数据包络分析方法（DEA）是根据多项投入指标和多项产出指标，利用线性规划对具有可比性的同类型单位进行相对有效性评价的一种数量分析方法。

该方法在 1978 年由著名的运筹学家 A. Charnes，W. W. Cooper 及 E. Rhodes 提出，属于运筹学、管理科学与数理经济学交叉研究的一个新领域。DEA 是采用数学规划的方法评价决策单位相对有效性的方法，基本原理是运用投入产出数据的最佳组合构造“生产前沿面”，在假设生产前沿面是最优组合的前提下，比较其他决策单元和生产前沿面的距离，从而算出决策单元对“生产前沿面”的相对效率。DEA 值为 1 时有效，DEA 值越小效率值越低。DEA 模型中的 BC^2 模型可以将综合技术效率分解为纯技术效率和规模效率。

运用 DEA 方法对农业资源配置效率进行评价，为农业资源高效利用和农业资源利用效率评价提供科学依据与基础。

（二）农业资源空间优化配置模型

随着数量结构优化配置模型研究及应用的不断深化，农业资源空间布局的优化配置研究逐步成为研究热点，推进了农业资源空间优化配置的研究，进一步推动农业资源多维优化配置科学研究的发展。

1. 农业资源多维优化配置管理决策支持系统

1971 年美国麻省理工学院的 Gorry. G. A. 和 Soctt. Morton 首先提出决策支持系统（DSS）的概念，随后 P. G. Cnee 等做了开创性工作，于是决策支持系统的理论研究和实际系统的开发得以迅速发展。

决策支持系统（DSS）是用来支持半结构化和非结构化决策，允许决策者直接干预，并能接受决策者的直观判断和经验的动态交互式计算机系统。DSS 主要包括人机接口、数据库、模型库、知识库、方法库、管理系统（即对话管理系统、数据库管理系统、模型库管理系统、知识库管理系统和方法库管理系统等)、优化模型等部件，一般来说这些部件可以组成实现任何层次和级别的DSS系统。

农业资源数据具有数据量大、多维、动态、不完整和不确定等特点，如何从庞大的数据库中抽出有用的信息，如何有效地从这些数据中深入寻找各种因素的相互联系，进而对农业资源进行优化配置，实现经济、社会、生态效益的协调发展十分重要。将DSS引入农业资源优化配置决策中，开发农业资源多维优化配置管理决策支持系统，不仅能有效解决这些问题，还有助于提高决策质量和管理效率。

农业资源多维优化配置管理决策支持系统主要是将5S技术、多维信息论、多源数据融合技术、数据库、决策模型等引入农业资源管理，获取不同尺度、不同时空的信息，并快速分析处理，实现广信息、全方位、高仿真、全过程数据共享的农业生产过程展示与数字化管理，作为决策的重要依据，实现农业生产的信息驱动、科学管理、知识管理和合理作业，从而达到农业增产、增效和科学化管理的目的，适应未来集约化、现代化农业生产的需要。

目前，虽然这种基于数据库的综合DSS在农业资源多维优化配置方面的研究还比较薄弱，但一定属于发展趋势。将综合决策支持系统的理论和技术应用于农业资源多维优化配置，分析特定区域农业生产低效的原因和资源配置的缺陷，并研究该区域农业的优势与劣势，对促进该区域农业发展、指导相同类型区域建立高效和持续农业生产体系以及促进区域经济均衡协调发展具有十分重要的理论和现实意义，对我国农业信息技术的发展及农业信息化水平的提高将发挥积极的推动作用。

2. 结合GIS的优化方法

GIS即地理信息系统，在软、硬件的支持下，全方位采集、存储、管理、分析与描述、显示地理数据、空间信息。地理信息系统通过地理数据、空间信息，经由复杂空间分析及相应的可视化技术实现地理空间分析与空间数据挖掘，还可以综合农业资源等方面的数据，实现对地理空间的信息演变，对农业资源做出分析和挖掘，从而为农业资源多维优化配置提供翔实、直观、可靠的决策和支持。在农业资源优化配置过程中，各种农业资源数据和地理空间数据庞杂，GIS可以管理大容量的数据，支持多种表现形式的空间数据，具有良好的数据维护更新能力以及空间信息的查询和分析能力，可为其管理决策提供有力帮助。

计算机技术和GIS的兴起与快速发展，为农业资源利用和决策过程中分析空间数据提供了重要的技术支撑，利用数量结构优化配置模型与GIS进行耦合，可以实现农业资源在数量上、空间上的优化配置，使得农业资源决策和管理更加科学有效。例如 Fuhu Ren 在适宜性评价的基础上，建立了 GIWIN-LRA 模型，实现了土地资源的优化配置；Chuvieco 在土地适宜性分析的基础上，将 GIS 与线性规划模型相结合，实现了土地资源的优化配置；郑新奇等在对土地适宜性评价的基础上，将 GIS 与系统动态学模型和多目标规划模型结合，实现了土地资源的优化配置。

3. IDRISI CA-Markov 模型

IDRISI CA-Markov 模型是美国克拉克大学实验室于 1987 年推出的，它是一个将地理信息系统和图像处理功能完美结合的软件，集成了 250 余个功能模块。IDRISI 是其中最具特色的一个功能模块，是土地覆盖变化模拟（land cover change simulation，LCCS），它提供了集成马尔可夫链和 CA 功能于一体的 CA-Markov 模型。更具特色的是，CA-Markov 模型可运用多标准评价和多目标决策支持系统定义土地利用类型间转移的规则。IDRISI CA-Markov 模型在应用马尔可夫链对未来土地利用数量结构准确预测的基础上，通过领域关系分析加强了空间格局的模拟能力。因此能够有效地对土地利用结构数量及空间分布进行预测。模型的工作原理是以预测基期的土地利用为初始状态，以基期年和基期年之前土地利用转移面积及适宜性图集表述的土地利用类型为依据，对土地类型进行重新分配。

该模型起源于元胞自动机（Cellular Automata，CA）模型，CA 模型是 20 世纪 40 年代 Ulam、Hawkins、Von neumann 提出来的一类并行计算模型，它是时空状态均离散的网格动力学模型。实践证明，CA-Markov 模型在土地利用变化模拟方面具有比基于 GIS 技术方法更大的精度优势，已经进行了很多成功应用。例如 Almeida C. M. 等采用随机 CA 模型考虑随机因素对城市土地利用变化动力的影响；刘小平等将生态位引入 CA 模型，给 CA 模型中每一个元胞赋予不同的生态位，并以此模型实现土地资源的动态配置和空间分配。

CA 模型的应用研究侧重模拟城市用地扩张过程及规律性，其优点在于它可以模拟复杂系统的行为，并能实现对系统未来发展状况的情景分析，能够有效地进行土地资源的空间配置，为土地资源的管理和决策提供依据；其局限性主要体现在模型结构、变量以及参数估计方面存在着较大的不确定性，其配置精度和可靠性有待提高。

4. CLUE-S 模型

CLUE-S（Conversion of Land Use and its Effects at Small region extent）模型是荷兰瓦赫宁根大学“土地利用变化和影响”研究小组在 CLUE 模型的

基础上开发的。CLUE-S 模型运用系统的方法处理不同土地利用类型之间的竞争关系，实现对不同土地利用变化的同步模拟，其理论基础包括土地利用变化的关联性、土地利用变化的等级特征、土地利用变化竞争性和土地利用变化的相对稳定性。CLUE-S 模型分为非空间土地需求模块和土地利用变化分配模块两部分，前者主要研究区内土地需求驱动因素导致的土地利用类型数量的变化，需要借助其他数学模型、经济学模型或者不同的假定条件下的计算或估算来完成；后者则把非空间土地需求模块计算出的土地需求分配到研究区的空间位置上，达到空间模拟的目的。

CLUE-S 模型属于土地利用变化及其效应模拟模型，适应中小尺度区域土地利用时空动态模拟，主要由土地政策与限制区域、土地利用类型转换规则、需求模块、空间特征等 4 个输入模块和 1 个空间分配模块组成。自模型推出以来，应用模型研究土地资源时空配置的较多，如郑新奇等运用 CLUE-S 模型对济南市长清区土地利用总体规划指标进行时空配置，实现了规划指标分配时间模型和空间模型的融合；张永民等运用 CLUE-S 模型对奈曼旗 15 年来的土地利用变化进行模拟，模拟结果与 2000 年的土地利用现状图比较吻合，这说明 CLUE-S 模型具有成功模拟区域土地利用时空动态变化的能力；蒙吉军等运用 CLUE-S 模型对城市边缘区的土地利用变化进行模拟研究。

CLUE-S 模型针对土地利用时空动态变化模拟的研究较多，应用于土地利用空间格局优化配置的研究还较少。CLUE-S 模型的优势在于具有有效模拟中小尺度区域的土地资源利用时空动态变化和优化土地资源空间配置的能力，对农业资源利用规划、农业区域规划、农业资源多维优化配置及农业资源可持续利用管理具有重要的指导作用。

三、农业资源多维优化配置核心技术——多维地理信息技术

（一）地理信息技术

狭义的地理信息技术即“3S”技术，包括地理信息系统（GIS）、遥感（RS）、全球定位系统（GPS）。

1. 地理信息系统（GIS）

（1）概念。地理信息系统（GIS）是在计算机硬件、软件系统支持下，对整个或部分地球表层（包括大气层）空间中的有关地理分布数据进行采集、储存、管理、运算、分析、显示和描述的技术系统。地理信息系统处理、管理的对象是多种地理空间实体数据及其关系，包括空间定位数据、图形数据、遥感图像数据、属性数据等，用于分析和处理在一定地理区域内分布的各种现象和

过程，解决复杂的规划、决策和管理问题。

（2）特征。一是以关联子系统构成程序化的技术系统。它由数据采集、数据管理、数据处理和分析、图像处理、数据产品输出等若干个相互关联的子系统构成，子系统的优劣、结构直接影响 GIS 硬件平台、功能、效率、数据处理的方式和产品输出的类型。二是以空间数据作为操作对象。空间数据即点、线、面、体等有三维要素的地理实体。具有采集、管理、分析和输出多种地理空间数据信息的能力；空间数据的最根本特点是每一个数据都按统一的地理坐标进行编码，实现对其定位、定性和定量的描述。三是以数据综合模拟与预测作为主要优势。GIS 具有极强的空间数据综合、模拟与分析评价能力，能获取常规方法或普通信息系统难以得到的重要信息，能产生高层次的地理信息，实现地理空间过程演化的模拟和动态预测。四是以地理空间实体研究和决策为目的。不同类型的测量为 GIS 空间实体提供各种不同比例尺和精度的定位数，现代测绘技术可直接、快速和自动地获取空间目标的数字信息产品，为 GIS 提供丰富和更为实时的信息源，并促使 GIS 向更高层次发展。地理学是 GIS 的理论基础，而 GIS 是地理科学第二次革命的主要工具和手段，被誉为地理学的第三代语言——以数字形式描述空间实体。GIS 以地理空间实体研究和决策为目的，是一个人机交互式的空间决策支持系统。

（3）发展趋势。地理信息系统将向数据标准化、数据多维化、系统集成化、系统智能化、平台网络化和应用社会化（数字地球）的方向发展。

2. 遥感（RS）

（1）概念。遥感（RS）是利用遥感器从空中探测地面物体性质，根据不同物体对波谱产生不同响应的原理，识别、探测地面上各类物体，并进行提取、判定、加工处理、分析与应用的一门科学和技术。也就是利用地面上空的飞机、飞船、卫星等飞行物上的遥感器收集地面数据资料，并从中获取信息，经记录、传送、分析和判读来识别物体。

遥感（RS）是指非接触的、远距离的探测技术。遥感是以航空摄影技术为基础，是 20 世纪 60 年代初发展起来的一门新兴技术。目前已广泛应用于资源环境、水文、气象、地质地理等领域，成为一门实用先进的空间探测技术。

（2）特征。一是获取数据范围大且周期短。遥感用航摄飞机飞行高度为 10 千米左右，陆地卫星的卫星轨道高度达 910 千米左右，从而可获取大范围的数据信息。同时由于卫星围绕地球运转，从而能及时获取所经地区的各种自然现象的最新资料，以便能及时更新原有数据信息。二是获取信息限制条件少且手段多。采用不受地面条件限制的遥感技术，特别是航天遥感可方便及时地获取自然条件极为恶劣区域的数据信息。根据不同的任务，遥感技术可选用不同波段和遥感仪器来获取信息；利用不同波段对不同物体的穿透性，还可获取物体内部信息；同时微波波段还能全天候工作。

3. 全球定位系统（GPS）

（1）概念。全球卫星定位系统（GPS）是一种结合卫星及通信发展的技术，利用导航卫星进行测时和测距。GPS 是具有在海、陆、空进行全方位实时三维导航与定位功能的卫星导航与定位系统。GPS 是以空中卫星为基础的高精度无线电导航的定位系统，由空间端（GPS 星座）、地面端（地面监控系统）、用户端（GPS 信号接收机）三部分组成。

（2）特征。全球定位系统具有全天候（不受任何天气的影响）、全球覆盖（覆盖率高达 98%）、高精度、快速、省时、效率高、应用广泛、功能多、可移动定位等特征。

（二）多维地理信息技术

多维地理信息技术是在狭义地理信息技术的基础上发展而来的，泛指快速而实时的时空信息分析和决策支持工具系统，核心技术主要包含 5S 技术，即地理信息系统（GIS）、遥感（RS）、全球定位系统（GPS）、数字摄影测量系统（DPS）、专家系统（ES），实现测绘、遥感、制图、管理和科学决策的相互融合。严格意义上说，多维地理信息技术的核心是 5S 技术，但并不局限于 5S 技术，还包括虚拟环境，网络 GIS、多媒体技术、数据库技术、办公自动化技术、移动通信技术等其他信息化技术。

多维地理信息技术不仅包含传统地理信息技术的空间特性，而且还涵盖时间特性；不仅能反映事物和现象的存在状态，而且还能表达其发展变化过程及规律，在系统中增加对时间维的表达、分析能力，提供历史分析与趋势分析的功能。

多维地理信息技术是农业资源多维优化配置的核心技术。在传统农业资源配置方法的基础上，科学引入“多维”的元素，充分利用虚拟仿真技术、数字化技术、空间技术、智能采集测量技术、三维建模技术、多媒体交互技术、虚拟现实技术、图像识别技术、多指触控技术、多源数据融合技术等多维地理信息化技术，构建农业资源多维优化配置信息化共享管理平台，结合农业资源多维优化配置循环系统，开发农业资源多维优化配置管理决策支持系统及其相关子系统，利用数字沙盘动态推演不同形式的农业资源优化配置方案，预测发展趋势，使得传统农业资源配置由平面向立体、由二维静态展示向多维动态仿真、由机械式管理向数字化管理、由存在状态向发展变化、由现状分析向历史与趋势分析延伸等转型升级，实现农业资源优化配置各环节或子系统多层次全信息、多方良性互动、360 度全视角、实景、全过程数据共享的多维立体动态仿真展示与数字化管理。

第三节 农业资源多维优化配置思路

一、农业资源多维优化配置循环系统

农业资源多维优化配置以农业资源系统为研究基础与对象，贯穿于农业生产的所有环节，这些环节主要由农业资源多维评价、农业多维区划、农业多维规划、农业项目多维可行性研究、农业多维规划（可行性研究）实施、多维后评估、农业多维区划（规划）方案调整优化、农业资源优化配置等组成，随着项目的逐步推进和科学技术的不断发展，资源的配置由优化逐步过渡为需要更加“优化”才能促进资源的高效利用，因而需要通过反馈调整再到“农业资源多维评价”，形成下一轮循环。上述环节步骤与农业资源多维优化配置不仅紧密相关，并且就是农业资源多维优化配置的重要组成部分，是从宏观到微观、从顶层设计到直接指导农业生产的不断递进过程。上述环节步骤作为其子系统，以农业资源多维优化配置为核心目标构建周而复始的循环系统，实现农业资源的更优配置（图 1-3）。

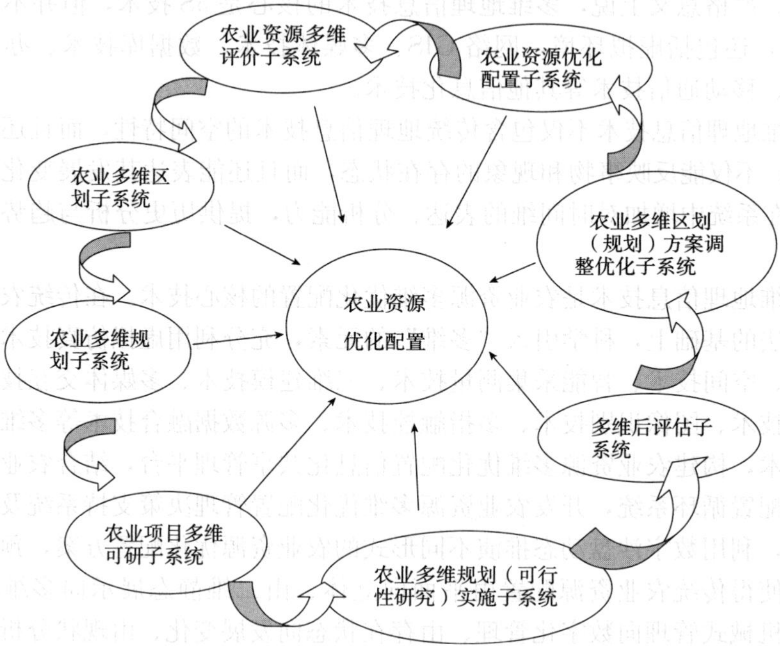

图 1-3 农业资源多维优化配置循环系统结构

二、农业资源多维优化配置思路

传统农业资源配置一般就“配置”而谈“配置”，没有纳入农业资源大系统、农业生产全过程进行统筹安排与系统考虑，尽管也运用系统论方法进行调控，但只是把农业资源各子系统纳入农业资源大系统中来考虑农业资源的优化配置，缺乏全局与系统的思维，同时也还是二维平面静态的展示与机械式管理，难以满足社会发展对多层次、全信息、多方良性互动、全视角、动态实景、全过程数据共享的农业资源配置数字化管理的需要。

尽管循环系统中各子系统可以脱离循环系统而单独作用于农业资源优化配置，但脱离循环系统的各子系统缺乏整体性、系统性与上下贯通性，其单一子系统对资源的配置效率要低于纳入循环系统中进行统筹配置的效率。同时循环系统中各子系统只是农业生产全过程中的相应环节步骤，不存在相互依存、相互制约、相互支撑的必然关系，缺乏无缝对接、高度融合的紧密连接纽带。

为此，农业资源多维优化配置应以生态循环型生命周期—系统论的方法为指导，以农业资源优化配置与合理利用为目标，以存量农业资源为前提，以传统农业资源配置为基础，以提高农业资源配置效率为核心，以农业资源系统为载体，以多维地理信息技术为手段，导入决策支持系统的理念，搭建集循环系统和管理决策支持系统于一体的农业资源多维优化配置信息化共享管理平台，实现循环系统与管理决策支持系统，循环系统子系统内部、各子系统之间、各子系统与循环系统，管理决策支持系统各子系统内部、各子系统之间、各子系统与管理决策系统无缝对接的高效畅通渠道。

通过搭建共享管理平台，农业资源多维优化配置才能以环环相扣的链条形式不断地循环、反馈调整优化达到不同时空条件下的农业资源的更优、更合理配置，实现传统农业资源配置由二维平面静态展示与机械式管理向多维立体动态仿真展示与数字化管理转型升级，促进农业资源高效持续配置，为农业资源可持续利用提供支撑（图 1-4）。

三、农业资源多维优化配置原则

1. 系统性原则

农业资源多维优化配置以农业资源系统为研究基础与对象，不仅涉及各种类别的农业资源，还涉及农业各部门及其相关涉农部门、农业产业及其关联产业、区域间关系等众多要素，是个复杂的综合系统。这个复杂的综合系统包含三层含义。

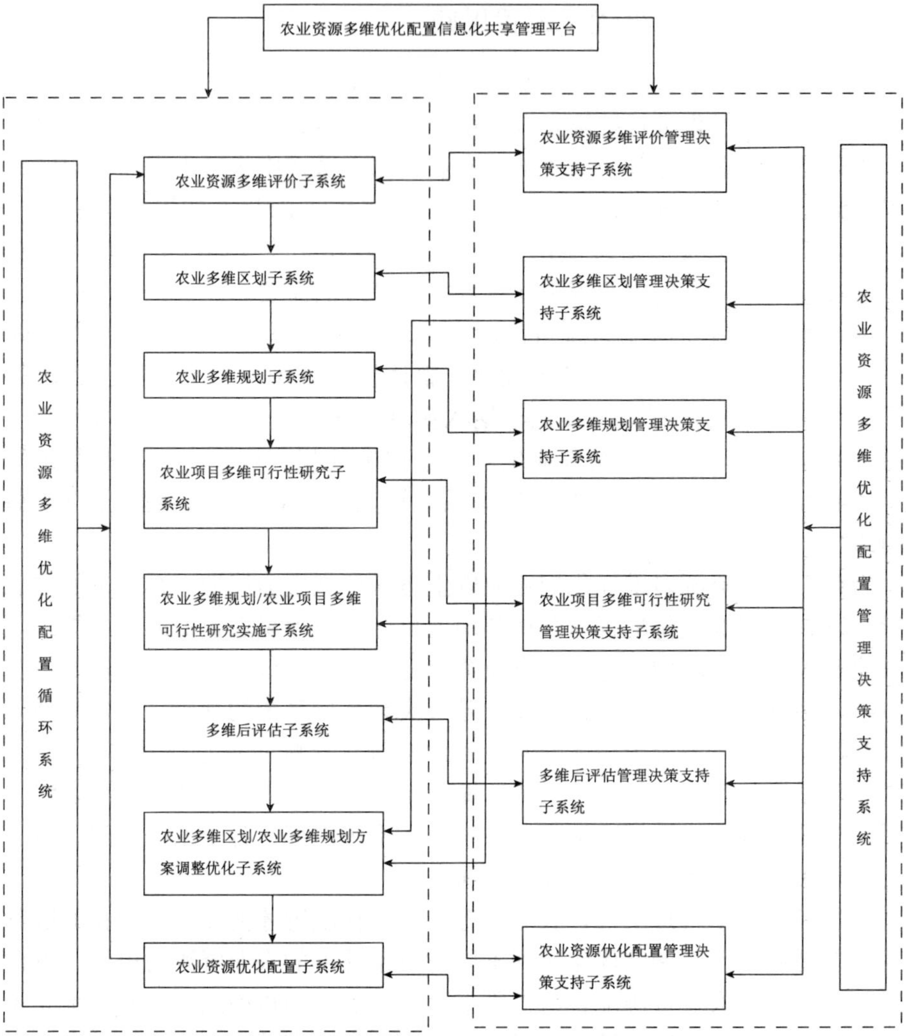

图 1-4 农业资源多维优化配置信息化共享管理平台结构

首先，农业资源多维优化配置本身涉及农业生产的各个环节，由各相关子系统构成，需要充分协调各子系统与大系统及各子系统之间的关系，促进各子系统发挥最大效益。其次，农业资源多维优化配置是国民经济与社会发展的重要环节，不能脱离国民经济与社会发展而单独考虑，必须放在国民经济与社会发展整个巨系统中，按照国民经济与社会发展对农业资源配置的宏观要求，结合区域自身发展需求综合考虑与统筹安排。需要系统思考配置区域和目标市场的战略重点及发展方向，在充分遵循市场配置的前提下，主动接受政府的宏观调控；需要系统思考资源、技术、价格、管理体制的变化趋势，兼顾省际利益与地区利益、长远利益与近期利益、邻区利益与自身利益，缩小配置区域因为资源禀赋形成的发展水平差距，发挥区域最大优势。最后，由于配置区域受农业资源有限性及不均衡性、生态环境功能衰减的双重制约，在国际化趋势日趋明显的今天，需要充分利用国内外市场，以全球化的战略视野，寻求战略合作，缓解双重制约带来的经济社会发展压力，促进配置区域可持续发展。

2. 市场导向原则

市场不仅是农产品价值规律实现的有效载体，也是农业资源优化配置的重要手段，必须坚持市场导向的原则。为此，必须深入分析并系统研究，通过构建配置区域甚至全国一盘棋的农业资源共享空间数据库、相关农业产业数据库等大数据，从中发现市场需求，在此基础上统筹安排。同时，配置区域或国家要在深度分析与研究市场的基础上，结合自身的资源禀赋与发展优势，科学遴选配置区域相关农业产业及其产品的目标市场、潜在目标市场，优先配置市场急需且市场价格相对较高且稳定的产业及其主导产品。按照农业供给侧结构性改革的要求，对农业农村现有产业进行结构调整与优化，在保障基本供给的前提下，合理引导存量农业资源流向收入弹性高、供给弹性大、市场容量大、产业融合度高的产业与产品，并进行农业资源的高效持续调配，从而保障农业农村产业结构调整优化的顺利完成。

3. 降低成本原则

农业资源多维优化配置成本是指配置中的资源耗费，即优化配置农业资源所需付出的代价。农业资源多维优化配置的目的是实现农业资源利用效率和效益的最大化，创造更多的财富，满足人民群众生产生活的需要，进而实现人类社会的可持续发展。高配置成本是相对于平均配置成本而言的，也就是同样的投入并不能产生该配置所达到的平均效益，低于平均配置成本的就是高配置成本；在某种程度上可以认为高配置成本意味着农业资源配置既不合理，也不优化，配置效率相对较低。

降低农业资源配置成本是农业资源多维优化配置的基本要求，本研究在生态型循环性生命周期—方法论的指导下，搭建集循环系统与管理决策支持系统于一体的农业资源多维优化配置信息化共享平台，通过环环相扣的链条形式实现农业资源优化配置的循环、反馈与调整优化，逐步使农业资源配置达到合理—更合理、优化—更优化的理想状态，不断降低农业资源存量配置成本与增量配置成本，从而达到降低农业资源配置成本的目的，逐步提高农业资源配置效率，实现农业资源的高效持续配置。

4. 劳动地域分工原则

劳动地域分工是社会分工的具体空间表现形式，区域专业化生产是其基本特征。区域间不仅农业自然禀赋存在差异，而且其可流动的社会经济技术资源也有其明显的差异，而区域的发展不能脱离其自身的资源禀赋和各种环境条件所提供的可能。因此，只有通过差异化与对比分析，科学合理地对农业资源进行多维评价，科学挖掘区域间各自的优势特色资源与条件，发挥区域比较优势，按照劳动地域分工原则，构建与配置区域特色相适应的专业化农业部门与产业，合理调配农业资源，进行具有地域优势的农业综合开发与农业生产，从而节约集约利用资源，获取区域发展的比较利益与社会分工利益，进而促使配置区域农业资源效率和效益的最大化。

区域进行农业资源优化配置，要按照社会分工的原则，跳出小而全、大而全的自给自足的经济发展思维，不追求配置区域内各产业的平衡和自给自足，而应集中力量发展优势特色产业和生产有市场竞争力的产品，以优势与特色赢得市场，赢得合作共赢的可持续发展空间，不断提供符合甚至满足人民群众生产生活需求的优势特色产品及服务。

5. 比较优势原则

科学研究区域或国家农业资源的数量、质量、分布、功能及其相关禀赋，系统评价区域或国家农业资源的比较优势及其潜能。以市场为导向，结合区域或国家宏观调控的作用，按农业资源高效配置的要求，积极发挥区域的农业资源比较优势，配置相应的农业生产部门、产业生产体系及其结构；同时积极引导现有的农业产业生产体系向具有比较优势的产业靠拢与倾斜，进一步调整优化其产业结构。充分发挥配置区域的相对比较优势，合理调配相关农业资源，真正实现区域的特色专业化生产布局，深度挖掘区域比较优势的最大潜能，实现区域农业农村经济的持续发展。

6. 因地制宜的原则

区际的农业自然资源、社会经济技术资源既有共性也有个性，也会存在较大的差异，也会有各自的优势与特色，都有其历史发展的脉络与变迁规律可循。由于市场瞬息万变，市场配置的盲目性与自发性，容易导致某产品市场供应量的跳跃式增长、断崖式降低，发展时刻处于动态变化之中，因此区际的发展思路千万不能生搬硬套，必须因时、因地制宜。

针对区域的资源条件，结合资源优势与特色，遵循因地制宜原则，配置具有个性化的农业部门与优势产业，采用相应的现代农业发展模式进行农业综合开发与农业生产，切忌生搬硬套。同时区域对于农业系统的资源配置投入，需要结合市场变化情况及时调整优化，因时、因地、因物投入。构建具有区域特色、深具个性化的农业资源多维优化配置方案，打造富有区域特色的现代农业发展模式样板，促进区域农业资源的高效持续配置，实现区域农业资源可持续利用和区域经济社会可持续发展。

7. 集约化发展与高效保护的原则

由于人类社会受农业资源有限性与不均衡性、生态环境功能衰减的双重压力，对于人口众多，人均资源远低于世界平均水平的我国而言，这种压力更为明显、形式也更为严峻。为此，农业资源多维优化配置不仅要依据区域农业资源特点和比较优势，因地制宜地发展具有区域优势特色的专业化、规模化农业，还必须坚决贯彻落实节约集约化发展与高效保护的原则。

区域现代农业发展，需要积极构建节约集约化的现代农业产业生产体系，组装配置集技术、设施、工程于一体的农业资源节约集约利用体系，示范推广节约集约式先进生产技术与设施，大力实施“一控两减三基本”示范工程，配套实施相关工程，在节约集约利用农业资源的基础上，实现农业系统的高效率运转，增强农业系统的综合生产能力。同时还要树立在保护中开发农业资源的可持续发展观，着力建设农业绿色发展支撑体系，构建因地制宜的农业绿色发展模式，通过工程、技术等措施在保护生态环境的同时逐步改善生态环境，不断提高农业资源承载力，逐步提高农业生态系统的整体功能，促进农业资源的可持续利用。

四、农业资源多维优化配置目标

采取生态循环型生命周期—系统论的方法，利用多维地理信息技术，构建宏观系统化的农业资源多维优化配置思路；实施市场与计划双重配置方式，公平合理配置农业资源四要素，提高农业资源配置手段，促进农业资源在地域空间和时间上合理布局，实现农业资源高效配置，生产满足人类社会需要的农产品及其服务，全面提升农业资源优化配置效率，缓解资源有限性、不均衡性、生态环境功能衰减的压力，实现生态、社会、经济效益最大化，促进农业资源可持续利用和人类社会可持续发展。

一是构建宏观系统化的农业资源多维优化配置思路，促进农业资源优化配置转型升级。紧密结合农业资源多维优化配置的系统性、生态循环型生命周期性、时空多维性等特征，跳出传统农业资源配置的怪圈，全程贯彻生态循环型生命周期—系统论的方法，以农业资源多维优化配置管理决策支持系统为平台，搭建全国一盘棋集循环系统和管理决策支持系统于一体的农业资源多维优化配置信息化共享管理平台，实现传统农业资源配置由二维平面静态展示与机械式管理向多维立体动态展示和数字化管理转型升级。

二是协调农业资源要素合理流动，实现农业资源高效配置。以市场配置为主导，兼顾宏观调控，科学推动农业资源的合理高效流动，以产品和资源的高效流动，协调区际发展环境与水平，缩小区际发展差异，达到农业资源要素及其组合配比效益最佳，全面提升农业资源配置效率，进而实现农业资源高效配置。

三是加速农业资源高效利用技术研发推广，全面提高农业资源多维优化配置手段。科学技术是第一生产力，现代农业发展由过去主要依靠政策、资金、科技三大法宝向主要依靠科技支撑转型，在科技驱动战略的引领下，加速农业资源相关技术研发、示范及推广应用。同时采用现代农业工程设施技术与管理服务技术，加大经营主体培育力度，积极培育高素质农民，培养“一懂两爱”“三农”工作队伍，全面提升现代农业的工程设施水平、数字化管理决策水平和社会化服务能力，从而提高农业资源优化配置手段。

四是协调农业资源配置要素，实现农业资源可持续利用。在生态文明理念指导下，根据区域农业资源特征与各农业部门、相关涉农部门特征及职责要求，利用市场与计划双重配置方式，充分协调农业资源配置要素，全面促进农业生产布局区域优势特色化、生产标准规模化、市场信息化、流通冷链化、加工一体化、融合高度化、技术先进化、发展绿色化、服务社会化、管理数字化，为农业增效、农民增收、农村增美提供支撑，在此基础上全面提升农业资源优化配置效率，兼顾生态效益与社会、经济效益的高度协调统一，在一定程度上缓解区域农业资源有限性、生态环境功能衰减的双重压力，实现农业资源可持续利用和人类社会可持续发展。

第二章

农业资源多维评价

开展农业资源评价是农业区划、农业规划、农业项目可行性研究、后评估等农业资源配置的一项重要的基础性工作。我国于20世纪80年代完成的第一轮农业区划摸清了当时的农业资源家底，但随着社会经济技术的快速发展和农业生产的不断深入，原有的农业自然要素、社会经济技术要素和农业多功能要素等都发生了很大的变化。同时农业资源状况的变化也为农业资源评价及其配置提供了新的可能与要求，同时其原有的农业资源评价方法与技术、手段、评价指标体系等也不适应新时期农业资源综合开发与高效利用的要求，市场更为新时期的农业资源评价提出了可视化、动态化、立体化、数字化等新的更高要求，为此农业资源多维评价应运而生。

为适应新形势下加快推进农业农村优先发展和乡村振兴战略全面实施的需要，为指导农业生产与农业综合开发、农业资源优化配置等提供决策参考依据，很有必要以全新的理念、全方位的视角，科学导入“多维”“信息化”元素，利用现代化的技术手段，构建科学合理的评价指标体系与相应评价模型，对新时期农业资源评价进行系统性的重新审视与科学研判，构建农业资源优化配置视角下的农业资源多维评价的整体性、系统性研究思路，促进农业资源评价向更高级发展阶段转型升级。同时本章节还着重对农业资源高效利用多维评价、农业资源可持续利用多维评价、农业资源利用效率多维评价等进行了系统研究。

第一节 概　　述

一、农业资源多维评价总体思路

（一）农业资源多维评价内涵、目的和意义

1. 农业资源多维评价内涵

农业资源多维评价是指利用多维地理信息技术调查农业资源状况，构建农

业资源共享空间数据库，搭建农业资源多维评价管理决策支持系统，科学分析农业资源数量、质量、结构、特征、分布、功能、历史演进、资源要素关系等情况，构建科学合理的评价模型，对农业资源利用予以科学计量与评价，动态推演并遴选农业资源评价方案，提出农业资源合理开发利用的方向、方式及农业资源优化配置方案。

农业资源多维评价是在农业资源评价内涵基础上结合“多维”“信息化”元素发展升级而来，是农业资源评价的更高级发展阶段。农业资源多维评价是针对农业资源数量上的有限性和质量、分布及其结构功能的差异性而进行的评述。由于农业资源存在数量的有限性、质量和分布上的差异性，因而不同农业资源的利用功能、作用和效益也不尽相同，因此要依据不同资源的特性功能，对农业资源在时间维度和空间维度上进行科学评价。

可见，农业资源多维评价内涵不仅包含空间元素，还包括时间元素。一是对区域内不同部门或资源要素、区际相同部门或不同部门间的资源要素进行评价；二是评价既要充分认识现在的存在状态特征，也要探寻历史发展脉络并对其产生的作用进行科学计量与评价，同时还要预测发展趋势并对其产生的作用进行预估。

2. 农业资源多维评价目的和意义

（1）农业资源多维评价目的。农业资源多维评价的基本目的在于查清农业资源的种类、数量、分布、功能及其生产潜力，科学分析历史发展脉络与变迁规律；构建评价模型，科学预测发展趋势，对农业资源利用予以科学计量与评价；合理、优化配置农业资源，协调人与自然、人与资源的关系，保持和增进农业生产中生物系统为人类需要提供资源的能力，达到高效配置农业资源，以提高资源的生产力和生产率，促进农业的扩大再生产，使生产发展与资源环境相协调，取得最佳综合经济效益。

农业资源多维评价，是为优化农业资源配置，合理开发利用资源提供依据的，因此在评价中既要考虑目前各种资源的现状、用途、利用方式、经济管理措施及其对社会经济发展和环境产生的效益和后果，又要考虑各种资源的性状、用途、利用方式、管理措施等方面可能的变化，以便提出可供选用的不同优化配置与合理开发利用方案及对其有利和不利后果的论证。

（2）农业资源多维评价的意义。

①为农业结构与布局研究奠定坚实基础。合理的农业结构与布局是现代农业的重要特征，也是实现其区域化、专业化生产的重要前提。合理的农业布局应该从资源现状与布局现状出发，在综合评价农业区域资源条件的基础上，深入研究主要种养区、特色种区，充分考虑各种经济、自然条件对生物的适宜程

度。因此只有通过对农业资源的综合评价，才能对各种农业区域的资源要素及其动态变化规律有一个深刻的认识，才能拟定出各地资源的合理利用方向，为制定合理的农村产业结构与地区布局提出科学依据。因此农业资源评价是合理开发利用资源，调整农业结构和布局的一项必不可少的重要基础工作。

②为农业区域划分提供可靠前提。农业资源是农业生产发展的最基本要素，而农业生产的对象是有生命的动植物，它们的生长发育受地理环境和自然条件的影响。但农业资源的时空分布情况十分复杂，动植物的生态适宜性导致区域农业资源布局也具有很大的差异性，因此农业生产成为空间形态变化最明显的物资生产部门，农业生产具有较强的地域性特征。农业地域差异的形成是由各地区的自然资源和经济条件的不同、动植物适宜性以及生产力发展水平所决定的，其中自然资源与条件、动植物生长发育的差别是基础和前提。

通过对农业资源的评价，才能充分了解区域的主要动植物及特色动植物的生长发育环境、自然资源分布与特征、社会经济技术现状及发展趋势、农业生产的比较优势、区际的差异性等基本情况，才能揭示农业生产的地域分异规律，为科学划分农业区域提供可靠前提。

③为农业规划提供科学依据。要正确指导农业生产，首先需要了解农业生产中的自然再生产的过程，要了解农业生态系统中生物与环境之间互相作用、互相制约、互相适应的密切联系。农业的发展总是与所处的自然条件联系在一起的，只有在正确分析农业区域自然资源和条件的基础上，才有可能正确评价农业生态系统结构的合理性及其生产潜力，预测它未来的功能，探索用新的、效率更高的农业生态系统代替自然生态系统。

通过农业资源评价，能揭示农业生产过程中的生态规律和经济规律，为制定农业发展规划和合理开发农业资源提供科学依据。

④为农业资源优化配置提供决策依据。农业资源优化配置就是实现农业资源时间、空间、数量、用途四要素的最佳组合和效益的最大化，需要以农业资源开发利用现状、存在问题和开发潜力，农业资源变化特点和变化规律、农业结构与布局、农业区域划分等重要内容作为研究基础和依据，而这些内容就是农业资源多维评价所包含的重要研究内容。同时农业资源多维评价的重要目的是为了指导农业生产，也就是为农业发展规划的真正落地服务，而农业发展规划要真正实现落地，首先需要对区域的农业资源进行配置，然后对农业资源配置效率进行评价，根据评价结论，提出区域农业资源优化配置的整体思路与实现路径，为农业资源利用效率评价和农业资源的高效利用提供支撑与依据。

⑤为合理开发和充分利用农业资源奠定基础。合理开发农业资源，增强农

业发展后劲已成为当前发展现代农业的重点与难点。通过农业资源的合理开发，可在现有基础上积极扩大可利用资源新空间。努力提高已利用资源的效率，不断改善农业领域资源利用环境，从而达到最大限度地利用农业资源，实现在农业生产对象和劳动手段的最佳配置，实现社会、生态、经济的最佳综合效益。农业资源开发是涉及多学科、多部门的系统工程，在开发利用资源时，必须应用系统分析的方法，协调人与自然之间的关系、合理利用资源与高效保护资源之间的关系，以求达到最佳的开发利用效益。客观、准确地评价地区农业资源，是农业资源开发利用的一项基础性工作，它可以为资源的合理利用与综合开发、产业结构的调整与布局、农业资金、物资和劳力的投向与决策提供科学依据。

⑥为农业实现可持续发展提供先决条件。农业资源可持续利用是农业资源多维评价活动的最终目标，要保证这一目标的实现，就必须有完善的农业资源多维评价体系，即在可持续发展思想的指导下，对农业资源利用的全过程进行监测，获取农业资源发展状况和经营活动的第一手数据资料，评价其现状和预测其未来的发展趋势，对农业资源利用效率进行评估，根据评估的结果及时修正农业资源利用方案，以保证农业资源可持续利用目标的实现。

农业资源是人们进行农业生产的物质基础和必要条件。当今社会，随着人口的增长和经济的发展，人们对农业资源的需求规模和利用程度日益扩大和深化，同时资源的负荷也随之加重，有的地方已出现资源“超载”的现象。适时地对农业资源进行评价，及时掌握农业资源的开发潜力，充分掌握农业资源的变化特点及变化规律，才能避免资源开发的超负荷和出现涸泽而渔的情况，实现农业资源的高效和可持续利用。因此以较低的农业资源代价和环境代价获得快速稳定的、可持续的经济增长，是新时期我国农业发展道路的必然选择。

（二）农业资源多维优化配置视角下的农业资源多维评价思路

1. 农业资源多维评价思路

（1）评价思路。传统农业资源评价属于典型的二维平面静态评价，对农业资源进行动态监测调查与数据年度更新、成果应用指导的研究不多，对评价结果的可操作性、落地性进行分析的研究也不多，更没有把“评价”纳入“农业资源多维优化配置循环系统”进行整体思考与统筹安排。

农业资源多维评价应以五大发展理念为指导，以农业资源可持续利用为目标，把农业资源多维评价作为农业资源多维优化配置循环系统的子系统加以整体研究与系统思考，充分考虑其在循环系统中上下相关联子系统的内在联系与作用机理，系统梳理主要研究内容，以多维地理信息技术为手段，在“农业资源多维优化配置管理决策支持系统”中设计“农业资源多维评价管理决策支持子系统”，实现农业资源多维评价与农业资源多维优化配置循环系统、管理决策支持系统的无缝对接，进而为农业资源多维评价与管理的可视化、立体化、动态化、仿真化、数字化提供支撑；同时在农业资源多维评价管理决策支持子系统中设计农业资源高效利用多维评价、农业资源可持续利用多维评价、农业资源利用效率多维评价等模块，实现各模块与子系统的高度融合与无缝对接。

同时“农业资源多维评价”需要经过“评价前期准备工作—调研与资料收集—资料整理分析研究—评价方案与专题研究—评价成果编制与修改完善—评价审查验收—评价成果定稿与发布—评价成果应用”等程序、步骤，这些程序、步骤构成了农业资源多维评价系统的子系统。在评价过程中，必须充分协调各子系统之间、子系统与评价系统的关系，构建各子系统与评价系统无缝对接的工作机制，实现评价成果的科学性、合理性，从而为农业资源优化配置提供最真实的基础数据、最科学的评价预判结论。

（2）评价内容。农业资源多维评价的内容主要包括农业资源调查、农业资源可持续利用的 SWOT 分析、农业自然资源和社会经济技术资源评价、农业资源可持续利用路径、评价成果应用 5 大方面，具体内容如下。

①农业资源调查。主要包括查明农业资源的种类、分布、数量、质量、结构、历史演变等情况，构建农业资源共享空间数据库，并及时进行农业资源共享空间数据库的年度更新。

农业资源调查在农业资源多维评价过程中处于至关重要的地位，是农业资源多维评价的基础性工作。家底不清，现状分析与作用效益评价的科学性就大打折扣，也很难提出因地制宜性的农业资源可持续利用途径。为此需要制定全国一盘棋的统一的农业资源监测调查技术规程与数据库验收技术规程，采取现代化的监测调查技术手段，利用遥感影像数据，采取普查、重点调查、抽查相结合的调查方法，摸清资源家底，构建农业资源共享空间数据库。同时设置长期固定定位观测站、调查点，并搜集相关资源的年度变化量，及时进行数据的年度更新。

②农业资源可持续利用 SWOT 分析。主要包括综合分析农业资源各要素的内在联系，系统分析农业资源可持续利用所处的环境因素，科学研判利用农业资源发展现代农业生产、进行农业综合开发的优势、劣势、机会与威胁，科学构建 SWOT 分析矩阵，系统阐述农业资源可持续利用的 SWOT 战略。

③农业自然资源和社会经济技术资源多维评价。主要对各种资源已发生或可能发生的作用和效益予以科学的计量和评价，构建相应的多维评价指标体系与评价模型，采取不同评价方法对单一资源或组合资源或综合资源进行科学评价等。

④农业资源可持续利用路径。根据单个农业资源或组合农业资源或综合农业资源等评价对象，结合评价区域对评价的具体要求，构建农业资源可持续利用多维评价指标体系，遴选评价方法并构建评价模型，对其进行科学评价，科学探寻农业资源可持续利用的限制因素。根据评价结论并结合农业资源可持续利用的限制因素，从农业资源优化配置的角度提出农业资源可持续利用的系统思路并构建其支撑体系等。

⑤农业资源多维评价成果应用。加速农业资源多维评价成果应用是评价的基本出发点，成果应用主要包括指导现代农业生产与农业综合开发、农业多维区划和农业多维规划与农业项目多维可行性研究、农业多维规划与农业项目多维可行性研究实施、农业多维区划与农业多维规划方案调整优化、多维后评估、农业资源优化配置等。

2. 农业资源多维评价原则

（1）远近结合原则。农业资源多维评价是一项长期而又基础性的研究工作，要从评价区域当前农业资源的现状出发，依据实现农业资源高效持续配置和可持续利用的具体要求，科学查明农业资源家底及其发展潜力，系统阐述区域农业资源优势，为制定农业多维区划、农业多维规划、国土综合整治与生态修复、农业资源配置、多维后评估等的最优方案提供依据。同时也要考虑经济社会快速发展和社会主要矛盾的转变，不断延伸与拓展评价的深度和广度，以适应经济社会发展和人民群众追求美好生活向往的需要。

（2）多目标统筹原则。农业资源多维评价需要综合反映现代农业生产和农业综合开发的自然、经济、社会、技术等诸多要素，因此农业资源多维评价既要依据自然地域时空分异规律要求，按照认识、利用并改造自然的先后顺序，全面查明、科学分析所有农业生产部门和动植物在相应自然环境下的适应性及其可持续发展的经济可行性、技术可能性。同时也要结合生态规律的要求，按照生态效益最佳原则，分析论证农业资源利用的可持续性，满足人类社会的生产生活需求，获取经济、社会、生态效益的最大化。

（3）突出主导因素原则。农业资源多维评价涉及很多因素，这些因素不是独立的，而是相互关联、相互制约、相互支撑的，必须围绕着农业资源优化配置有机地组合在一起形成农业资源多维评价系统。当然系统内的这些单个资源、组合资源、综合资源等要素在系统中发挥的作用是有差别的，这些资源条件对不同农业生产部门和动植物的作用、适宜程度也不尽相同。因此农业资源多维评价，不能把影响农业资源的所有因素放在同等重要的地位，应科学遴选主导因素、主要矛盾，在全面综合分析评价中区分主次因素，着重对主导因素进行综合分析与系统评价。

（4）发挥区域比较优势原则。区际农业资源存在明显的地域差异，呈现明显的地带性规律，同时区际也存在相应的比较优势，而现代农业生产与农业综合开发必须落实到相应的地域，并且表现为不同时间段的独特性与发展方向及其发展重点的差异性。由于农业资源自然、社会、经济、技术等条件是农业生产地域性形成的基本要素，尤其是社会、经济、技术条件大致相同的情况下，自然资源条件的差异将成为决定农业产业遴选、产业布局及结构调整、资源合理调配的决定因素。因此农业资源多维评价，既要评价差异，更要挖掘区域的资源比较优势，以区域的比较优势安排农业生产与农业综合开发，优化配置农业资源，促进区际的差异化发展，实现区域内农业资源的高效持续配置与农业资源可持续利用。

(5)"三生"与"三效"同评原则。"三生"同评是指生活、生产、生态三类社会需求的同步评价，"三效"同评是指农业资源利用与经济效益、生态效益、社会效益三种效益的同步评价。"三生"与"三效"同评的目的是促进农业资源利用三大效益的均衡与协调发展、"三生"需求的同步满足，尤其不能以牺牲生态效益为代价而换取经济、社会的一时发展，必须充分考虑子孙后代对资源的合理需求与资源的可持续利用。在农业资源的开发利用过程中，"三生""三效"常处于冲突状态，通过"三生""三效"同评，树立"绿水青山就是金山银山"的生态发展理念，促进配置区域综合运用系统的绿色生态技术方法，着力建设相关配套工程，积极构建农业资源高效利用与可持续发展的长效机制，从而把"绿水青山"变成"金山银山"。

3. 农业资源多维评价目标

农业资源多维评价目标、评价目的与主要评价内容紧密相关，在确定评价目标时既要考虑调查和开发农业资源的总体目标，又要综合考虑为实现总目标的具体目标，而具体目标又要根据区域农业资源多维评价工作和研究科学确定。

农业资源多维评价以提升农业资源优化配置效率和提高农业资源综合生产能力、大力发展现代农业和统筹协调城乡发展、建设美丽乡村、实现乡村振兴战略为目标，利用多维地理信息技术搭建评价区域农业资源共享空间数据库平台并及时更新年度数据，全面弄清农业资源现状、变迁规律及潜力，以农业资源多维评价管理决策支持系统为平台，以农业资源综合评价为基础，以规范农业发展空间秩序、优化资源配置为宗旨，以构建农业资源可持续利用支撑体系为目的，实现农业资源的高效可持续利用，促进评价区域生产、生活、生态和经济、社会、生态效益的协调发展。

（三）农业资源多维评价指标体系构建思路

1. 指标体系内涵

农业资源多维评价指标体系是指在一定时间和经济社会技术条件下，人类基于对农业资源利用程度的认识而建立的能较客观公正地反映农业生产系统中资源的时空行为特征和组合匹配状况、彼此紧密联系的系列定量定性指标的集合。

建立评价指标体系的根本目的在于通过遴选并设计适当的定量与定性参量，依据指标间的关联性，形成有序而全面的评价指标系统，用以定量定性地分析农业资源利用的有效性状况，识别和诊断不同区域、不同类型和不同模式农业生产过程中的限制性因素及其制约程度，为不同区域、不同类型和不同农业发展模式的农业资源优化配置决策提供依据，从而实现农业资源可持续利用。

2. 指标体系构建思路

评价指标体系的设置应当从现代农业发展与农业综合开发的战略目标和指导思想出发，结合被评价区域农业生产的特点、发展规律以及自然资源条件和社会经济技术状况的实际，尽量做到科学、全面、简便、易行。农业资源多维评价指标体系是由若干相互联系、相互补充、具有层次性和结构性的指标构成的，它直接影响资源评价结果，指标体系的代表性和完备性是正确评价农业资源的前提。

农业资源多维评价指标体系既要对农业生产系统的各个方面进行综合全面的评价，避免过渡偏重某些指标，防止片面性；也要用统一的尺度将定量指标按照相应的标准进行统一的折算；还要体现各种农业资源在整个农业复合系统中的相对重要性，进而科学确定农业资源发展水平、利用程度及潜力等。

3. 指标体系构建原则

（1）科学性原则。评价指标体系必须建立在尊重农业资源利用的自然规律、生态规律和经济规律等科学基础之上，能客观地反映资源在农业生产系统内部的运动及外部影响状况。同时遴选指标的概念和物理意义明确，测定方法标准，统计计算方法规则，能够客观真实地反映农业资源的含义和实现的目标，并能度量和反映区域复合系统结构和功能的现状及发展趋势。

（2）系统全面性和相对独立性原则。指标体系能够全面反映评价地区农业资源的主要特征、发展状况及其目标要求，层次分明并尽可能避免指标间信息重复。

（3）可行性和可操作性原则。评价指标体系中的各项指标应简单明了，便于获取和计算，不必再作大量的调查和研究。在选取指标时，应尽可能选取富有代表性、多用途性和可量化的指标，各指标在含义和计算方法上不能模糊不清。同时指标及其权重的设置要体现评价地区农业资源多维评价与可持续利用的目标。

（4）可比性和针对性原则。指标数据选取和计算采取通行口径与标准，保证评价指标与结果具有类比性质，其建立与选择应针对特定目标和评价区域。

（5）整体性和层次性原则。评价指标体系既要从整体上统筹安排和综合考虑，也要体现层次性。农业资源利用的同等重要律和最下限制律，要求评价指标体系覆盖面较广，能从纵向和横向两个角度、时间和空间两个维度综合反映影响农业资源高效利用的各个环节和各种因素，能全面地体现和贯彻落实农业资源高效利用的衡量标准。农业资源在农业生产系统中相互联系、彼此依存的耦合性要求在构建指标体系时，指标的组织必须依据一定的逻辑规则，具有较强的结构层次性和顺序性，而非杂乱无章、平行并列或简单的排列组合。评价指标体系一般由3～4层构成，越往上指标越综合，越往下指标越具体。在结构顺序性方面，一般由本底指标推算潜力指标，通过对现实生产力与潜力的对比分析计算出效率指标，而效率指标是评价指标体系的核心与关键。

（6）动态性原则。农业资源利用是一个动态变化的过程，这种动态变化性主要体现在两方面。一是农业生产的周期性和周期循环的连续性，有些指标很难在一个周期内界定，往往需要通过一定的时间尺度，经过几个周期循环才能得到反映；二是随着科学技术的进步和人类认识自然水平的提高，人类利用农业资源的广度和深度也处于发展变化之中，因而评价指标体系的选择要充分考虑资源利用的动态发展和变化的特点。

4. 指标体系构建的主要工作步骤

一是建立评价备选指标库。科学确定指标体系构建思路、原则、模式、指标遴选方法；搜集整理、系统分析与农业资源多维评价有关的各种定性定量指标，建立评价的备选指标库。

二是建立相应评价内容与要求的指标层的指标库。根据农业资源开发利用现状、存在问题和开发利用潜力，科学分析农业资源变化特点和变化规律，预测农业资源利用的发展趋势，采用专家咨询、聚类分析等方法，建立评价指标层的指标库。

三是构建相应评价方法的框架层各类指标群。根据单个、组合、综合农业资源利用评价的要求，遴选评价方法并结合需求方的具体评价要求，对遴选的评价方法进行综合甚至局部改造创新，采用理论分析法去除重叠指标，利用聚类分析法建立评价框架层的各类指标群。

四是构建相应评价方法的初步评价指标体系。根据指标的可得性、指标之间的关联性与协调性，结合相应的评价对象与评价方法，以生态整体性、兼顾“三效”、代际公平为可持续利用目标，采用客观实际分析法，去除相关性不大的指标，形成与评价对象、评价方法相适应的评价指标体系。

五是构建相应评价方法的完备评价指标体系。采取德尔菲法，征求相关专家学者关于初步评价指标体系的意见。专家学者利用其知识、智慧、经验、信息和相应的价值观，对初步拟定的评价指标体系进行匿名评议打分，提出修改意见。按照专家学者意见对指标体系进行修改和完善，实现指标体系的结构优化，构建完备的与评价对象、评价方法相适宜的评价指标体系。

二、农业自然资源与农业社会经济技术资源多维评价

由于农业资源主要包括农业自然资源和农业社会、经济、技术资源两大类，因此农业资源多维评价主要也是针对这两大类农业资源进行多维评价。

（一）农业自然资源多维评价

农业自然资源多维评价主要分析自然资源与条件和种类、分布、数量、质量、特征及潜力，评价各种资源条件与农业生产的关系，探索农业生态规律和各种资源条件对发展农业生产的适宜性和限制性，科学分析农业资源的历史发展脉络与演进、现状态与规律，预测未来发展趋势。同时还要全面分析各种资源条件在不同或相同地域上的不同或相同或混合配合对农业生产的有利和不利影响。评价各地区合理开发、利用、改造和保护农业自然资源的方向、方式和途径及其生态效益。

1. 按照评价侧重点分类

根据农业自然资源多维评价的侧重点不同，可以将农业自然资源多维评价分为农业自然资源质量多维评价和农业自然资源经济多维评价，具体评价内容如下。

一是农业自然资源质量多维评价。农业自然资源质量多维评价不仅需要评价质量变迁规律、质量的地理分布与区域组合特点，同时还要体现自然资源对某种具体农业利用目标所表现出来的适宜性及适宜程度、限制因子及其强度，并进行资源等级划分。

二是农业自然资源经济多维评价。农业自然资源经济多维评价是按照经济学的观点，从农业生产布局与发展区域经济出发，对自然资源开发利用的可能性、开发利用方向以及开发利用的经济合理性所进行的综合论证。评价内容主要包含自然资源的数量与质量及其与生产部门的关系，自然资源的经济变迁规律，自然资源的地理分布与区域组合特点，自然资源开发利用的技术经济条件分析，自然资源开发利用的可能方式、方向的选择与比较论证，自然资源开发利用的经济、生态和社会效益预测等内容。

2. 按照农业自然资源种类分类

农业自然资源的种类和评价的内容很多，因而评价工作要围绕农业生产发展和人类生活的需要及对农业生产有重大影响的主导因素和限制因素，侧重于有重大影响而又较为稀缺的农业自然资源，主要包括气候、土地、水、生物等资源。从环境条件的角度看，影响植物生长发育和动物生存的农业自然条件可划分为气候因子、土壤因子、地貌因子、生物因子等，这些因子在环境系统综合体的质量、强度和性能等，都会对生物起着不同的生态作用。

一般来讲，农业自然资源多维评价内容主要包括五个方面。一是查明资源及其潜力。查明自然资源的种类、数量和可利用量，科学分析自然资源历史发展脉络与变迁规律，根据科学技术发展趋势科学预测其潜力，确定各种自然资源利用理论量在资源总量和社会再生产中的地位、比重及可利用的前景。二是进行质量评价。对农业自然资源进行质量评价，包括资源的位置、质量特征及其质量分布、生产潜力等，主要研究资源的适宜性和限制性因素。三是开发利用的生态评价。对区域农业自然资源的开发利用进行生态评价，为优化配置农业自然资源和可持续利用提供依据。四是提出可持续利用方案。在永续利用农业自然资源的前提下，提出各地区农业自然资源合理开发和保护的各种备选方案。五是评价成果应用。自然资源评价的重要目的就是应用于农业生产与管理，应用成果除了为优化农业区划、农业规划方案等提供依据外，最重要的就是指导农业生产过程中产业与产品结构的调整、农业资源的配置与布局，同时还为农业主管部门对农业资源的动态管理提供可视化的平台，进而提高管理决策效率。

（二）农业社会、经济、技术资源多维评价

农业社会、经济、技术资源主要是指与区域农业有关的社会、经济、技术资源和条件，它包括除去自然资源以外的生产力要素和生产关系中的若干因素。农业生产系统是由农业生态系统、农业技术系统和农业经济系统组成，这三个不同的系统反映了农业生产的不同性质。作为一种物质生产过程，农业具

有自然属性，它在农业生态系统、农业技术系统诸因素中得到了反映。作为一种人类社会有组织的经济活动，农业具有社会属性，在农业经济系统的各因子中得以体现。科学技术是第一生产力，科技水平不仅决定农业发展的质量，而且推动其生产发展方式的逐步转型升级，生产不断满足人类需求的产品，在农业技术系统的各因子中得以充分体现。这些属性和特点表明农业生产受自然、经济、科技规律的多重支配，这就要求人类必须从农业的自然、经济、科技等方面来研究其生产和发展规律。

在农业资源多维评价工作中，对农业自然资源进行多维评价，仅反映了农业生产的一个方面，只有对于农业生产紧密相关的社会经济技术资源进行评价，才能全面认识和掌握农业生产发展的规律，指导农业的发展。对农业社会经济技术资源进行多维评价是农业资源优化配置、农业区域发展研究工作不可分割的重要组成部分，不仅农业各部门区划中要进行农业社会经济技术资源多维评价，而且在评价农业自然资源时，也要系统考虑其合理利用和效果的评价。

农业社会、经济、技术资源多维评价主要在于研究农业发展的社会、经济、技术条件及其地区差异，不同时期发展特征及其变迁规律，综合评价资源，为正确划分综合农业区提供经济、社会、技术依据。同时可为探讨、论证在市场经济条件下，如何调整农业农村产业结构、合理布局生产力与产业、编制农业发展规划、合理确定农业发展方向、优化资源配置提供依据。

农业社会、经济、技术资源是农业区域经济活动的重要物质基础，对农业社会、经济、技术资源进行多维评价，除应了解与农业发展有关的民族、科技、文化教育、卫生、旅游等条件以外，主要评价内容包括人口与劳动力、农业农村资金、农业科技发展水平与技术装备、交通运输条件、农业生产历史与现状、农业社会化服务能力等。

第二节　农业资源高效利用多维评价

一、农业资源高效利用及其衡量标准

（一）农业资源高效利用内涵

按照资源经济学的定义，资源高效利用是指在同等条件下少投入资源获得同样的产出，或投入同样资源获得更高的产出。农业资源高效利用隶属于这个定义范畴。农业资源内容庞杂，分布具有严格的地域性，不同的资源结构适合

不同的生物生产，选择最适合的地区发展农业生产，最能发挥资源的优势，也是最有效的利用农业资源的途径。

农业资源高效利用是农业资源多维评价的重要内容，其研究内容主要包含两个侧重点。一是研究资源与资源的关系。即在掌握农业地域组合匹配特点的基础上，研究利用各种资源生产一种或多种产品时使资源利用的配合比例达到最佳。二是强调资源与产出的关系。即利用一定数量的农业资源生产一种或多种产品时，使资源利用的效果达到最好。

（二）农业资源高效利用衡量标准

一是资源利用效率高。资源利用率、生产效率高，强化农业资源优化配置效率的评价，同时资源利用的集聚度也要高。二是资源有效利用率高和社会效益良好。资源的有效利用率高，资源产生的社会需求满足程度高，既要保障主要农产品尤其是粮食的安全供给，也要满足人们生活对多样化农产品的需求。三是资源利用经济效益好。资源利用的经济效益要高，要达到投入少产出多的目标。四是资源利用的生态环境效益良好。农业资源利用既要不污染环境，也要保障农业生产投入品的安全；既要生产符合相关标准的安全农产品，也要为农业的高质量发展提供保障。五是农业资源利用可持续。采取在保护中适度开发农业资源的理念，积极推行农业资源可持续利用方式，不以牺牲生态环境为代价换取经济的一时发展。统筹考虑农业资源利用的社会效益、生态效益和生态效益，通过技术、工程等措施促进其协调发展。

这 5 条衡量标准是基于我国社会经济发展的客观需求与资源限制性矛盾以及农业资源利用现状、存在问题等基本国情提出的。

二、农业资源高效利用多维评价思路与方法

（一）农业资源高效利用多维评价思路

农业资源高效利用多维评价是农业资源多维评价的重要内容，而农业资源多维评价属于农业资源多维优化配置循环系统的子系统，不能脱离农业资源多维评价的整体框架系统。为此应把农业资源高效利用多维评价纳入“农业资源多维优化管理决策支持系统”中来系统考虑与统筹安排，在“农业资源多维评价管理决策支持子系统”中设计“农业资源高效利用多维评价”模块，围绕农业资源高效利用这一主题，根据不同类型的高效利用评价，构建其相应的指标体系，遴选评价方法并构建相应评价模型，利用多维地理信息技术实现农业资源高效多维评价的多维立体动态化展示和数字化管理。

同时，开展农业资源高效利用多维评价，离不开具体的农业区域、农业类型和农业模式，而具体的区域、类型和模式因地因时而异，即不同的区域、不同的类型和不同的模式在不同的时段其农业资源的存在形式、匹配组合特点及利用方式等是不尽一致的。因此对农业资源高效利用进行多维评价研究，一方面要强调评价工作是针对特定的农业区域、农业类型和农业模式，另一方面必须略去这些区域、类型和模式的具体性，从一般性和时空维度的角度探讨其农业资源高效利用的程序、目标、内容及方法。

（二）农业资源高效利用多维评价的基本内容

1. 评价基本程序

程序就是通常所称的过程或步骤。从一般性的角度来看，围绕研究区农业资源利用现状开展的农业资源高效利用多维评价工作主要包括成果资料搜集整理、考察调研、遴选评价目标、合理确定评价内容、遴选评价方法、评价结果验证调整 6 个主要步骤。依据评价结果与目标区现状的农业资源利用效果进行对比分析，便可知道目标区当前农业资源利用效率的高低以及造成效率低下的关键因素和关键环节所在，提出提高农业资源高效利用工作重点、宜采取的有效措施和对策。具体评价步骤如下。

（1）资料搜集整理阶段。针对农业资源高效利用多维评价问题，广泛搜集国内外已有的研究成果、资料和文献，通过系统化整理和深入分析研究，从一般性角度把握国内外同类或相关研究领域的进展和动向，吸取对评价工作有借鉴价值的理论、方法和成功经验，制定出初步的评价工作框架。

（2）调研考察阶段。制定调研考察方案，拟定合适的调研考察路线、考察调研座谈会提纲、考察调研表格等。开展评价区域的农业资源及利用现状考察调研，考察调研主要包括自然地理概貌、社会经济技术条件，特别是农业资源的数量、质量、分布、功能及其匹配组合特点，农业资源利用模式以及农业发展的历史和现状等资料。搜集与评价区域农业资源利用研究有关的成果、统计资料、资源定位观测监测数据及相关数据库、图件等资料。初步对评价区域农业资源利用模式有定性的认识或概念性的认识。

（3）遴选评价目标阶段。农业资源高效利用多维评价的体系比较庞杂，评价工作不可能、也没有必要面面俱到。需要将有限的人力、物力和财力集中到有限的目标对象上，对评价区域农业资源利用的现状模式进行深入的对比性分析，结合评价方的要求，从总体角度选择可能的限制因素作为评价的目标。

（4）合理确定评价内容阶段。一般可依据确定的评价目标对象，针对评价区域农业资源特点、利用方式、农业生产模式等，确定需要评价的范围和内容。评价内容由于评价目标的不同而存在差异，但不管评价目标如何变化，其评价内容均可概括为单个资源多维评价、组合资源多维评价和综合资源多维评价三个方面。

（5）遴选评价方法阶段。评价方法是农业资源高效利用多维评价程序最重要的环节。评价方法是否得当，直接影响评价结果的准确性。选用何种评价方法最能便捷、准确地达到评价区域农业资源利用有效性状况的目的，除了与评价方法本身的优缺点、是否能最大可能地放大评价方法的优点克服其缺点有关外，也与评价目标、评价内容的遴选是否完全恰当、准确有关，同时还必须充分考虑和估计评价区域已有的工作基础。在具体评价方法的选择方面，往往可以选择组合评价方法进行评价，可使评价方法自身优势得到最大限度发挥，还能相互支撑甚至相互印证。

（6）评价结果验证调整阶段。评价结果验证调整是评价程序的最后环节，也是评价工作者最关心的内容。评价者依据评价结果，通过与评价区域当前的农业资源利用效果进行对比分析，验证评价区域农业资源当前利用效率的高低以及造成效率低下的关键因素和关键环节是否符合现实情况。如果差距较为明显，则需要对评价过程的关键环节进行调整优化，经过诊断及时对评价指标、评价方法等关键环节进行适当的调整优化，得出更符合评价区域的评价结果。

2. 评价目的与内容

如果说农业资源高效利用的目的是提高农业资源的有效利用效率，那么农业资源高效利用多维评价的实质是以提高农业资源的利用效率为核心，从促进农业发展和实现资源优化配置出发，在现代科学技术基础上，按照系统观点，通过对农业资源及其生物适宜性、农业生产与社会需求、资源的生物生产过程行为特征、资源产出的经济合理性以及资源环境和资源利用可持续性等问题进行深入研究，综合论证农业资源高效利用的可能性及方法，探求制约农业资源利用效率的关键因素，为因地制宜地发挥地区农业资源优势、实现农业生产合理布局、提高农业生产力水平等提供科学依据。

农业资源高效利用多维评价工作错综复杂，为使评价工作方便、易于操作，综合历年来农业资源利用方面的有关研究成果，依据农业资源在农业生产系统中的行为特征、资源高效利用的宗旨和衡量标准，将评价内容划分为相对独立的 7 个方面。

（1）资源本底多维评价。资源本底多维评价是从农业生产的要求出发，对各种农业资源的数量、质量、地区分布及组合匹配结构等特点进行的评价，多侧重于限制性资源及其对农业制约程度的分析。资源本底多维评价通常分为自然资源多维评价和社会、经济、技术资源多维评价，其中农业自然资源多维评价包括气候、土地、水、生物、农业废弃物等，而农业社会、经济、技术资源评价主要包括农业资本、组织管理、农业技术装备、农业技术水平、人口劳动力和劳动力文化素质评价等。

（2）资源生物适宜性多维评价。资源生物适宜性多维评价从生物物种生存必须与其生态环境条件相适应观点出发，侧重于资源与生物生存、生长关系的评价。资源生物适宜性多维评价通常与农业生态区划、农业生态类型区划以及农业区划、自然区划等密切相关，一般是在自然区划、农业区划等工作基础上，先根据农业资源的组合匹配及地域分布特点和生物适宜性状况进行农业生态类型区划或农业生态区划，然后按类型区或农业区进行生物适宜性多维评价。

（3）资源多维社会评价。资源多维社会评价是依据有效利用资源、资源产出的社会需求满足程度，高衡量标准设置的评价内容，包括农业资源产出物的品种、数量和质量评价等。它与农产品的社会消费需求有密切的关系，随着社会经济的发展和居民生活水平的提高，农产品的社会消费结构处于经常的变动之中，这种变动对农业资源利用的影响程度非常深，必须高度重视，进行资源多维社会评价。

（4）资源利用效率多维评价。资源利用效率多维评价侧重于农业资源高效利用衡量标准中“资源利用效率高”的要求，即资源利用效率的多维评价是农业资源高效利用多维评价研究工作的核心内容。包括种质评价、资源在生物生长过程中物质能量转移及有效生物质积累评价等。在坚持农业生产因素同等重要的前提下，一般多侧重于限制性资源的农业利用过程评价。不同的地区，限制性资源的种类及特点不一，因此评价的侧重点应因地而异。

（5）资源多维经济评价。资源多维经济评价是针对资源利用的经济效益衡量标准进行的评价，多侧重于农业社会、经济、技术资源中的物化劳动和劳动力等，是农业资源高效利用多维评价的重要内容。一般通过对资源投入与产出进行定量分析，对比投入产出比值来评价资源利用的经济合理性，重在探求资源投入的最适度及合理范围。资源多维经济评价虽非农业资源高效利用多维评价的主体或核心，但它是其他评价内容、特别是资源生物生产过程多维评价（即资源利用效率多维评价）的基础。

（6）资源多维环境评价。资源多维环境评价是农业资源高效利用衡量标准规定的基本评价内容，要求不造成环境污染，保持高质量的农业生态环境，包括农产品污染评价、土壤污染评价、水体污染评价及富营养化评价等内容。造成农业环境污染的污染物来源主要是施用化学农药、化学肥料和引用受污染水进行灌溉等农业生产投入品，当然还有土壤本身等，因此资源环境评价的重点就在这些方面。

（7）资源利用可持续性多维评价。资源利用可持续多维评价是农业资源高效利用衡量标准规定的基本评价内容，要求不造成资源退化、枯竭，可持续利用资源。主要从资源退化、资源枯竭及资源可替代性等方面开展评价工作，包括土壤侵蚀、地下水位降落、生物多样性、生物生产力衰退、耕地退化及减少评价等内容。

（三）农业资源高效利用多维评价的基本方法

评价方法是以评价内容为对象，实现评价目的的手段。评价方法随着评价内容或主体的不同而有所区别。依据农业资源高效利用多维评价的目标、内容，结合已有的经验和方法，农业资源高效利用多维评价的基本方法主要包括指标评价法、模型评价法和区类评价法等。其中指标评价法是基础，注重空间同质单元农业资源利用的行为特征和过程环节；区类评价法是指标评价法的空间综合，强调空间非同质区域的差异；而模型评价法既适合空间同质单元，又可用于空间异质区域。不管是哪种评价方法都离不开反映和表征农业资源参与农业生产系统的行为及特征的系列度量指标，都是以指标体系为基础的。

1. 指标评价法

（1）评价程序。指标评价法的首要问题是遴选、构建彼此有密切联系并能反映被评价事物或对象特点的系列指标；其次是根据实验、监测和统计获得的大量有关数据信息，分析、整理和计算出各评价指标值；最后通过对比评价指标值的高低或优劣达到评判农业资源高效利用程度的目的。

（2）评价类型。指标评价法按属性分为物理指标法、非物理指标法、单项指标法、综合指标法 4 种方法。物理指标评价法是在评价指标体系中选择具有明确物理意义的指标，用以反映和表征农业资源利用的效果，如光能、水资源、化肥的利用率。非物理指标评价法指应用没有明确物理意义的指标（如特征值、特征指数等）进行相对高低或优劣状况的评价。单项或综合指标评价法在实际研究工作中应用更广泛，单项指标含有物理指标和非物理指标，但以物理指标为主；综合指标也是两者皆有，但以非物理指标为主。

（3）评价方法。单项指标评价法是指标评价法甚至所有评价方法的基础，通过选择指标体系中有关的指标进行指标值的确定和计算，根据指标值结果对比单项资源的农业利用效果，在一定程度上可以反映评价对象的利用效率。具体的单项指标评价法主要有总折算费用法、指数评价法、评分优选法、比较矩阵法、总乘积评价法等。

综合指标评价法是针对农业资源利用的综合性特点采取的评价方法，在单项指标的基础上，将有密切联系的若干单项指标通过一定的规则结合在一起，构造出具有高低或优劣相对含义、无明确物理意义的综合指数或特征值，借此达到评价的目的。具体的综合指标评价法主要有层次分析法、模糊综合评价法、主成分分析法、BP神经网络评价法、数据包络分析法等。综合指标评价法在实际应用研究中要特别注意指标同向化处理、指标数据的标准化处理、综合指标特征值的确定等技术问题。

2. 模型评价法

模型评价法旨在借助数字、图表、符号和公式等数学语言描述和表达农业生产过程中各种资源因素的行为特征及其相互内在关系，从而达到农业资源高效利用多维评价的目的。模型评价法的核心问题是建立模型。模型可分为定性模型（概念模型）和定量模型。概念模型从定性的角度反映事物的运动变化特征及内部因素相互作用的规律，属于模型的初级形式，是建立定量模型的基础。定量模型属于模型的高级形式，用精确的数字语言反映和表征事物运动、变化的固有规律和内部因素相互作用的机理。模型按其功能和用途，一般可分为分析模型、预测模型、优化模型、评价模型和决策模型等，而农业资源高效利用多维评价模型仅是模型体系的一小部分。

（1）评价模型构建的主要步骤。

一是明确建模目的。即所要构建的模型用于解决农业资源高效利用多维评价中的问题，并能从总体上对所建模型可能的应用范围、达到何种程度等有所预判。

二是评价对象分析。进行评价对象分析，从专业角度出发，分析并搞清农业生产过程中的资源运动、转化、积累规律以及各种资源间的有效匹配比例和相互作用机理。

三是构建概念模型。根据建模目的和评价对象的分析结果，构建概念性评价模型，主要包括模型设计的基本思路、考虑因素以及模型的基本框架等。

四是设定建模条件。基于人类对农业资源利用认识的有限性、可能性，为使模型变得简单、易于操作，需对模型成立的条件进行必要的假定。

五是确定评价指标与参数。进行农业资源利用行为特征指标、参数的定量化研究，选择、确定构建模型所需要的指标变量和参数。

六是建立定量评价模型。根据现有科学技术手段，在定量分析或实验研究的基础上，将概念模型转化为可操作的实用评价模型，并在应用中不断进行检验、修改和完善。需要强调的是构建一个有价值的模型并非是一蹴而就的，往往需要长时间的潜心研究，甚至几代人的不懈努力。

（2）模型评价法的优势 。模型评价法通过建立指标与指标间关系的数学表达式，将指标与指标间动态或易地变化的繁杂关系简化为较少的参数变异，从而使农业资源高效利用多维评价工作变得简单、易行。模型评价法主要有以下四个优势。一是评价指标简单和常规。用简单的或常规的指标构建指标体系，指标不需要经过十分繁杂的计算过程就能得到。二是节省时间和费用。花费较少的时间和物力通过对模型参数的估测代替需要昂贵代价才能得到的评价指标数据。三是易于操作与计算处理。非专业人员不需要精通模型背后的专业理论知识即可达到应用模型的目的；数学模型便于利用计算机处理一个模型的主要变量和影响因素，并易于了解一个变量对其他变量的影响。四是简明地揭示事物本质。数学模型有能力揭示一个问题的抽象概念，从而能更简明地揭示出问题的本质。

（3）构建评价模型的基本方法。构建模型的方法有很多，经常采用的方法主要有实验法、统计法、模拟法、分析法、综合法、归纳法、演绎法等。针对农业资源高效利用及其多维评价研究的特点，将构建其评价模型的基本方法概括为“黑箱”方法、物理方法和“灰箱”方法3种不同形式。

一是“黑箱”方法。不考虑农业资源利用的中间过程，从资源投入和产出目标物对比关系的角度构建模型。用“黑箱”方法构建的模型称为“黑箱”模型，如以年降水量和年平均温度为变量预测第一性生产力的迈阿密模型、用蒸散量预测第一性生产力的蒙特利尔模型等。

二是物理方法（亦称“白箱”方法）。这种方法正好与“黑箱”方法相反，注重农业资源利用的行为特征、过程和机制，从机理分析和“过程或状态透明性”的角度寻找指标与指标或变量与变量之间的关系，进而形成评价模型。用物理方法构建的模型称为物理模型，如作物光合潜力模型、光温潜力模型以及各种农业资源利用效率多维评价模型等。

三是“灰箱”方法。介于“黑箱”方法和物理方法之间，构建模型既顾及“过程”的两头，又充分考虑“过程的部分透明性”特点。用“灰箱”方法构建的模型称为“灰箱”模型，如作物气候生产潜力模型、农业生产潜力模型等。

3. 区类评价法

农业资源的分布具有空间地域性，农业资源的利用是在一定的地域范围内进行的，因此农业资源高效利用多维评价也具有空间地域性。这种空间地域性往往表现为一定等级的行政区或一定尺度的自然地理单元。区类评价法就是针对评判这些具有一定空间范围的农业资源利用有效性状况而提出的评价方法。按其评价技术路线可划分为类型评价法和区域评价法两种。

弄清楚区类评价法，需要了解单体元、样元、同质样元和异质样元等空间概念。单体元是指抽象的具有一定范围的同质微小空间，在理论上可理解为单体元内各几何点的指标值是相等的，在实践中根据研究内容侧重点的不同，可将单体元理解为指标值相同和相近的几何点的集合。通常讨论的非空间指标和非空间模型实际上都是针对单体元而言的。单体元强调理论性和同质性，是组成空间或区域的最小单位。样元是由若干单体元组成的、具有特定代表性或典型研究价值的连续空间范围，注重的是代表性和应用性。由若干同质单体元组成的样元称为同质样元，由若干异质单体元组成的样元称为异质样元。样元的空间尺度范围是相对的，其大小取决于工作区的范围和工作的粗细程度。一般而言，工作区越大，样元的尺度也越大，宜选取的样元数也应越多；如果工作区较大，而样元尺度较小，布设的样元数也很少，则说明工作程度较粗。

如果评价区域可明显划分为不同的类型区，且各类型区内的主要评价特征相近或相似，即可选用类型评价方法。如果对尺度相对较大的同一地理单元进行评价，如平原区、盆地区等，可选用区域评价方法，典型样元往往取一个完整行政区域，如县域和乡镇等。在对大尺度地区的农业资源利用进行评价时，类型评价法和区域评价法需要交互使用，缺少任何一种方法都会使评价工作显得粗糙，评价结果也会缺乏说服力。

（1）类型评价法。首先将评价区域按一定规则划分为若干类型区（可视为同质区），然后在各类型区内选取一定尺度的同质单元进行典型研究、分析和评价，借此达到评价工作区农业资源利用状况的目的。

类型评价法一般包括五个步骤，具体如下。一是科学拟定评价目标和评价内容。对评价区域的农业资源及其利用现状进行深入分析，确定评价目标和评价内容。二是合理确定类型区划分的基本原则。基本原则一般包括农业自然、社会和经济条件的相似性，农业资源利用现状的相似性，农业资源利用发展方向的一致性和保持一定等级的行政地域单元的完整性等。三是构建评价指标体系。遴选主体评价指标和从属评价指标组成评价指标体系，并对相关指标进行处理。四是划分评价区域的类型区。对评价区域进行类型区划分，普遍采用的类型划分方法主要是聚类法和叠合法。其中聚类方法包括空间最小（或最大）距离聚类、判别聚类和模糊聚类等；叠合法是先按单要素将评价区域划分为不同要素类型区，然后进行要素类叠加形成综合类型区。五是进行类型区的农业资源高效利用多维评价。在不同类型区选取典型（同质）单元，通过对单元进行评价即可达到对样元所在类型区评价的目的。

（2）区域评价法。区域评价法与类型评价法的不同之处在于区域评价法认为评价区域是由若干相似的异质区组成的，这些相似异质区之间只存在空间尺度范围的差别，而内部主要特征相同，即每个异质区又由若干小类型区组成，各异质区包含的小类型区具有相同的数目和相同的特征。通过对这些相似异质区的任何一个（或在其内选取异质单元）进行深入剖析和评价，即可达到对评价区域农业资源高效利用多维评价的目的。区域评价法包含类型评价法的内容和思想，比类型评价法更为复杂。区域评价法的评价步骤主要包括科学确定评价目标和评价内容、划定异质区、典型异质区内类型划分、异质样元评价、将评价结果推算到典型异质区和整个评价区域等方面。

第三节 农业资源可持续利用多维评价

一、农业资源可持续利用内涵与特征

（一）农业资源可持续利用概念

农业资源可持续利用是在能满足子孙后代需求的前提下，满足当代人需求的资源利用方式。农业资源可持续利用是指人类对农业资源的利用可以在一个相当长的时期内永久保持下去，并有满意的资源利用效率。农业资源可持续利用是可持续发展的重要内容，它是反映区域农业资源状况，开发利用程度，农业资源工程状况，区域社会、经济、环境与农业资源协调发展，近期与远期不同水平年对农业资源分配竞争，地区之间、农村之间农业资源的差异等多目标的决策系统。

综合相关研究对农业资源可持续利用概念的定义，笔者对农业资源可持续利用的概念与内涵进行了重新思考。农业资源可持续利用是指技术可能、经济可行、社会满意和无生态负效应的资源利用方式，是实现人类可持续发展的资源利用模式。它既要求农业资源利用和社会经济发展的持续性，又强调人口、资源、环境和经济之间的协调发展。

（二）农业资源可持续利用的内涵

农业资源可持续利用的基本内涵就是在对人类有意义的时间尺度内，满足区域当代人需要的同时，不能损害、剥夺子孙后代和其他区域生存发展的能力，将“资源—农业—环境”复杂系统引向更加和谐、有效的状态。

从生态学意义上来说，农业资源可持续利用是保持特定地区的所有农业资源均处于可用状态，不能破坏由农业资源结合成的地理系统（包括自然系统和社会人文系统），并长期保持其生产力和生态稳定性。从社会—经济学意义上来说，农业资源可持续利用是保持特定农业资源的特定用途；从时间上看农业资源可持续利用不仅着眼于眼前，更着眼于永久的未来，农业资源利用不仅考虑

当代，而且应将子孙后代纳入考虑的范畴，不妨碍后人的利用并留下各种选择的余地；从空间上看不是着眼于一部分人，而是着眼于全体人类，不妨碍他区的开发利用及其对农业资源的共享利益；从系统论看，农业资源可持续利用要实现整体、协调、优化与高效，应与人口、资源、环境和经济密切协调起来，相互促进；从与传统农业资源利用方式的比较看，农业资源可持续利用更加强调农业资源利用的可持续性、农业资源利用的协调性和农业资源利用的公平性。

（三）农业资源可持续利用特征

1. 时间性特征

时间性特征是指农业资源利用在时间维度上的持续性，即农业资源无质量退化，农业资源利用系统始终保持较高的生产力，强调当代人不能剥夺子孙后代本应享有的同等发展和消费的机会。

2. 空间性特征

空间性特征是指农业资源利用在空间维度上的持续性，区域农业资源开发利用和发展不应损害其他区域生存和发展的能力，要求区际资源环境共享共建。

3. 效率性特征

效率性是指农业资源利用在效率维度上的高效性，即“低耗高效”的农业资源利用方式，它以技术进步为支撑，优化资源配置，最大限度地降低单位产出的农业资源消耗量和环境代价，不断提高农业资源的产出效率和社会经济支撑能力，维护农业持续发展的资源和环境基础。

（四）农业资源可持续利用目标

农业资源可持续利用目标是实现农业资源利用公平性、持续性和协调性的高度统一，也就是说农业资源可持续利用是公平性、持续性和协调性共同作用下的农业资源利用的最佳模式。其中，协调性强调经济发展和农业资源利用相互协调，在经济发展的同时，切实保护人类赖以生存的环境资源和子孙后代发展所需的自然资源，从而实现人口、资源、环境与经济之间的协调发展，以达到整体效益最优的目的。协调性是保证实现农业资源可持续利用的手段，凡是偏离目标的行为都应该以协调为手段进行调控。公平性有代内公平和代际公平双重含义，对应横向公平和纵向公平。农业资源利用可持续性主要从时间维度上描述农业资源利用规律，强调农业资源占用和分配的公平性，具有动态性和长期性的特征。

公平性是持续性在时间轴上的具体表现形式，而协调性则是为了实现农业资源可持续利用的保证，因此从可持续发展角度来看，持续性是农业资源利用的最根本目标，协调性和公平性是为了保证持续性实现的辅助目标。

二、农业资源可持续利用的评价标准

（一）农业资源承载力内涵

1. 概念

在农业资源利用系统中，人类是被承载对象，农业资源是承载媒体，人类和农业资源构成了一个不可分割的整体即农业资源利用系统。从系统角度来看，农业自然资源子系统、社会经济技术系统（包含环境系统）都是农业资源利用系统的构成部分，如果系统整体性遭到破坏，单独谈论任何子系统的承载力都是毫无意义的，也就是说农业资源利用是建立在农业资源承载力基础之上的，因此人类活动必须限制在农业资源利用系统所能承受的阈值内。农业资源利用系统的持续承载包括农业资源利用系统完整、农业资源的持续供给和具有一定生活水平的人口量的保持。一方面，人类消费农业资源得以维持生存和发展，维持社会正常运转和发展；另一方面，人类排出大量废弃物进入农业资源利用系统。而这两者的有限性使人类生存发展必然受到农业资源的限制。

农业资源承载力是指在一定时期和一定区域内，在维持区域农业可持续发展需要且农业区域生态环境功能仍可维持其稳定的条件下，区域农业资源系统所能承载的人类各种经济社会活动的能力。其承载体为农业资源系统，承载对象为涉农的各种社会经济活动。

2. 内涵

一是具有自我维持调节能力。主要包括农业资源利用系统的自我维持和自我调节能力，资源和环境系统的供给与容纳能力，社会、经济、技术子系统的发展能力等，其中调节能力是指农业资源利用系统的弹性力大小，资源和环境系统的供给与容纳能力特指资源承载力的大小，社会、经济、技术子系统的发展能力是指可支持的社会、经济、技术规模和具有一定生活水平的人口数量。

二是以可持续发展为目标。农业资源承载力以人类社会的可持续发展为承载目标，人类社会的可持续发展必须建立在农业资源承载力的基础之上。

三是农业自然资源承载力是农业资源承载力的基础条件。“民以食为天”，吃、穿、用是人类生存的最基本条件，人类及各种生物的生存和发展都离不开各种自然资源，因此农业自然资源承载力是农业资源承载力的基础条件。而农业自然资源的开发利用必然会引起它所构成的环境变化，人类在消费资源的同时也必然会排出大量废弃物，但环境容量是有限的，因此废弃物的量不可超过环境的自净能力，即需要维持在环境自净容量允许范围内，环境承载力是农业资源承载力的约束条件。

四是农业资源利用系统弹性力是农业资源承载力的支持条件。任何生物都不能离开特定的有一定弹性的农业资源利用系统而单独存在。农业资源利用系统弹性力既可缓解各种压力，又可最大限度地保障农业资源承载力的正常调节作用和正常功能的发挥。反之，如果没有正常运转的农业资源利用系统的支持，无论自然资源还是环境的承载功能都不能得到发挥。因此系统弹性力是农业资源承载力的支持条件。

五是人类系统是实现可持续发展的关键因素。人类系统是农业资源利用系统的重要部分，人类是实现可持续发展的关键因素。在农业资源利用系统中，只有人具有主观能动性，资源利用在很大程度上由人类所左右。农业资源利用系统的发展方向受人类所调控，调控得当与否直接关系可持续利用的实现。因此在农业资源利用系统中，人类始终是实现农业资源可持续利用的关键因素。

六是具有综合性特征。农业资源承载力既强调农业资源利用系统的整体调节能力，也注重系统各单要素的重要性。整体离不开部分，部分也离不开整体；强调整体性是因为任何单要素都是系统组成成分，一旦农业资源利用系统崩溃，系统内的全部物种都将面临死亡威胁，而不会仅是资源数量减少或质量下降。

3. 理论框架

DPSIR（驱动力—压力—状态—影响—响应）概念模型，是由 PSR 概念模型发展演变而来，由欧洲环境署（EEA）于 1998 年首次提出。该模型基本包含了区域发展过程中所涉及的所有要素，能够较好地揭示人地关系地域系统内部各子系统的逻辑关系和系统发展演变过程。

在农业资源承载力的 DPSIR 概念模型中，“驱动力”可看成资源承载体变化的潜在原因，是承载对象即人类活动各种因素的内在动力；“压力”是人类经济社会活动和农业生产过程中对农业资源的索取和利用，是农业资源态势变化的直接原因；“状态”是指农业资源在上述“驱动力”和“压力”作用下呈现出的状况，是两者作用的直接体现；“影响”是指农业资源与人类活动作用系统所处状态对区域社会、经济、资源等的影响程度与反馈结果；“响应”是人类外部环境对农业资源系统直接和间接的管理调控行为。农业资源承载体和承载对象即是在“驱动力—压力—状态—影响—响应”这一逻辑关系下相互作用、相互影响而产生一系列动态变化和协调演进。

（二）农业资源承载力是农业资源可持续利用的最佳评价标准

1. 农业资源承载力是可持续发展理论的基石

可持续发展和承载力在某种程度上是一致的，是一个事情的两个方面。可持续发展和承载力要解决的核心问题都是人口、资源、环境与发展问题，不同之处在于考虑的角度和研究范围大小不同，农业资源承载力可说是从问题根本出发，根据自然资源和环境实际承载能力，确定农业资源利用水平和经济发展速度；可持续发展则是从全局角度考虑人类发展问题，但始终无法脱离资源环境的束缚。因此可持续发展的目标，人类是纽带，农业资源承载力则是可持续发展的基石。纽带作用发展得当，则可带来良性循环，其结果是基石更加稳固、发展更快，反之则基石不稳，发展就会停止甚至倒退。因此农业资源承载力与可持续发展是相辅相成的，不可分割的，而且承载力是可持续发展的基石。

2. 农业资源承载力系统是农业资源各类承载力的综合代表

农业资源系统包括农业自然资源子系统和社会经济技术资源子系统，而两者又由各自的多层次的资源分系统构成。因此农业资源承载力系统也由子系统及其各自的分系统构成，研究农业资源承载力，不仅需要研究各子系统及其分系统的承载力，还要研究组合系统的承载力，更要研究农业资源的整体承载力，全方位考虑农业资源利用状况，使农业资源利用系统总是处于动态平衡状态，保证农业资源可持续利用的实现和人类的可持续发展。因此农业资源承载力系统是农业资源子系统承载力、分系统承载力、组合系统承载力的总称，是农业资源各类承载力的综合代表。

3. 农业资源承载力是农业资源可持续利用的最佳评价标准

可持续发展是当今人类追求的共同目标，可持续发展的实现始终不能摆脱自然资源和生态环境的束缚，不能离开农业资源利用系统的持续承载；可持续发展除需要保持人口、资源、环境和经济的协调发展外，还必须以农业资源承载力为基础。因此可持续发展理论的完善需要农业资源可持续利用和农业资源承载力理论的支持，而基于承载力的农业资源利用理论将成为可持续发展的重要支撑理论之一，也就是说农业资源承载力理论是研究可持续发展理论和农业资源可持续利用理论的支撑理论。农业资源承载力作为可持续发展的支撑理论已得到国内外专家学者的普遍认可和重视；而可持续发展作为当代发展目标和战略，已为国际社会所接受。因此作为可持续发展和农业资源可持续利用的支撑理论，农业资源承载力是评判和衡量农业资源可持续利用的最佳评价标准。

三、农业资源可持续利用多维评价基本思路

（一）农业资源可持续利用多维评价内涵

农业资源可持续利用多维评价是指利用多维地理信息技术构建农业资源可持续利用评价模块，以农业资源可持续利用为目标，构建以农业资源承载

力为主要评判标准的指标体系，科学设计评价模型，对农业资源配置及农业资源利用的模式和技术、经济、社会、生态效益进行综合评价，科学预测农业资源可持续利用的限制性因素，提出农业资源可持续利用的支撑体系，为实现人口、资源、环境与经济之间的协调发展及人类社会可持续发展提供支撑。

农业资源可持续利用多维评价是在农业资源可持续利用评价基础上并结合“多维”“信息化”元素发展升级而来，具有农业资源可持续利用评价的所有内涵与特征要素，是其更高级发展阶段。

（二）农业资源可持续利用多维评价基本思路

农业资源利用评价涉及农业资源利用的诸多因素，每个相互交织、相互作用和相互渗透的不同属性的子因子都是一个子系统，这些子系统构成了特定结构和功能的开放的复杂系统，把实现可持续发展作为目标的农业资源利用系统称之为农业资源可持续利用系统。

由于农业资源可持续利用系统是由社会、经济、技术子系统（包含环境子系统）和农业自然资源子系统构成的一个复杂系统，它具有多面性、系统性、时空多维性等特征，系统目标难以具体描述和确定，对复杂系统的多维评价不能使用单一准则而必须使用多个准则。同时农业资源可持续利用系统涉及许多相互关联的因素，具有复杂多变的系统结构，因而对农业资源可持续利用系统的多维评价，传统的技术、方法和理论，特别是定量方法难以求解。再加上在研究过程中需要多方面的知识、经验和各种模型，需要大量信息、数据和资料，需要把知识、经验和模型、数据等进行有效的系统综合和集成才能解决农业资源可持续利用多维评价的复杂问题。

因此针对具有高度复杂性的农业资源可持续利用多维评价而言，需要以可持续发展理论和系统理论特别是开放的复杂系统及其方法论为指导，从注重农业生产和农业资源利用的全过程即“生态循环型生命周期”出发，综合考虑与统筹安排农业资源的优化配置，在“农业资源多维评价管理决策支持子系统”中设计“农业资源可持续利用多维评价”模块，围绕可持续利用的目标，构建以农业资源承载力为核心的农业资源可持续利用多维评价指标体系，主要采取“从定性到定量的综合集成方法”和“从定性到定量的综合研究体系”的方法论作为评价研究的基本研究手段，系统地考虑人口、资源、环境、经济等多方面的相互关系和协调发展，全面提升农业资源可持续利用评价结论的科学性、准确性。

第四节　农业资源利用效率多维评价

一、农业资源利用效率基本内涵

（一）效率内涵

“效率”是经济学中研究最为广泛的问题之一，不同的经济学研究领域和流派对于“效率”研究的侧重点各有不同。古典、新古典、凯恩斯主义等经济学流派认为“效率”主要指宏观层次的资源配置效率，即通过市场机制使得所有资源配置最佳（均衡）。凯恩斯经济学流派之后诸多学者认为“效率”侧重于企业内部的生产效率，也称“生产效率”或“技术效率”；但在过剩经济条件下，企业的“生产效率”还涉及消费者的选择，即“选择效率”。因而最为广泛的“效率”概念包括技术效率（生产效率）、产品选择效率和配置效率三部分。

农业生产的效率研究应侧重“生产效率”，不包括“选择效率”；生产效率一般用指标进行测算，生产效率指标分为绝对指标和相对指标，其中绝对指标通常指“生产率”指标，相对指标主要指“生产配置效率”指标。

1. 生产率

“生产率”的含义最早由西方国家在 18 世纪提出，认为劳动力是唯一的生产性资源，因此当时的“生产率”主要指“劳动生产率”。随着社会的发展和科技的不断进步，“生产率”的内涵也在不断地发展与优化。美国国家标准《工业工程术语》（1982 年）认为“生产率”为产出与投入的比值；我国《辞海》认为“生产率”为单位设备或设备的单位容量，在单位时间内生产的合格产品数量。

生产率主要指生产过程中产出与资源投入的比值。生产率指某具体生产中资源的实际投入产出比，属于绝对值，是评价生产效率的绝对指标。根据资源投入类型的数量，生产率划分为单要素生产率、多要素生产率和全要素生产率等类型。

2. 生产配置效率

生产资源的有效配置是指在特定经济环境和技术条件下，使获得的所需资源得到最大限度的利用，实现产出最大化的资源配置状态。投入最小化与产出最大化是生产资源有效配置的根本标志和最终目的。生产配置效率具体可以用综合技术效率（TE）指标来度量，而 TE 又可以进一步分解为纯技术效率（PTE）和规模效率（SE）。其中 PTE 是指特定的生产技术水平决定的投入要素利用程度，SE 是指实际生产状态比较规模有效状态的投入要素利用程度。

生产配置效率属于相对值，是评价生产效率的相对指标。生产配置效率可以用两种方法测算，即基于投入导向的生产配置效率测算和基于产出导向的生产配置效率测算。前者主要是测算固定产出条件下所需资源的最小投入与实际投入的差距来衡量生产配置效率；后者主要测算固定投入条件下最大产出与实际产出的差距来衡量生产配置效率。

生产配置效率可以反映长期均衡中的实际配置状态与有效配置状态之间的生产资源使用差异，说明生产资源真正能得到有效利用的改进空间，而且其中也能够体现各种生产要素之间的相互影响。相对于生产率指标，生产配置效率作为相对指标无量纲，不会受变量单位变化的影响，能够很好地测度出各种生产要素在农业生产中的经济与技术效率。

（二）农业资源生态循环型生命周期视角下的农业资源利用效率内涵

根据农产品生态循环型生命周期的发展阶段可知，农业资源生态循环型生命周期也要经历“供应—利用—消费—废弃物—再生利用”五个阶段，其中：“供应”过程，主要体现在将已有的农业资源转化到农业生产环节中；“利用”过程，集中体现在将生产环节中的农业资源转化成农产品的最大产出，也就是“消耗”农业资源生产农产品；其“消费”过程，主要体现为人类社会对农产品的消费，即“利用”农产品来满足人类生产生活的需要；其“废弃物”主要来源于农业生产和消费过程，这类“废弃物”在新资源观里就是农业资源，即“农业废弃物资源”，可以再生利用，进入“再生利用”环节生产相关产品。

根据农业资源生态循环型生命周期各环节的转化过程可知，实际上整个生命周期都是围绕“利用”“生产”而展开。而农业资源的高效利用就是采用工程、技术、管理等措施，在有效保障生态环境的前提下，最大限度地使农业资源和农产品产量、质量的转化效率达到理想的最佳状态，从而提高农业资源的利用率和生产效率，进而提高农业资源利用效率。

农业资源利用效率反映了农业资源利用的水平，农业资源利用效率越高，则说明农业资源利用率、农业资源的产出效率就越高，农业资源价值就能得到更好的实现，因此农业资源利用的水平也就越高。根据农业资源利用效率的体现或实现途径，农业资源利用效率包含农业资源利用率、农业资源生产效率两个层次。其中农业资源生产效率是基于投入产出的角度，综合考虑其他要素投入对农业资源使用的影响，其度量的是在产出水平和其他投入要素共同给定的情况下，最小可能农业资源投入与实际农业资源投入水平的比值。农业资源生产效率用生产率和生产配置效率来衡量，其中生产配置效率用综合技术效率来度量，并包括纯技术效率和规模效率，而生产率主要用产投比来衡量。

农业资源利用效率框架要能兼顾分解后的各项资源利用效率类型。把农业资源利用率指标和农业资源生产率指标组合起来，形成“农业资源利用生产率”的概念，农业资源利用生产率与农业生产配置效率共同组成农业资源利用效率内涵的基本框架，分别用来评价农业资源利用的广度和深度。其中，农业资源利用生产率主要进行宏观层次上的农业资源利用效率分析，而农业生产配置效率则主要进行微观层次上的农业资源利用效率评价。

根据农业资源利用效率内涵，农业资源优化配置效率属于农业资源利用效率评价的重要内容与衡量指标，高效的农业资源配置，是提升农业资源利用效率的重要支撑（图 2-1）。

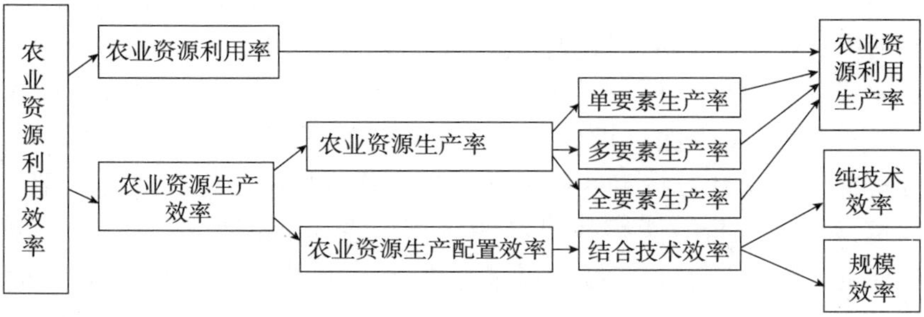

图 2-1 农业资源利用效率框架结构

（三）农业资源利用效率多维评价内涵

农业资源利用效率多维评价是指根据农业生产的过程、特点及其发展目标，利用多维地理信息技术搭建农业资源利用效率多维评价模块，构建相应的评价模型，分别对农业资源生产配置效率和农业资源利用生产率进行评价，并得到评价结论。

农业资源利用效率多维评价是在农业资源利用效率评价内涵的基础上结合“多维”“信息化”元素发展升级而来，属于农业资源利用效率评价的更高级发展阶段。农业资源利用效率多维评价是衡量资源是否达到合理利用和优化配置的评判标准，能有效实现农业资源利用利益相关方的多方良性互动，便于随时表达并满足参与方的合理意见，动态推演并遴选评价方案，实现评价的多维立体动态展示与数字化管理，从而为合理并优化农业资源配置并提高管理决策效益提供支撑。

二、农业资源利用效率多维评价思路与基本内容

（一）农业资源利用效率评价方法

农业资源利用效率评价方法目前主要有比值分析法、生产函数法、数据包络分析法、能量效率分析评价法、因子—能量评价模型、能值评价法、指标体系评价法等，每种评价方法都有其优势与缺陷及适应性。

农业资源利用效率评价是指根据农业生产的过程、特点及发展目标，选取一定评价指标，通过适宜的指标量化和集成，定量分析农业生产状况和可持续程度。农业资源利用效率评价是衡量资源是否达到合理利用和优化配置的评判标准，无论何种评价方法都具有资源利用现状功能描述、结果功能评价和未来发展的预警导向功能，是农业发展方向政策制定、农业规划和适宜开发战略选择的重要依据。只有科学地对农业资源利用方式做出评价，才能合理、高效地配置并利用农业资源，进而实现社会经济的可持续发展。

农业资源利用效率评价主要从农业生产系统整体出发，思维过程依照“从上至下”的分析方法，指标聚合则采取“从下到上”的实现过程，具有系统分析的优势。针对特定区域可选择具有代表性的指标和评价模型，通过一定数量指标的分析，能够找出制约区域农业资源高效利用的主要限制因素，从而为区域制定农业持续发展战略服务。但是不同评价方法指标数量和综合模型的选择差别较大，进行区域对比和可移植性差。指标选取过程中的指标共线性、重叠性、因数据获取难而导致的指标缺失等经常出现。由于农业资源利用涉及的直接、间接因素众多，相互之间存在复杂的作用过程与机理，少量指标难以表达所有的影响因素；而要对每一个因素的影响程度做出准确判断，就应该分析该因素对系统整体的影响机理，存在较大难度。

农业资源利用和农业生产是相互耦合的过程，农业资源利用效率则是多项农业资源因子相互影响、相互作用的结果，农业生产和资源利用系统是一个多目标系统。因此，农业资源利用效率的评价指标体系也是一个多层次、多目标的系统，各单项指标的评价结果常常是不相容的；而对农业资源利用效率的综合评价，需要判断指标体系的构成结构和各指标权重的大小，常用的综合评价方法如综合指数法、层次分析法、模糊综合评判法等方法多是把各评价指标赋权后得到一个综合数值。权重的赋予多带有人为的因素，容易偏离评价的目标，并缺乏各指标对总体目标贡献大小和方向的结构性评价。

（二）农业资源利用效率多维评价思路

传统农业资源利用效率评价方法各有优缺点，为了更加科学地进行农业资源利用效率多维评价，拓展资源科学的研究领域和内容，并且能够为区域粮食安全与重要农产品有效供应、资源优化配置与合理利用、持续发展提供科学的决策依据，需要在上述传统评价方法的基础上寻求综合研究途径，围绕研究方法的集成创新构建农业资源利用效率多维评价的思路。

农业资源利用效率多维评价需要科学导入“多维”“信息化”元素，按照综合系统方法论的创新思维，主要围绕理论综合、研究尺度综合、多因素综合、评价方法综合与创新、技术手段的综合与创新等方面开展系统综合与创新，利用多维地理信息技术搭建管理决策支持系统评价模块，实现农业资源利用效率的科学评价。

一是理论的综合。农业资源利用效率的研究以人们对资源的认识为基础，目前研究综合了可持续发展的理论、系统理论、经济学理论、生态学理论、社会学理论和市场理论等，需要在新资源观与农业资源利用的生态循环型生命周期的视野下，结合社会发展需求，引入空间结构理论，对农业资源、农业资源利用效率的内涵不断加以系统科学的审视与调整优化，将相关学科的理论综合组装起来，形成一个综合性的农业资源利用效率多维评价的科学理论框架体系。

二是研究尺度的综合。由于农业生产模式的空间异质性，小范围的农业资源利用效率不能代表大区域的整体状况。这就需要将多个典型地区的研究联结为一个可代表区域空间异质性的网络，做多空间尺度的研究，从而将地方尺度和区域尺度联系起来，达到区域综合研究的目的。

三是多因素的综合。综合考虑多因素的影响，构建综合评价模型，进行指标的集成以及多个集成指标的配合使用，以求既能更加客观地反映生产实际，又能以简单明了的方式反映评价结果，为科学决策与高效应用服务。

四是方法的综合与创新。为了更为客观地评价农业资源利用效率，寻找限制因子，为资源高效、持续利用提供决策支持，采取单一评价方法进行评价是有缺陷的，需要采取多种评价方法进行相互配合与综合使用，取长补短，综合其各自的评价优势；同时还可对各种传统评价方法进行调整优化甚至创新，构建更科学的评价方法与评价模型。

五是技术手段的综合与创新。在使用目前单个或多个技术手段的同时，注重先进组合技术的综合，科学导入“多维信息论”，在“农业资源多维评价管理决策支持子系统”中设计“农业资源利用效率多维评价”的模块，构建综合调优的系统评价模型，综合采用相关多维地理信息技术实现农业资源利用效率多维评价的多维立体动态展示与数字化管理，为区域调整农业资源合理布局和优化配置提供依据。

（三）农业资源利用效率多维评价基本内容

根据农业资源利用效率的内涵，首先需要对农业资源利用效率的两个层次即农业资源利用生产率、农业资源生产配置效率进行评价，然后再对两者进行综合，得出其评价结论。农业资源利用生产率主要用来衡量农业资源的投入产出比以及资源利用广度，农业资源生产配置效率主要用来衡量农业资源投入的有效性及其配置状况。在实际评价过程中，农业资源利用生产率的高低与生产配置效率的高低并不总是一致的，因而也就从评价结果的角度说明农业资源利用效率多维评价需要统筹考虑农业资源利用生产率和生产配置效率。

第三章

农业多维区划

我国于20世纪80年代完成的第一轮农业区划成果对农业生产发展起到了很大的推动作用，直到现在依然是农业农村经济社会发展的重要参考依据之一。但随着经济社会的发展和农业农村开发性生产的不断深入，原有的与农业资源相关的自然资源要素、经济社会技术要素和生态涵养、旅游休闲、文化传承、康体养生、教育培训等农业多功能要素都发生了很大的变化，其区划成果对新常态下的农业生产发展的指导作用日益弱化，加之农业区划技术手段也随着科技的快速发展日新月异，作为二维平面静态区划难以满足社会对多维立体动态区划的需求。同时新一轮国家政府机构改革中，随着农业区划职能机构——全国农业资源区划办公室的撤销，农业区划职能呈现进一步弱化的趋势，作为承前启后的当代“农业区划人”，在这一新的关键历史时期，必须要以全新的思维、全新的理念、全新的视角，科学导入“多维”“信息化”元素，充分利用多维地理信息技术，加快传统农业区划由二维平面静态区划向多维立体动态区划（即农业多维区划）转型升级，凸显农业多维区划对指导农业生产、农业资源优化配置的重要性，进一步丰富并完善农业区划的理论与实践指导意义，进而引起国家相关主管部门的重视，达到虽然撤销工作机构但不弱化甚至强化农业区划工作职责的目的。

第一节　传统农业区划与农业多维区划的关系

一、传统农业区划

（一）传统农业区划的概念

农业区划是在农业资源调查与评价的基础上，根据各地不同的自然条件与社会经济条件、农业资源和农业生产特点，按照区内相似性与区间差异性和保持一定行政区界完整性的原则，把一定地域范围划分为若干不同类型和等级的农业区域，并分析研究各农业区域的农业生产条件、特点、布局现状和存在的问题，指明各农业区域的生产发展方向及其建设途径。

农业区划是按自然地域分异规律，划分不同类型、不同等级的农业区域，是研究农业地理布局的一种重要科学分类方法。传统农业区划既是对农业空间分布的一种科学分类方法，又是实现农业合理布局和制定农业发展规划的科学手段和依据，是科学指导农业生产，实现农业现代化的基础工作。

农业生产具有强烈的地域性，因地域不同而千差万别，因此发展农业生产必须因地制宜，按自然资源、农业生产的地域差异去指导农业生产。传统农业区划是在查明农业资源的基础上，从自然、经济、技术的综合角度揭示农业资源的分布规律和农业生产的地域分工规律，研究区域资源的优势、劣势、生产发展的潜力，按市场需要论证其生产发展方向和任务，调整农业的结构和布局，合理配置资源与生产力的一门应用基础科学，也是一门因地制宜、分区、分类指导农业生产发展，实现农村宏观经济决策的一门应用科学。

（二）传统农业区划的特征

1. 综合性

农业区划研究方法的核心是综合聚类分析。农业区划超脱于各农业专业部门之上，博采多方建议，进行统筹规划和综合指导。综合性是农业区划的灵魂。农业区划的综合性，就是从生态资源、农用地资源、水资源、气候资源、生物资源、农业废弃物资源、农业文化资源等方面的综合利用着眼，合理有效配置上述农业资源，采取综合措施，实行综合投入，进行综合开发，实现经济效益、社会效益、生态效益的协调发展，形成良性循环，从而全面提高综合效益。从系统论的观点看，是把农业作为多因子的集成系统，整体综合效益大于各因子的简单相加。

2. 区域性

农业区划的区域性，就是要求农业生产从各地区特点、优势、生产潜力、地域差异出发，对农业生产的方向、重点进行调整，其调整的依据一般包括发展农业的自然条件和社会经济条件的相对一致性、农业生产基本特征与进一步发展方向的相对一致性、农业生产关键问题与建设途径的相对一致性、保持行政区域界线的基本完整。发达国家的经验表明，没有农业的区域化，不尊重各区域的特点，“一刀切”行政化大统一的农业是不可能持续发展的。

3. 战略性

区域宏观农业发展类型及模式是农业区划的重点研究内容，按照资源禀赋合理划分农业区域，选择并制定不同区域农业生产的发展战略目标、战略方针、战略重点和战略对策等。

4. 周期性

农业区划是人们依据资源禀赋和现有条件对客观存在的农业区域的主观认定与划分，由于农业区域的资源禀赋、自然条件、社会经济条件和技术水平不断发展变化，已形成的农业区域必然处于经常重组、分化之中。因此，农业区的划分也必须依据客观农业区的分化组合状况，周期性地开展研究。

5. 阶段性

农业区划工作每一循环周期分为资源调查与评价、区划与规划、规划方案实施、实施成效评估等阶段。每一阶段的工作分别有其特定研究内容并持续一定的时期。

6. 超前性

农业区划的超前性，是由农业区划工作的前瞻作用决定的。农业区划是从大系统、全方位研究农业的形成过程、区域特征、分异规律、发展方向和建设途径，在分析农业区的历史、现状的基础上，还需着眼未来，正确预测农业区发展变化的趋势，并对区域农业发展项目做前期论证与技术评估，为区域规划与区域农业发展服务。

（三）传统农业区划客观基础

一是“自然地域分异规律”是农业区划的客观基础。农业区划的研究对象从理论上讲必须是有着比较稳定的地域差异性，同时这种自然差异性规律表现为一定现象在一定地域内的相对一致性和不同地域间的明显差异性。因而自然要素及其组合的自然分异的存在是进行农业分区的重要客观基础。只要存在自然地域分异规律，就必须因各地自然条件制宜；而要因地制宜就必须进行农业分区，进行分区布局与指导。因为作为农业生产对象的动植物是有生命的，其生长发育繁殖都离不开一定的自然条件，并且受这些自然条件的深刻影响和制约，即自始至终都有自然力的协同发生作用。不同种类的动植物对外界自然条件的要求不一样，而各地的自然条件也千差万别，从事农业生产就必须遵循自然地域分异规律，因地制宜，分类分区指导。

二是人类社会的主观能动性对农业区划有促进作用。强调按“自然地域分异规律”的要求进行农业活动，并不意味着可以忽视人的主观能动性对自然条件的影响，随着科学技术水平与生产力水平的提高，人们改造自然的能力增强，可以突破某些自然条件，拓宽作物适宜生长的区域空间。不过人类驾驭自然的能力和科学发展水平在一定的时期内总是有限的，而且只有在认识和掌握自然规律后才能正确地把不利的自然条件转化为有利条件，因此只要自然条件存在的差异足以影响因地制宜，农业生产必须以自然地域分异规律为依据进行产业布局，才能为农业生产达到预期的目标奠定基础。

（四）传统农业区划体系

农业是由人—生物—环境组成的一个复杂生产系统，是经济再生产与自然再生产的相交织的物质生产部门，因而农业区划体系是多部门、多层次和多目标的，主要包括农业区划横向体系、纵向体系两大体系。

1. 农业区划横向体系

横向体系包括农业自然条件区划、农业部门区划、农业技术措施区划、综合农业区划。其中：农业自然条件区划着重分析不同地区农业自然条件和资源与农业布局的关系；农业部门区划着重研究农业各部门或农作物的生态适应范围、生产布局特点及其地域分布；农业技术措施区划着重研究不同地区农业技术措施的方向和途径；综合农业区划是从综合观点出发，区别差异性，归纳共同性，划分各具特点的综合农业区，是整个农业区划的主体和核心。

2. 农业区划纵向体系

自上而下，按大小不同的地区（地带）构建符合实际又适合要求的等级系统。这种由大到小的分级系统，各国尚无一致定论，既有按照农业地带（或农业区）、农业亚地带（农业亚区）、农业小地带（农业小区）来分等级，也有按照数字序列来划分级别的。我国的农业区划纵向体系包括全国性农业区划、省级农业区划、县（市、区）级农业区划三级，其中全国性农业区划由国务院有关部门组织，它为各省甚至县（市、区）指出农业生产发展方向，使全国范围内保持各种农产品的供需平衡和生态平衡，为全国农业合理布局提供科学依据。省、县（市、区）农业区划是为指导农业生产提供比较具体的资料和建设性意见，具有直接指导农业生产的作用。

二、农业多维区划

（一）农业多维区划概念

农业多维区划是指运用多维地理信息技术构建农业多维区划管理决策支持系统，将农业资源依据实际情况分布于三维空间地形之上，按照自然地域时空分异规律，总结归纳历史发展脉络与变迁规律，科学分析现状与特征，利用数字沙盘动态推演农业分区，预测各农业区发展趋势，提出各农业区的生产发展方向和建设途径，统筹安排农业区的农业资源优化配置和农业生产。

“农业多维区划”是在传统“农业区划”的基础上转型升级发展而来，与传统“农业区划”是一脉相承的，在传统“农业区划”的内涵基础上导入了“多维”“信息化”的元素，不仅延续了传统“农业区划”的内涵，而且拓展、深化了其内涵与外延。也就是说，“农业多维区划”不仅属于“农业区划”的范畴，而且也是“农业区划”的更高级发展阶段。

（二）农业多维区划目的

1. 丰富完善农业区划功能

农业多维区划既是研究农业时空分布的一种科学分类方法，也是研究农业地理空间布局的一种重要科学分类方法。传统的农业区划是二维静态区划，随着学科和社会经济的发展，人们对“二维静态区划”提出了更高的要求，希望能够便捷交互地进行农业区划，从而实现广信息、全视角、高仿真、全过程数据共享的目的，农业多维区划应运而生。

2. 实现农业划区的模拟动态推演

农业多维区划是按自然地域时空分异规律，在对农业资源进行调查与评价的基础上，将农业资源按照实际情况分布于三维地形上，按照划区地域“过去—现在”农业地域农业资源及农业生产的变迁规律，在农业多维区划管理决策支持系统中通过模拟动态推演划分不同类型、不同等级、不同特征的农业区，为将来实现合理的农业地域分工提供科学依据。

3. 为编制农业多维规划提供参考

科学合理的农业多维区划将划区地域分成了不同类型、不同等级、不同特征的农业区，并指明了各农业区的生产发展方向和建设途径，这些能为农业多维规划提供最重要的基础参考。农业多维规划则把农业资源要素、规划目标、产业布局、重点项目等落实到各农业区，实现两者的有效衔接，同时农业多维区划管理决策支持系统的开发，也能为农业多维规划管理决策支持系统的搭建提供参考和建设方向。

4. 优化农业资源配置

农业资源的优化配置具有时空调控的属性，而农业多维区划是先期、方向性的指导，是优化农业资源配置从而实现农业合理布局的重要方法与手段，不当的农业布局将导致农业资源的浪费和决策的失误，这样从理论与实践上都需要时空的推演，进行农业资源的优化配置。通过优化农业资源配置，为充分、合理开发利用区域农业资源，扬长避短，发挥地区优势，因地制宜地指导农业生产提供科学依据。

（三）农业多维区划特征

农业多维区划是在农业区划基础上发展起来的，是农业区划的 4.0，不仅兼具了农业区划的一般性特征，而且还具有如下根本特征，其根本特征是区别于农业区划 1.0～3.0 的标志。

1. 时间多维特征

时间上的多维性是农业多维区划的重要特征，应该在同一农业空间特征下按照“过去—现在—未来”的时间维度划分不同等级的农业区，其实“过去”“现在”农业划区只是中间过程成果，是为了彰显“未来”农业划区的科学性与合理性、可行性。归纳总结“过去”的发展脉络与变迁规律，分析“现在”的存在状态与特征，预测“未来”发展趋势。同时“过去”是“现在”的借鉴，“现在”是“未来”的保障与基础，“现在”承上（“过去”）启下（“未来”），“现在”是桥梁，是多维区划应该重点加以研究考虑的，只有充分掌握了基于“过去”基础上的“现在”规律与特点，才能为“未来”划区提供科学支撑。

2. 空间多维特征

农业多维区划以“空间经济学”为重要理论支撑，不仅具有时间上的多维性，而且也具有空间上的多维性，主要体现在两方面。一方面，农业多维区划需要充分考虑并研究农业各部门内部、部门间、区域内部、区域之间、区域农业全要素之间等空间要素特征与一般规律，为划区提供空间数据支撑；另一方面，把农业资源按照实际情况分布在三维空间地形图上，利用多维地理信息技术，搭建重要区域的基础空间数据库，为开发农业多维区划管理决策支持系统提供支撑，从而实现农业多维区划的立体仿真、多方互动的农业分区方案推演与最优方案遴选。

3. 信息数字化特征

农业多维区划首先需要了解并掌握区划区域具有全面、立体等时空动态演变特征的农业资源数据，搭建区划区域的农业资源数据共享平台，开发农业多维区划管理决策支持系统，为农业多维区划提供数据支撑。综合运用虚拟仿真技术、多源数据融合技术等信息化技术，实现分区的信息化、动态化展示和数字化管理。可以说，信息化数字化贯穿于农业多维分区的始终，多维地理信息技术是其核心支撑技术，农业多维区划管理决策支持系统是农业划区的载体平台。

（四）农业多维区划的客观基础

“自然地域时空分异规律”是农业多维区划的客观基础。“自然地域时空分异规律”是在“自然地域分异规律”基础上发展起来的，两者是一脉相承的，只不过是在“自然地域分异规律”概念上增加了“时空”的要素。农业多维区划需要遵循区划区域的农业资源与农业生产的历史发展脉络和变迁规律，为“未来”划区提供参考依据。同时“地域”本身就具有“空间”属性，把农业资源按照实际情况分布在三维空间地形上，在管理决策支持系统中实现划区，使划区由平面向立体、由“二维”向“多维”转型升级。

农业多维区划的研究对象从理论上讲与农业区划的研究对象是一致的，必须是有着比较稳定的自然地域时空差异性，同时这种自然地域时空差异性规律表现为一定现象在一定自然地域内时间上的相对一致性、相同自然地域不同时间段和不同自然地域内空间上的明显差异性。因而农业地域的自然要素及其组合的地域时空分异的存在是进行农业多维分区的重要客观基础。只要存在自然地域时空分异规律，就必须因农业地域的农业自然条件和农业生产制宜；而要因时因地制宜就必须进行农业多维分区，进行多维分区布局与指导。

（五）农业多维区划体系

农业多维区划与农业区划的体系是一脉相承的，具有多部门、多层次和多目标的属性，主要包括横向体系、纵向体系两大体系。

1. 农业多维区划横向体系

横向体系包括农业自然多维区划、农业部门多维区划、农业技术措施多维区划、综合农业多维区划。其中：农业自然多维区划着重分析不同地区不同时间内的农业自然条件和资源与农业空间布局的关系；农业部门多维区划着重研究农业各部门或动植物的生态适应范围、生产时空布局特点及其地域时空分布；农业技术措施多维区划着重研究不同地区不同时间内的农业技术措施的方向和途径；综合农业多维区划是从综合性出发，区别时空的差异性并归纳共同性，划分各具特点的综合农业区，是整个农业多维区划的主体和核心。

2. 农业多维区划纵向体系

农业多维区划纵向体系与农业区划纵向体系基本相吻合，同时参照国家的规划体系，我国的农业多维区划纵向体系包括国家级—地带级（大区）级—省级—市级—县（市、区）级—乡（镇）级六级体系。其中全国性、地带级（大区级）农业多维区划应由国务院有关部门组织，它为各省、市甚至县（市、区）指出农业生产发展方向，使全国范围内保持各种农产品的供需平衡和生态平衡，为全国农业合理时空布局提供科学依据。省、市、县（市、区）农业多维区划是为落实上级农业多维区划的指导性建议，体现各自的特色，划分本辖区内的农业多维区；乡（镇）农业多维区划是相对比较具体的农业多维区划，既要落实上级区划的指导性建议，更要指导农业生产，并提供比较具体、中肯的建设性意见，属于典型的落地性的农业多维区划，直接指导农业生产和时空布局。

三、农业多维区划与传统农业区划的区别与联系

根据传统农业区划、农业多维区划的内涵、特征，我们知道农业多维区划是以传统农业区划为基础发展而来的，是传统农业区划发展到一定阶段向更高级发展阶段的演进，两者是相辅相成、一脉相承的。农业区划是二维静态区划，以“自然地域分异规律”为客观基础，把一定地域范围划分为若干不同类型和等级的农业区域，十分注重研究各农业区域的平面区划，但忽视了农业区划的时空属性、数据融合性与信息数据化属性。而农业多维区划是三维以上的动态区划，是以“自然地域时空分异规律”为客观基础，在二维静态区划的基础上，十分注重虚拟仿真技术、多源数据融合技术等先进信息技术的应用。

（一）发展阶段

农业多维区划是在传统农业区划的基础上发展起来的，是农业区划的更高级发展阶段。传统的农业区划是二维静态区划，属于典型的平面区划，随着学科和社会经济的发展，人们对二维静态区划提出了更高的要求，采取虚拟仿真技术、多源数据融合技术等先进信息技术便捷交互地进行农业区划，从而实现广信息、全视角、高仿真、全过程数据共享的目的，于是农业多维区划应运而生。

（二）区划维度

传统的农业区划是二维静态区划，属典型的平面区划。而农业多维区划是多维动态区划，具有显著的时空属性。

（三）技术手段与客观基础

传统的农业区划以“自然地域分异规律”为客观基础，利用人工实地调查、手工作业等主要传统技术手段并结合遥感技术等先进技术进行农业区划。而农业多维区划是以“自然地域时空分异规律”为客观基础，在充分利用传统的农业区划技术手段的基础上，更加注重利用虚拟仿真技术、多源数据融合技术等多维地理信息技术，采取“数字化沙盘”平台以虚拟推演的方式为农业区划提供可能的最优方案。

（四）支撑作用

一般来说，区划都包含有时空的属性，但时空属性在传统的农业区划中只是附属而非主导。时空属性在传统农业区划中还只是一般化的理念，如山脚、山腰、山顶作物种植区划就涉及区划的空间属性，参考历史数据结合现状进行合理区划就体现了传统农业区划的时间特征；而在农业多维区划中，时空属性就是其核心特征。

农业多维区划之所以是传统农业区划的更高级发展阶段，主要原因在于不仅具有传统农业区划的全部特征，而且更加注重区划的时空属性，突出时间、空间、信息数据化在农业多维区划过程中的核心作用，是区别于传统农业区划的核心要素。

农业多维区划虽然没有脱离农业区划的范畴，但已不是传统意义上的农业区划，属于典型的多维动态区划。引入“多维信息论”，利用多维地理信息技术，开发管理决策支持系统，满足人们对区划进行动态仿真展示与数字化管理的需要。

第二节 农业区划演进历程

农业区划经历了古代农业区划、封建社会农业区划、近现代农业区划三个阶段，近现代农业区划又分为开创阶段（20 世纪 30 年代至 40 年代）、探索阶段（20 世纪 50 年代至 60 年代）、全面发展阶段（20 世纪 70 年代至 2010 年）、转型升级阶段（即农业多维区划阶段，2011 年至今），全面发展阶段又分为三个小阶段，其中 20 世纪 70 年代至 80 年代中期属农业综合区划阶段、20 世纪 80 年代后期至 20 世纪末期属农业区域规划与区域开发阶段、21 世纪初（即 2000—2010 年）属农产品区域布局和农业多功能开发阶段。

根据农业区划各发展阶段的特点，结合农业 1.0～4.0 各自的发展时期与主要特点，依据农业区划的发展趋势及应对农业发展的需求，农业区划的发展历程就是农业区划由 1.0 到 4.0 的演进史，按照主要特征进行区分。农业区划 1.0～4.0 体系特征如表 3-1 所示。

表 3-1 农业区划 1.0～4.0 体系特征表

序号	农业区划阶段	对应时期	主要特征	备注
1	农业区划 1.0	20 世纪 30 年代前	以地理区域划分为主，地域分工不明显，属于最初的农业区划雏形	

（续）

序号	农业区划阶段	对应时期	主要特征	备注
2	农业区划2.0	20世纪30年代至80年代	依据“自然地域分异规律”为客观基础进行分区划片，以实地调查和手工作业为主	
3	农业区划3.0	20世纪90年代至21世纪初	以农业区域发展为主要目标，在分区划片的基础上，注重区内发展和区际的协调发展；在利用传统技术手段进行区划的同时，突出3S技术、计算机技术等先进技术的应用	
4	农业区划4.0	21世纪以来	以“自然地域时空分异规律”为客观基础，利用多维地理信息技术实现传统农业区划由二维平面静态区划向多维立体动态区划转型升级，并实现多部门电子数据的有效融合，为农业资源优化配置和指导农业生产提供基础依据	农业多维区划

一、古代农业区划

据《禹贡》《周礼》等文献记载，每当实行政令之前，封建官宦都要对生产资料、劳动力分布等进行摸底。一是全面调查，每三年一次，一般在8月到次年1月之间进行；另一种是变动登记，通过登记说明户口、六畜、车辆等的变化，以修改数据，为农业区划打下基础。

在区划工作上，《禹贡》和《周礼》将当时全国划分为九州（表3-2），并按农田地力差异分为三等九级。而九州既属于行政区划，也是生产区划，都是一种地域性的区划。《禹贡》和《周礼》区划名称不一样，各州包括的地理范围也不相同，目的也有差别，但区划的标准是一致的，都是单纯以自然条件（山脉、河流等）为依据的。

表3-2 《禹贡》和《周礼》区划包括的地理范围

州别	《禹贡》	《周礼》
冀州	河北西部、北部，山西，河南北部	河南北部，山西南部
兖州	山东西部、北部，河南东南部	河北南部，山东西部、中部
青州	山东东部	山东南部，安徽北部，江苏北部
徐州	山东南部，江苏北部，安徽北部	—
扬州	江苏，浙江，安徽南部，江西	安徽南部，江苏南部，浙江，江西
荆州	湖北，湖南	湖南，湖北
豫州	河南，湖北北部	河南南部，湖北北部，安徽北部

（续）

州别	《禹贡》	《周礼》
梁州	陕西南部，四川	—
雍州	陕西北部，甘肃	陕西，甘肃，四川
幽州	—	河北和山东沿海地区
并州	—	山西北部，河北北部

当时的农业区划，是建立在调查统计分析的基础上。“职方式掌天下之图，以掌天下之地，辨其邦国都鄙、四夷、八蛮、七闽、九貉、五戎、六狄之人民，兴其财用九谷六畜之数要，周知其利害，乃辨九州之国，使其贯利”。所谓辨其邦国都鄙……就是面向群众做全面调查，了解户口、财物、六畜等的资料，再根据调查资料整理分析，进行区划。这时的“辨”就是“别”的意思，指区划工作最后在各个区域内如何发展生产，达到“使其贯利”的目的，和现在的农业区划目的是一致的。

《禹贡》和《周礼》都强调“因土种植，因区安排生产”。《禹贡》把中国土壤分为9种（表3-3），实则以壤、赍、涂泥3种为主，即冀州为白壤；兖州为黑赍；青州为白赍和海浜广斥；徐州为赤殖赍；扬、荆二州为涂泥；豫州为下土赍垆；梁州为青黎；雍州为黄壤。同时根据地势高低、土地肥瘠、地势和肥瘠相参将土地分成三等（即上地、中地、下地），九级（即上上、上中、上下；中上、中中、中下；下上、下中、下下）。

表3-3　《禹贡》中的田地等级

州别	田地等级	赋的等级	州别	田地等级	赋的等级
冀州	5（中中）	1	荆州	8（下中）	3
兖州	6（中下）	9	豫州	4（中上）	2
青州	3（上下）	4	梁州	7（下上）	7、8、9
徐州	2（上中）	5	雍州	1（上上）	6
扬州	9（下下）	7			

《周礼》中土地利用方法表现得很突出，提出生产项目的布置和距离城郭所在地远近有关系，认为理想的布置应该是：王城外50里①以内经营各类作物生产，蔬菜、果树和养蚕事业；王城外50～100里饲养牲畜。同时强调因土

① 里为非法定计量单位，在不同年代有不同的距离解释。

种植，“以土会三法，辨五地之物生……”“以土宜之法……辨十有二壤之物而知其种，以教稼穑树艺……”这里“土宜”可以从两方面理解，一是根据地势高低，栽种适宜作物；二是根据土壤性质栽种适宜作物。说明当时在土地利用上已有相当水平。

二、封建社会农业区划

封建社会的农业区划由于社会生产力水平低下，人们对自然资源只能在适应中加以有限的利用，农业生产力的门类极为简单，因而划分的农业区主要是以自然资源为特点的自然生态区域或自然经济区，它们代表了自然条件下的农业区划，还不能认为是科学完整的农业区划。这种农业区划的经济意义和指导作用当时尚未引起人们广泛的注意，因为即使划分了不同的农业区域，但因为处于自给自足的自然经济条件下，每一区的生产门类仍然是“大而全”“小而全”，地区分工并不明显。

三、近现代农业区划

（一）开创阶段

中国近代农业区划的研究工作开始于20世纪30年代。当时有一些地理学家、农学家和农业经济学家会同国外经济学家对我国的农业区域进行了划分，比较有名、影响比较大的是1936年著名地理学家胡焕庸开创了中国农业区划研究的先河，在其《中国之农业区域》一文中，根据气候、地形等自然地理条件，首次将全国划分为东北松辽区、黄河下游区、长江下游区、东南丘陵区、西南高地区、黄土高原区、漠南草地区、蒙新宁干燥区、青藏高原区9个农业区，揭示了气候、地形界线与农作物空间分布的关系，为指导不同区域农业生产与农业区划研究提供了重要的理论基础。同时美国农业经济学家卜凯1936年前后参与了“中国农业分区与调查”。

（二）探索阶段

中华人民共和国成立后，政府有计划、有组织地开展农业区划工作，并与国民经济发展计划相配合，为政府的宏观决策管理提供科学依据。其中20世纪50年代、60年代开展的两次大规模农业区划，属于中华人民共和国成立后农业区划的典型探索阶段。

1. 20世纪50年代的农业区划

中华人民共和国成立以后，随着土地改革的完成，农民实现了耕者有其田，生产积极性空前高涨。同时，各地在指导农业生产实践中，也出现了一些违背因地制宜的做法。1954 年从中央、大区到省（自治区、直辖市）都建立了农业区划工作领导班子和办事机构。中央农业部计划经济局负责对全国农业区划工作的领导、组织协调，并由长期计划处具体管理这项业务，同时国家计划委员会在综合局专设生产力配置处指导农业区划工作。全国各大行政区农林部（局）和省（自治区、直辖市）农业厅（局）的计划部门都建立了农业区划的管理部门，开展了农业区划工作。同期农业部组建了以康民斯基为首席代表的苏联专家顾问组，参与对全国农业区划的指导。农业部计划经济局组织农学、地理、林业、水利、气象、经济等方面的专家共同提出了全国和六大行政区农业区划方案。在这项方案的基础上，拟定出打破大区界限的东北、华北、华中、华南、西北、康藏滇 6 个农业区域和 16 个农业小区的农业区划，同时还要求各省（自治区、直辖市）也进行本地区的农业区划。1955 年 10 月编印的《全国各省农业区划资料汇编》中，除西藏、台湾缺资料和青海、浙江未上报外，全国其他省（自治区、直辖市）都编制了农业区划。

2. 20 世纪 60 年代的农业区划

1963 年春，中共中央、国务院召开了全国农业科学技术工作会议，把农业自然资源调查和农业区划列为 10 年全国农业科学技术发展规划的第一项重点项目。在国家各部委领导下，地理学、农学科技人员密切合作，第二次开展了全国和各省（自治区、直辖市）的农业区划工作。这一时期江苏省的农业区划工作搞得最为出色、有效。

1964 年农业部召开会议，确定利用“一五”时期农业区划成果，以建立 0.333 4 亿公顷基本农田为中心和粮、棉、油、糖等作物为主体，进行生产的合理配置，把松辽平原、华北平原、关中平原、长江和珠江三角洲、赣抚平原、江汉平原和川西平原作为主攻重点样板，同时同各省（自治区、直辖市）结合，合理调整农业生产布局。

1966 年 3 月，国家科学技术委员会在广东省东莞县召开了第二次全国农业区划工作会议，交流了各地开展农业区划工作的经验。与此同时，中央有关部委和各省（自治区、直辖市）也开展了广泛的农业自然条件的评价和区划。

（三）全面发展阶段

1. 农业综合区划

1978 年，中央召开了全国科学大会，把农业自然资源调查和农业区划研究列为 1978—1985 年 100 项全国重点科技攻关计划的第一项。要求对重点地区气候、水、土地、生物资源以及资源生态系统进行调查研究，提出合理开发利用和保护的方案，制定因地制宜地发展大农业的农业区划。

为了全面系统地推进这项重点研究工作，经国务院批准于1979年2月12日成立了全国农业自然资源和农业区划委员会，设办公室，在中国农业科学院成立农业自然资源和农业区划研究所。同时，要求有关省（自治区、直辖市）成立相应机构和研究单位。中央有关科研单位和高等院校也加强了这方面的工作。从此，有计划有组织的农业区划研究工作和实际工作在全国范围内开展起来。

经国务院批准，第一次全国农业自然资源调查和农业区划会议制定了《农业自然资源调查和农业区划研究计划要点》和近期（2～3年）研究工作重点。《农业自然资源调查和农业区划研究计划要点》分为自然资源调查和农业区划两大部分，包括11个大课题和40个子课题。1980年7月，第二次全国农业自然资源调查和农业区划工作会议召开，会议提出农业区划工作要为当前国民经济调整服务，为发展农业生产服务，为制定长远规划服务的“三服务”方针，突出强调在抓紧搞好全国和省级农业区划工作的同时，积极开展县级农业资源调查和农业区划工作，把县级农业区划工作提到重要日程。

在中国农业资源调查与区划任务的要求和带动下，由周立三院士主持，历时3年完成了《中国综合农业区划》编制方案。该区划方案将全国划分为10个一级农业区和38个二级农业区，阐述了各农业区的特点和条件、布局现状，以及农业发展方向、土地资源开发利用、生产布局与建设途径等方面，奠定了中国国土空间的基本认知与国土开发利用研究的理论基础，为制定国家农业发展中长期规划，推进商品粮基地建设和国际可持续农业与农村发展（SARD）的中国区域实践提供了重要指导。

2. 农业区域规划与区域开发

1985年底，《农业自然资源和农业区划研究计划要点》和第一、二次农业区划工作会议布置的具体任务基本完成。根据国办发〔1986〕18号文，农业资源与区划工作的重点转到区域规划和区域开发方面，先后开展了西部农村经济发展研究，农村产业结构的战略对策研究，粮食区域平衡研究，秦巴山区、武陵山区、三岩（指云南、贵州、广西石灰岩）地区综合开发治理规划，沿海滩涂资源综合开发规划和东南五省低丘缓坡地资源综合开发利用研究等。

1990年，按国办发〔1990〕47号文的要求，着手编制全覆盖、全方位的农业区域开发总体规划。为此，要求各地继续做好以土地为载体的涉及水、土、生物、气候等各项资源调查，特别是摸清低产田、低产茶桑果园、低产林地、低产水面等方面的情况，为进一步开发利用荒山、荒地、荒水、荒滩等后备资源提供科学依据。

3. 农产品区域布局和农业多功能区划

2000—2010 年，我国农业区划工作重点转向农产品区域布局、农产品产业带建设和农业多功能区划研究。为适应我国农产品供求关系的变化和应对加入世界贸易组织的挑战，农业部于 2003 年推出了“优势农产品区域布局规划（2003—2007 年）”，规划建设 13 个优势农产品 41 个优势产区，2007 年颁布了“特色农产品区域布局规划（2006—2015 年）”，规划了 10 类 114 种特色农产品的优势产业，提高了农业区划的实用性，把农业区划应用推向了一个新阶段。全国农业区划办公室 2003 年组织“东北地区农业功能区划研究”，2007 年部署开展全国农业功能区划工作。

（四）转型升级阶段

1. 转型升级的必要性

（1）社会经济发展亟待农业地域功能重新定义。进入 21 世纪特别是 2011 年以来，中国经济社会步入结构转型和快速发展的新时期，工业化、城镇化水平不断提升，城镇化率由 2011 年的 51.27%增长至 2019 年的 60.60%，经济发展总体上已进入减增速、调结构、优布局的“新常态”阶段。中国农业在地域格局、生产功能、形成机制和发展方式上开始转型。农业结构逐步由以粮食生产为核心转向以多样化、市场化、优质化为特色的现代农业结构，经营方式也由粗放式向节约集约、低碳环保、绿色循环发展转变，全国范围内的农业生产优势特色区、产业集聚区、示范区（园）、产业带显现，其农业发展方向、建设途径等逐步跳出了原有农业区框定的范畴。尽管首轮农业资源区划成果对农业生产发展起到了很大的推动作用，但随着经济社会的发展，其区划成果对新常态下的农业生产发展的指导作用日益弱化，加之区域农业资源分布、特征及其分区也发生了较大的改变，区划手段随着科技的发展也日新月异，为此新时期的农业区划工作应该采用最先进的技术，按照系统化、可视化、可追溯、全信息的思维理念对传统意义的农业地域功能进行重新定义。

（2）学科发展迫使传统农业区划转型升级。目前，我国以二维静态区划为主要特征的传统农业区划体系与理论体系发展得较为完备，其学科研究侧重于在现有框架内进行方法的完善、技术手段的更新，该体系在某种程度上来说已发展到顶峰，学科的转型升级必须采取新的思维理念、新的技术手段，破解原有框架体系的关键难题，以“二维平面静态区划”这一主要特征作为破题与创新的突破口，即向多维立体动态仿真展示与数字化管理转型升级，丰富并完善农业区划理论体系。同时二维静态平面区划难以满足社会经济发展对可视化、可追溯、全信息、多方互动、全过程的动态仿真展示与数字化管理决策的需求，急需转型升级的农业区划学科如何在当下的科学技术发展水平、社会经济环境条件下更加科学、整体地推动传统农业区划工作的更新换代，启动新时期的农业多维区划被迫提上重要的议事日程。

（3）多维信息空间规划倒逼传统农业区划转型升级。21 世纪特别是 2011 年以来，我国区域、部门的多维信息空间规划管理平台开始搭建并试点运行，如吉林市 2012—2014 年采用先进的三维制作技术用三年时间完成地理空间框架建设、三维城市空间数据库建设、综合管网系统建设，搭建多维规划管理平台，实现数字化的城市真实再现，多业务信息融合，构建动静结合的数字场景，实现规划管理实时化、设计科学化、发展长远化。中国农业科学院农业资源与农业区划研究所自主研发的“多维信息农业区域规划应用平台”已成功应用到广东中山港口镇、陕西铜川印台区和耀州区、河北肃宁、贵阳乌当、天津滨海新区、贵州凤冈等农业区域或园区规划中，获得地方一致好评。从发展阶段上来看，一般来说，“规划”是“区划”的后置阶段，两者属于承上启下的关系，目前“多维信息空间规划管理平台”已有成功搭建并运行的案例，但农业多维动态区划的研究与实践还未真正起步，反过来倒逼传统农业区划的转型升级。

2. 积极探索

这一时期传统的农业区划在转型升级方面做了些有益的探索，主要体现在以下方面。

（1）开展国家重要农业资源台账制度建设试点。

一是搭建国家重要农业资源台账制度建设共享平台。为加快建立国家重要农业资源台账制度，2017 年首先选择 16 个省 65 个县开展试点，2018 年在 40 个国家农业可持续发展试验示范区（农业绿色发展先行区）全域开展台账制度建设工作，鼓励支持国家现代农业示范区和 2017 年的 65 个试点单位开展台账制度建设工作，2019 年在完善 2018 年年度数据填报的基础上，增加了手机 APP 台账制度数据资料的填报与应用。农业农村部委托中国农科院农业资源与农业区划研究所作为该项工作的技术支撑单位，开展重要农业资源台账制度研究和标准制定，搭建国家重要农业资源台账共享平台（包括国家重要农业资源台账远程汇交系统、国家重要农业资源台账管理系统、国家重要农业资源台账手机 APP 系统等）。

二是建立国家重要农业资源年度台账和监测体系。各建设主体组织农业、林业、水利、国土、环保、气象等部门，将系统收集水、土、气、生物、农业废弃物等重要农业资源数据，在搭建好的国家重要农业资源台账远程汇交系统进行填报，充分体现了农业资源的时空布局。充分利用遥感、物联网、互联网等信息技术手段，探索建立多部门协同合作的重要农业资源数据共建共享机制，研究推进水、土、气、生物以及畜禽粪污、秸秆、农膜等农业废弃物资源数据采集统计工作，构建适应国家重要农业资源台账制度建设需要的农业资源监测体系。

三是开展重要农业资源评价。根据重要农业资源台账，在国家重要农业资源台账管理系统中系统分析农业资源现状、变化趋势、利用方式、利用效率，评估地区农业资源超载程度并进行预警提示，发布各级农业资源评价报告。

（2）利用多维地理信息技术划定“两区”。

①要求融合多部门数据，体现了空间上的多维性。“两区”是依据国家主体功能区规划、土地利用总体规划和优势农产品区域布局规划，以永久基本农田为基础，划定用于确保国家粮食安全和保障棉花、油料、糖料及天然橡胶等农产品有效供给的生产区域。“两区”在空间上包括区、片块、地块三个层级，单个粮食生产功能区（重要农产品生产保护区）内可包含若干片块，单个片块内可包含若干地块。

在“两区”的概念上就要求以永久基本农田为基础，融合农业、自然资源、林业、发改、统计等多部门数据；划定的区、片块、地块三个层级，充分体现了空间上的多维性。

②要求基础数据可追溯，体现了时间上的多维性。“两区”划定应采用最新的基础资料，通过定期对“两区”作物种植结构、农业基础设施、国家投资补贴等变化情况的记录与登记，更新年度数据，保证各类数据具有可追溯性，能够真实反映“两区”的生产、管护情况和变化。

③采用多维地理信息技术划定“两区”。以永久基本农田划定成果和土地承包经营权登记成果为基础底图，利用多源数据融合技术叠加相关规划成果，初步确定“两区”片块和地块边界，形成“两区”划定工作底图。实地勘查，查清“两区”片块和地块空间位置、数量、边界，以及“两区”片块内农田灌排工程建设状况、“两区”地块作物类型，确保划定的“两区”图、数与实地一致。“两区”划定的基础资料、图件、表册和文本成果，形成电子成果并整合入库，建立“两区”数据库，且“两区”数据库要与永久基本农田数据库、农村土地承包经营权确权登记成果数据库等充分衔接。

第三节　农业多维区划方法

一、农业多维区划的一般方法

农业多维区划的任务是分区划类，阐明农业生产的地域特征，提出每个地区农业生产的关键问题、发展方向和主要措施，达到因地制宜、分类指导农业生产的目的。

（一）基本原则

1. 坚持明确的市场经济观

在市场经济条件下，农业生产不同于传统的原料性生产，它的出发点和目的也绝不是自给自足，而是大农业观的商品性生产，它生产的出发点和目的都是为了尽可能多地满足社会各方需要，以市场需求为导向，以效益为核心。因此，无论是安排农业生产的动植物品种或是调整种养殖布局和农业结构，都要以市场需要为原则，合理配置各项资源，尽可能地创造条件促使农产品转换成商品，才能完成交易并产生价值。因此农业多维区划，一定要树立市场经济观念，以市场需求为导向，结合农、林、牧、渔全面发展，产前、产中、产后合理安排，把农、工、商、建、运、服务业通盘考虑，结合农业供给侧结构性改革，进一步调整优化农业产业与生产结构，强化农业内部和农业与二、三产业的融合步伐，只有在这样的基础上进行农业多维区划，才能满足市场经济条件下农业生产发展的需要，才能发挥宏观调控指导农业生产的作用，促进农业农村经济优先发展，加快乡村振兴战略实施步伐。

2. 坚持鲜明的生产实用观

概括地说，就是在市场经济条件下，坚持为加速实现农业现代化的需要服务，农业分区以自然地域时空分异规律为客观基础，符合客观实际与发展趋势，各区拟定的发展方向、技术措施、建设途径等因地制宜，做到切实可行，能真正指导区域农业农村经济发展。通过农业多维区划，要为合理开发利用农业自然资源，因地制宜制定农业生产发展规划和指导农业生产提供科学依据，同时按照农业生产的自然规律和经济规律，为农民脱贫致富、发展农业生产、振兴农村经济出谋划策，从而促进农、林、牧、渔各业全面协调发展，加速农业现代化建设进程。农业多维区划只有紧密结合生产，为农业农村生产、农民需要和经济社会发展服务，才能具有强大生命力。它所确定的内容，提出的生产措施、方案或建议，既要着眼于远景发展，又要考虑为当前当地的农业农村生产服务，还要结合历史发展特点和变迁规律，远近结合，抓住关键，从近入手，充分尊重历史发展脉络与相关规律。

3. 坚持实事求是的科学观

农业生产的地域时空分异是客观形成的，能否被正确认识，取决于农业多维区划人员实事求是的科学态度。只有从实际出发，正确完整地认识农业生产地域的时空差异性，才能针对存在的主要问题，采取相应的措施，这样的农业多维区划才能为农业生产实践提供科学依据。为此，必须强调深入实际，调查研究，掌握大量的第一手资料，从中发现农业生产的地域时空分异规律。研究人员要有认真的态度和求实的工作作风，学会运用唯物辩证法的观点去分析研究农业区域的形成、演变和发展，正确处理农业多维区划中的共性与个性、现象与本质、需要与可能、局部与整体、静态与动态、历史与当前及长远、资源利用与保护的关系。厘清因地制宜与统一计划，客观与主观的关系，防止主观性、片面性和表面性，让具有高度科学属性的农业多维区划经得起实践的检验和科学的论证。

4. 坚持与时俱进的发展观

农业自然资源是在不断消长变化的，农业区域也是不断发展的，这种消长变化和发展都有其连续性，编制区划方案在尊重历史变迁规律，着眼当前的情况下，结合其发展趋势，以当时最新的发展理念和社会经济发展需求来指导区划方案的编制。自然资源不可能一次查清，农业多维区划更不可能一劳永逸，揭示客观规律性，更不能一次做到非常完美，同时社会经济发展环境和科学技术发展条件会不断变化，需要有一个不断调整优化的过程。因此，农业多维区划要根据农业生产发展和逐步实现乡村振兴的要求，做出阶段性的安排并与之充分衔接。参照国民经济发展规划对规划期限的安排，建议农业多维区划的区划期限为10年。积极开展农业多维区划方案中期、末期实施效果评估，根据区划方案中期、末期实施效果评估结论，决定是否在区划方案实施中期、末期进行区划方案的小调整或大调整，并在调整完善中保持区划的连续性，在结合原有区划方案的基础上，突出抓好眼前区划方案的编制，着眼长远考虑，逐步加强这项基础性研究工作。

（二）工作步骤

农业多维区划的工作步骤主要包括准备工作、室外调查、室内分析研究与编制区划成果、区划成果应用等方面。

1. 准备工作

主要包括组织准备工作、业务准备工作等。

（1）组织准备工作。

①建立与健全农业多维区划工作的领导班子。农业多维区划是实现区域调控农业生产和农业农村经济发展的重要手段，属于多学科、综合性的研究工作，开展农业多维区划的目的在于应用，在于解决问题，取得实效。因此，不论是从协调各个方面来讲，还是从应用农业多维区划成果而言，都需要建立和健全农业多维区划工作的领导机构。农业多维区划与传统农业区划相比难度更

大、要求更高，需要组建比国家传统农业区划更高级别、更高层次的农业多维区划领导小组，建议国务院分管农业农村工作的副总理兼任全国一盘棋的农业多维区划领导小组组长，农业农村部、财政部、国家发改委、自然资源部、科技部等相关部委分管副部长任成员，办公室设在农业农村部。农业多维区划办公室的主要职责包括领导和推动农业资源大调查和农业多维区划工作；组织协调有关的科学技术力量；拟定农业多维区划工作方案，检查方案执行情况，解决实际工作中的重大问题；审查和处理各项农业多维区划成果，向有关部门提出指导农业生产和农业农村经济发展的科学建议。

②组建农业多维区划的工作队伍。农业多维区划的工作队伍必须实行领导、专业人员和群众相结合，这是由农业多维区划的工作性质和特点所决定的，也是提高农业多维区划工作质量的基本方法。领导干部的参加是为了在农业多维区划工作中，更好地贯彻落实政府涉及农业农村经济发展方针政策及与当地具体情况的有效结合，使农业多维区划和布局方案、措施的制定更加切合实际，同时也便于农业多维区划成果及时得到应用。群众具有丰富的农业生产实践经验，最了解当地实际情况，群众的广泛参与能使农业多维区划工作在国家宏观调控政策及市场经济条件下，为群众所想，为群众所运用，满足农民需求、符合社会经济发展需要。农业多维区划涉及农业、林业、畜牧、渔业、气候、土壤、水利、农业机械、农业经济、空间经济学、自然地理、经济地理、水文地质、经济计划、“3S”技术、虚拟仿真技术、互联网等学科，综合性很强，因此要根据农业多维区划任务，组建一支多学科的高素质专业技术人员队伍，发挥各自专长，多专业多层次技术人员联合作业，从不同专业角度进行协同研究与联合攻关，取长补短，避免单一学科研究的局限性、片面性，从而有利于农业多维区划成果质量的提高。

（2）业务准备工作。

①开发农业多维区划管理决策支持系统。依据决策支持系统 DSS 构建思维，结合农业多维区划的主要内容、方法及目标要求等，开发符合农业多维区划工作规范要求的，集农业区划数据管理决策系统、农业多维地理信息系统、农业多维区划管理系统等为主要内容的农业多维区划管理决策支持系统，使得传统的划区方案由平面向立体、由二维静态展示向多维动态仿真转型升级，实现多层次全信息、多方良好互动、高仿真、全过程数据共享的农业区划展示与数字化应用管理。

②培训农业多维区划人员。由于从事农业多维区划工作的业务范围涉及面广、要求高、技术手段较为先进，且从事农业多维区划的队伍人员素质参差不齐，必须十分重视多维区划人员的业务培训，设置相应的技术规范、培训课程

与内容，通过讲课、试点、实习等方法，统一认识、统一规程、统一步调、统一方法、统一技术。

③制定实施方案与研究进度计划。农业多维区划是一项综合性、各专业协同的工作，要在一定时期内完成共同商定的任务，必须在充分讨论的基础上，制定详细的实施方案与研究进度计划，以便统一步调、一致行动。计划内容一般包括：专题研究、主要内容研究、建设规范、研究方法、工作步骤、研究进度、保障措施、预期成果与验收标准等，做到目标明确，方法清楚，标准规范可行，措施得力，成果科学。

④资料收集、整理和初步分析。资料主要包括文字资料、数据资料、图件资料等。农业多维区划人员可以根据不同类型区划的要求，加以统计和整理；对各种资料和数据进行认真计算、核对，防止差错；所有收集到的统计数据最好为近年数据或多年的平均数，以能较真实地反映历史、现实情况和相关规律；对2000坐标体系的遥感影像图、土地利用现状图、土地利用规划图、土地整治规划图、永久基本农田图、“两区”划定图、生态红线等图件进行多源数据叠加融合处理，构建多部门数据融合的初步“一张图”，为开展室外现场勘查校核提供基础图件。如果资料比较齐全，可以试做轮廓性分区方案草稿。

此外，要根据室外调查要求，拟订调查提纲和各种外业调查表格，调查提纲尽可能具体并与表格一致。但任何事物都不是一成不变的，可以在调查过程中不断修改、补充和完善。

⑤进行必要的物质准备。主要包括交通工具、智能采集测量系统与采集车、相关仪器与软件、台式或手提电脑等设施设备以及相关工具。准备工作的充分与否，直接影响农业多维区划的进度与质量。

2. 室外调查

室外调查是进行农业多维区划取得第一手资料的重要手段，一般包括普查、路线调查和典型调查三种不同方式。

（1）普查。普查的内容一般是那些非进行普查不能取得，而农业多维区划又很需要的项目。由于普查的范围广、工作量大，培训任务相应增加，例如统一判读、填图、填表、资料整理和汇总等，因此设计的普查内容不宜过多。

（2）路线调查。路线调查是根据区域划分的初步方案，进行实地调查，验证区划草案的分区界线是否合乎实际。对有争议又不易确定的分区界线进行实地调查，从而进行调整和校正。同时，通过路线调查可以进一步查清区域各组成要素的主要特征、存在的问题，补充各区域已有文字和统计数据的不足，并为典型调查的选点做好准备。

（3）典型调查。典型调查是针对有代表性的点进行调查，以通过“点”，更好地掌握“面”上农业生产地域时空分异规律，探索区域形成的原因，预测区域的发展方向，“点”的数量应视区划内容的需要来确定。在典型调查中要防止以特殊代表一般。要紧密围绕农业多维区划所要解决的问题，通过个别访问、实地调查、开座谈会等方法取得所需情况和资料，进行深入研究。要做到有针对性，特别是运用分析对比的方法，为分区方案的确定提供依据。

典型调查需要对多部门数据经过多源数据融合技术处理的初步“一张图”进行现场勘查，清查并核校相关数据。多次与相关部门协商探讨获得多部门认同的“一张图”和数据，既为农业多维区划提供二维电子地图和数据支撑，也为农业资源优化配置、涉农类相关规划、项目设计、涉农科研提供图件、数据支撑。

典型调查需要在区划重点区域采集实景影像，通过智能采集测量系统，使用采集车在区划重点、核心区域进行实景影像数据采集，建立区划重点区域的实景影像库，为以虚拟的方式对重点区域的区划方案进行沙盘推演提供依据。

3. 室内分析研究与编制区划成果

依据区划重点区域的实景影像库，结合收集到的区划区域的数字高程数据，搭建重点区域的三维地模，利用专用软件加工生成能满足多维区划不同需要的三维空间数据库、专题图及电子地图，构建影像及三维空间数据库，为多维区划可视化、多方互动虚拟沙盘推演区划方案和遴选区划方案等提供依据。

运用已经掌握的资料，绘制有关分析图表，正式确定分区原则和指标，修改和校正最初的分区方案草稿。在农业多维区划管理决策支持系统中沙盘推演多种分区方案，区划方案择优后，正式编制区划成果，并多次修改完善，科学合理划区并分区研究其农业发展方向等问题，提出科学论证、建设途径和改进措施。

农业多维区划方案（或报告）是区划成果的最终表现形式，为了适合使用者的不同要求，重要的、篇幅较长的农业多维区划成果可以同时提供“详本”和“简本”，以供有关业务部门和决策者参考使用。

4. 区划成果应用

农业多维区划成果应用的途径很多，既可直接用于农业生产，也可通过相关涉农规划、涉农科研、涉农项目设计等中间环节间接用于生产，同时也可为脱贫攻坚和全面建成小康社会服务，甚至还可为农业农村经济优先发展、全面实施乡村振兴战略提供基础依据，主要体现在以下七个方面。

（1）优化农业资源配置。通过农业资源调查所反映的资源配置现状及配置效率，结合划区后各区农业资源的现状、农业产业和生产结构现状及提出的各区发展方向和建设途径，制定农业资源优化配置方案，为实现农业资源高效持续配置提供依据。

（2）制定农业资源利用与保护规划。根据农业资源调查所提出的在资源利用和保护方面存在的问题和改进意见，制定合理利用和保护各种农业资源规划。选择有代表性的点，定点监测各种农业资源消长动态变化情况。做好土地资源综合利用规划和年度实施计划。

（3）编制农业科学研究和技术推广规划。依据农业多维区划提出的需要解决的关键性技术，编制农业科学研究和技术推广规划，并组织研究和推广任务的落实。逐步做到按农业区域调整各种科学研究机构，建立各农业区的农业生产技术体系和试验基地，明确新技术措施的推广范围与推广条件，研究各种农业物质技术装备的地区投放种类和比例，据此提供农用工业安排生产的参考。

（4）编制农业农村社会经济发展战略规划。在农业区域划分的基础上，制定近期和远景的农业农村社会经济发展战略规划。根据各农业多维区划的发展方向和国民经济发展需要，合理调整区域的农业农村生产结构和布局，把区划、规划、布局调整优化和农业农村经济社会发展战略紧密结合起来。

（5）调整优化农业结构与布局。从各地实际情况出发，以各种作物、林木、畜禽的适生区划及市场需求，经济效果及社会需要为依据，有计划、有步骤地调整各地农作物、林木和畜禽内部的结构与布局，改进耕作制度，使之逐步趋于合理。

（6）创建优质特色农产品商品生产基地。根据农业多维区划阐明的各地优势条件和国内消费与对外贸易需要，建立各种层次、各种类型、各具特色的优质特色农产品商品生产基地或集聚区。

（7）因地制宜指导农业生产的辅助工具。充分利用各种农业资源调查和农业多维区划专业成果图，作为因地制宜指导农业生产的一种辅助工具，如根据土壤类型图及土壤养分图，实行因土施肥、配方施肥，或根据地质水文图，解决打井选址问题等。

实践证明，农业多维区划成果应用的范围相当广泛，途径多种多样，决不仅限于上述七个方面。区划成果在“优化农业资源配置”应用领域总领后面六个方面，后六个运用成果的形式都需要通过优化农业资源配置，才能真正保证规划、基地建设、农业生产的可操作性。

只要面向国家涉农的重大战略需求、“三农”领域补短板、农业农村市场和各项农业生产建设经营活动，把农业多维区划成果切实应用于农业生产和农业综合开发、涉农规划设计、涉农科研、美丽人居环境整治、“三农”难点与关键环节及关键领域、农业农村供给侧结构性改革和农业农村经济社会高质量发展、国土空间规划、农业农村优先发展、乡村振兴战略等领域，就可以充分发挥出农业多维区划成果的作用，实现农业资源的高效配置和可持续利用，取得更大的社会、经济和生态效益。

（三）工作方法

农业多维区划是介于农学、地理学、经济学、信息学、空间经济学等学科边缘的一门综合性学科，尽管区划体系中不同农业多维区划的具体研究方法并不完全相同，但仍然存在许多共同之处。共性的工作方法主要包括资料分析与实地调查相结合、单因素研究与综合研究相结合、点—线—面调查相结合、数字化地图—数据表格—文字报告相结合、传统的区划手段与现代化研究手段相结合五个方面。

1. 资料分析与实地调查相结合

不管进行何种类型的农业多维区划，资料的收集是最基本的工序。收集的资料主要包括统计资料、图件资料、政策文件精神资料、农业自然资源资料、社会经济资料、国民经济和社会发展及相关规划、相关部门工作总结、专题调查报告、原农业区划资料及其市场需求等，这些资料既包括历史资料，也包括现状资料，借以了解历史和现状情况，发现问题与历史变迁规律及特点，形成观点，但是这些资料毕竟是间接的、过去的、不完整的。必须开展实地调查，观察现象，总结生产经验，探寻存在的问题；了解区划诉求，绘制区划草图；了解市场需求及发展趋势，才能加深认识，摸准问题，确定分区界线，为农业区域的科学分析提供详细、真实、可靠的第一手资料。实践证明，资料分析与实地调查两者相互结合，可以相互印证与补充，因此两者不可偏颇。

2. 单因素研究与综合研究相结合

农业多维区划所考虑的问题是多方面的，既要对影响农业生产的具有地域差异的各种自然因素、技术因素、社会因素、经济因素、生态因素等进行单独的分析和考察，也要从各个因素的有机统一整体出发，进行综合研究、综合平衡。还要着力调查研究区划区域“过去—现在”涉及区划的原始、现状资料，以便寻找变迁脉络与规律，因此农业多维区划贵在综合，重在时空的“多维”。同时农业多维区划涉及部门、群体很多，属典型的系统工程，不管是综合性还是单项农业多维区划都需要充分听取并考虑各相关部门、群体的合理诉求，才能编制出符合问题导向需求的区划方案。单项农业多维区划虽然不及综合农业多维区划复杂，但仍然要站在综合、多维的角度上分析和看待具体事物。单因素研究是综合研究的基础，综合研究是单因素研究的指导，两者相互依存、相互补充；单因素研究越深入，越有利于综合分析。

3. 点—线—面调查相结合

即典型调查、路线调查和普遍调查有机结合。农业多维区划的任务是分区划类，阐明农业生产的地域时空特征，提出每个地区农业生产的关键问题、发展方向和主要措施，达到因地制宜、分类指导的目的。因此，对农业生产地域时空现象进行全面调查，以掌握大量的资料无疑是非常重要的，但是“面”上的调查，一般来说对问题的研究深度尚有一定局限，只有通过典型“点”的调查，才能更好地发现新情况、新问题，进一步揭示农业区域内部不同时间段的特征。而区域界线要划定得比较客观，符合实际，特别是一些有争议的过渡地区，则非通过路线调查不可。“面”与“线”的调查是“点”调查的基础，而“点”调查又是“面”和“线”调查的深化。由此可见，点—线—面调查相结合，才能弥补各自的缺陷和短板，相互补充，为提供最优的调查结果提供支撑。

4. 数字化地图—数据表格—文字报告相结合

农业多维区划成果包含数字化地图、数据表格、文字报告三大部分，其中数字化地图是利用图像直观地反映不同农业生产地域时间差异的好方法，也是分析农业区域现象的重要工具。数字化地图既包括二维静态平面地图，也包括多维动态地图，借助信息化技术，构建农业、自然资源、生态等多部门认可的一张图。利用农业多维区划管理决策支持系统，实现多方互动、全信息、全过程的可视化动态区划展示与数字化管理。农业多维区划的任何一个阶段都离不开数字化地图的应用，然而数字化地图只能反映农业生产空间分布的差异，区域的不同年度农业资源等数据用表格表示更简洁明了，甚至构建数据库平台更加有利于加强对数据的利用与管理。对每个农业区域的动态、存在问题、发展方向的分析论证，还必须用文字来说明才能表达清楚，所以在实际工作中，必须把数字化地图的编制、数据表格甚至数据库设计和文字报告结合起来，做到图文并茂，数据支撑文字报告和图件，图件反过来简洁明了地说明并解读文字报告和数据的翔实内容，这样才能相得益彰。

5. 传统的区划手段与现代化研究手段相结合

传统的农业区划研究手段以人工实地调查和手工作业为主要特征，尽管这种方法速度慢、效率低，但在我国目前的经济技术条件下，仍然是农业多维区划的重要方法之一。为提高工作效率，降低生产成本，应尽可能采用新技术、新方法，如利用资源卫星做农业资源调查，利用多源数据融合技术实现多部门数字化地图的融合，利用虚拟仿真技术等使传统的区划方案由平面变立体、由静态展示到动态仿真，应用电子计算机计算和分析农业多维区划所需的大量数据并构建数据库，运用数学方法选择最佳的农业生产结构和地区布局方案，采用自动化制图以加快农业多维区划工作进程，降低区划工作成本，提高区划工作效率，从而全面提升农业多维区划研究质量和水平。

二、农业多维区划的指标设置方法

（一）指标设置原则

指标设置是农业多维区划研究过程的基础环节，它关系最终农业多维分区结果的科学性。农业多维区划指标设置应遵循以下基本原则。

①代表性。指标概念明晰，对农业类型及其发展变化的影响具有稳定而明确的意义。

②系统性。指标构成要反映农业特征形成要素的各主要方面。农业类型的形成是自然、经济、社会、生态等多因素交互作用的结果，很难用单一指标来揭示农业地域时空分异规律，应建立多指标体系，系统地反映农业类型形成发展的多因子综合作用；同时时间变化对指标的影响应控制在一定幅度内，要剔除因时间变化对指标数据有明显变化的相关指标。

③变异性。一般地讲，在一组指标中地域空间变异系数大的指标对类型分区具有更重要的意义，因此可把变异系数的大小作为指标选择的依据。

④独立性。进行分区之前需作指标间的相关性检验，剔除相关系数大的一些指标，保留分辨性强和独立性强的指标。

⑤操作性。指标具有可测性和可比性，指标的获取具有可能性。一些对类型区划分有一定价值，但缺乏数据支持的指标变量，则考虑用意义等同的指标替代。

⑥定量性。一般来说，指标包括定量指标和定性指标，而定性指标具有较大的随意性，容易受年龄、学历水平、专业背景、个人喜好等因素的制约，因而指标的设置尽量以定量指标为主。

（二）指标体系框架

农业区域划分具体指标构建在考虑以上原则的基础上，还应结合数据来源进行设定，考虑设置多维区划指标体系所要达到的目标，结合目前各种传统农业区划中常用的指标，本书提出农业多维区域划分的参考指标。

①农业资源指标组。主要反映地貌类型与比例、农业资源要素丰度及其资源组合特征、资源综合生产能力等。

②农业生产指标组。主要反映农业产业结构、品种结构、“两品一标”覆盖率、产品体系完善程度、专业化社会化程度、农产品加工率、主要农作物机

械化水平、耕地流转率、新型农业经营主体带动农户率、农业资源利用方式及利用效率等。

③农业社会经济条件指标组。主要反映农业农村尤其是产业发展政策、科技水平、设施设备条件、经济发展水平、消费与市场需求、区位条件、乡贤名人条件、农业基础设施条件、冷链物流加工流通条件、电子商务水平等。

④农业生态环境指标组。主要反映农产品产地环境状况、农业投入品使用情况、森林覆盖率、生态制约因素、农药化肥利用率水平、农业废弃物资源化利用水平、耕地生态承载力等。

三、农业多维区划的一般分区方法

农业多维区划主要依据农业自然资源、农业劳动分工的地域差异进行分区划片，分区结果具有区内相对一致性、区间差异性的特征。农业多维区划与传统农业区划的分区方法基本一致，主要包括主导因素分析法、区域对比法、地图叠加法、综合平衡法、聚类分析法、模糊聚类法等。总体来说，这些分区方法可以分成定性经验分析分区、定量模型分析分区两大类，这两类分区方法都在农业多维区划管理决策支持系统中开展。

（一）定性经验分析分区法

定性经验分析分区法主要包括主导因素分析法、区域对比法、地图叠加法、综合平衡法等。这种分区方法是在掌握一定资料和数据的基础上，依据多维区划的目的，确定多维分区原则和指标体系或绘制有关指标的单因子分区图，相互叠加进行分区，对分区中存在的不确定边界或有争议的分区界线，由区划研究人员运用已有的经验，在实地调查和综合分析的基础上，加以调整和完善。

定性经验分析分区法包括 6 个主要步骤。一是编制指标单因子分布图。通过编制各有关指标的单因子分布图，揭示农业资源与农村经济的地域时空分异现象。二是分析地域时空分异成因。根据实地调查研究资料，分析“自然地域时空分异规律”形成的因素，特别是一些主要区域和动植物的分布、集中区和分散区、高产区和低产区的形成原因。三是拟定划区轮廓。结合原划区方案，抓住划区主要矛盾的稳定因素，考虑划区的轮廓。四是确定分区界限。根据主要矛盾，找出各区的核心，也就是从整体上找出各区的主要特点，再根据其主要特点来确定各区的界线。五是遴选分区方案。拟定划区的准方案，在农业多维区划管理决策支持系统中沙盘推演重点区域分区的多种准方案的划区理由、主要特点、发展方向，多方互动遴选区划最优方案，并对遴选的最优方案再次进行调整修正。六是分区系统阐述。在调整修正后的分区方案基础上编制区划成果，对每个区进行系统分析阐述，在分析过去成功经验、现状特征与存在问题的基础上，扬长避短，发挥优势，确定战略定位、发展思路、发展重点、发展方向、建设途径、发展措施。

定性经验分析法分区的主要优点是方法比较简单，容易被人们掌握。而且许多经验来自实践，因而凭经验所调整的边界比较符合实际。但是，这种分区方法的工作量大，费时费力，时间较长，由于人为主观性较强，易受人为主观局限性的制约，科学性相对较差。

（二）定量模型分析分区法

即用数学方法进行分区，比较常用的方法有聚类分析法、模糊聚类法。这种方法主要根据分类单元及其指标体系所包含的特征量经过数学模型处理，对研究地区进行分区划片。

农业多维区划的定量模型分析分区法主要在农业多维区划管理决策支持系统中完成，其定量分析分区法包括 5 个主要步骤。一是遴选分区指标。围绕区划的目的与要求，罗列并遴选出与其相关的指标。二是确定因素指标权重。针对各相关因素对农业生产影响的重要程度，确定相关因素的权重。三是聚类分析，拟定划区多种准方案。拟定划区多种准方案，供政府或委托方进行决策参考。尽管聚类有多种方法，但基本思路大致可分为三种。一是聚合法。开始时每个分类单元自成一类，再把相似程度最大的合为一类，使类的数目减少，如此继续下去，直到所有单元都合成满意的若干区或类为止。二是分解法，开始时将全体分类单元看作一类，然后将差异最大的类分开，直到分成所需要的若干区或类为止。三是调伏法。开始时先将分类单元粗略地分成若干区或类，然后根据分类函数尽可能小的原则，对各类进行调整，直到最佳为止。四是聚类结果检验与优化调整。将聚类结果放到实际中检验和调整优化。五是遴选分区方案。区划研究人员拟定的多种划区准方案，尤其是重点区域的划区准方案，在农业多维区划管理决策支持系统中沙盘推演分区方案的划区理由、主要特点、发展方向，多方互动遴选区划最优方案，并对遴选的最优方案再次进行调整修正，形成最终的划区方案。

应用这种方法进行区划的优点是科学性相对较强，可以借用农业多维区划管理决策支持系统加快划区的速度，节省时间和人力，方法也准确可靠。其缺点是较难掌握，有时由于输入的数据误差较大，虽然运算方法精确，但其结果也有较大误差，还需区划研究人员依据经验加以调整；特别是针对全国性的区划，由于范围广、差异大，指标体系难以统一，同一指标在不同地区其权重也有一定差异。

第四章

农业多维规划

第一节 概　述

传统农业规划是指如何在空间和时间上科学合理地配置农业资源与安排农业生产，使有限的农业资源获得最大的效益。在某种程度上，传统农业规划属于典型的二维平面静态规划，尽管对配置农业资源与安排农业生产发挥了积极作用，但越来越难以满足社会发展对多维立体动态仿真规划展示与数字化管理的需求，也不能有效地实现规划参与方的良性互动，更没有构建规划利益各方特别是普通公众随时随地参与规划、表达合理诉求并满足其需求的畅通渠道。基于此，很有必要导入“多维”“信息化”元素，从农业资源优化配置的角度，加快传统农业规划向农业多维规划的转型升级，全面提高农业规划的数字化管理职能与管理效率，更好地指导农业资源优化配置和统筹安排农业综合开发、现代农业生产发展，为农业资源可持续利用和农业农村优先发展提供规划支撑。

一、农业多维规划

（一）基本概念

1. 区域规划

（1）概念。区域规划，是指在一定地域范围内对社会经济发展和建设进行的总体部署，即根据国民经济和社会发展的长远计划和区域的自然及社会条件，以及区域所处时间、空间的外部环境，对区域内农业、工业、第三产业、城镇居民点以及其他各项事业和重要工程设施进行空间的全面部署。

区域规划要对整个规划地区国民经济与社会发展中的建设布局问题做出战略决策，把同区域开发与整治有关的各项重大建设落实到具体地域，进行各部门综合协调的总体布局，为编制中长期部门规划提供重要依据。区域规划是经济发展，特别是城镇化、工业化进程的产物，主要是在城镇规划和工矿区规划的基础上发展起来的。

（2）任务。因地制宜地发展区域经济，有效地利用资源，合理配置生产力，使各项建设在地域分布上综合协调，提高社会经济效益，保持良好的生态环境，顺利地进行地区开发和建设。

（3）特征。主要包括目的性、前瞻性、综合性、战略性、地域性等特征。

①目的性。区域规划的目的性明确，明确规划需要解决的问题。

②前瞻性。区域规划需要突出规划的超前性和前瞻性，加强规划的指导性、科学性和有效性。

③综合性。

一是规划思维方法综合全面。规划思维方法要全面权衡利弊，综合评价、综合分析论证，强调各部门之间、各地区之间、各产业之间的相互协调，弥补单一部门、专项论证的不足。

二是最优规划方案来源于多方案综合比选。区域空间布局方案不会是唯一的，区域规划应特别注重发挥地区优势，最优的规划方案往往是在多方面、多目标、多方案的综合比较中遴选出来的。

三是规划内容全面。规划内容对区域内各系统、各组成要素进行全面的考虑，对社会经济各部门进行统筹安排，在综合各部门、各行业专业规划的基础上对区域的整体发展做出统一决策部署。

④战略性。

一是规划时间跨度较长。一般而言，区域规划的期限一般在 10 年以上，可以展望到 20 年甚至更长的时间。由于规划期限长，必然要求规划方案有明显的超前性，但又要有近期建设重点项目的规划，使规划方案既能指导近期的国民经济建设，又可保持远近结合，实现可持续发展。

二是规划关注的问题具有全局性。区域规划总是从长远着眼，从宏观着想，讲求区域的整体效益；区域规划关注的问题是宏观的、全局性的、关键性的重大问题。

三是规划指标具有较大的弹性。由于区域规划是长远性的规划，而区域未来的发展往往有许多不确定的因素，难以准确预测未来，所以规划中对区域社会经济的发展方向、目标、结构、布局与土地利用安排等一般属于战略性、宏观性部署，规划中提出的发展指标既有约束性指标也有预期性指标，可以是一个定值，也可以有一定的幅度，具有较大的弹性。

四是规划的实施影响深远。区域规划是对国民经济各种建设的战略部署，因此，制定规划方案时，既要从区域的整体利益出发，又要兼顾各个地方、各个部门、各个群体的利益；既要考虑区域的长远利益，又要考虑近期的利益，以使区域获得持久发展的动力。

⑤地域性。

一是规划范围具有全域性。规划区域范围包含区域的全域，规划过程中不仅要把规划区域作为一个整体加以系统研究，同时也要对规划区域内所辖地区全面考虑，体现规划在区域空间上的完整性、全域性。

二是具有较强的地域特色。各地区的资源、经济发展条件、原有基础千差万别，各区域未来的发展方向、目标、地域结构、产业结构和布局、各种基础设施和服务设施的建设也不相同。各地区有各自的特殊性，规划要因地制宜，扬长避短，不能人云亦云、千篇一律，一定要体现出规划区域的特色与亮点。

2. 农业区域规划

（1）概念。农业区域规划是指如何在空间和时间上科学合理地配置农业资源与安排农业生产，使有限的农业资源获得最大的效益。具体而言，农业区域规划是指对一定农村地区的农业资源进行优化配置并实行综合开发，在规划地域范围内对农业各部门进行合理配置，亦即在一定范围的农业地域内进行农业经济发展建设的总体部署，有效地开发利用农业区域的资源，合理调整区域内部农、林、牧、渔等构成比例以及发展与农业生产有关的工、商、运输、建筑、服务等产业，使各产业之间的生产性和非生产性建设的构成比例、规模以及所需人力、物力、财力等各方面协调发展和综合布局。

（2）任务。农业区域规划是一项战略性、综合性、地区性都很强的工作，通过对农业区域内农业、工业、交通运输、村镇居民点等的合理布局、综合部署，使区内各项事业有计划地协调发展，提高农村发展的综合效益，为农业农村的生产和生活创造良好的环境。

一是合理开发与利用农业资源，提高资源利用效率。我国人多地少，发展农业生产必须因地制宜。积极开展农业资源的合理评价和分配，把资源优势变为经济优势，合理配置劳动力资源和土地资源，开展多种经营，全面提高资源利用效率。加强耕地尤其是永久基本农田保护，为粮食安全与经济持续发展提供支撑。

二是合理配置生产力，促进产业协调发展。农村各产业、农业各部门、产供销各环节以及积累与消费之间，都存在着客观的内在联系。只有按照经济规律办事，才能使整个农村经济得到协调发展。农业区域规划可使各地区根据自身的特点，调整产业结构，在推出新兴产业的同时，传统产业也可引进新技术、新工艺，促进传统产业更新面貌或创造新的产品，使整个区域农业产业结构调整建立在新技术的基础上，并赋予农业产业结构新的内涵。

三是加强村庄综合整治，改善农村人居环境。乡村振兴战略，需要对村庄进行合理分类，构建科学合理的农村居民点体系。通过农业区域规划，结合村庄分类、居民点体系进行村庄的综合整治，改善基础设施条件。对村镇居民点进行合理布局，使各类村镇的规模、布局结构和发展方向科学、合理。加强村庄的美化、亮化、绿化建设，美化人居环境。

四是保护和改善生态环境，促进农业农村经济可持续发展。生态平衡是实现农村经济平衡的前提，一个平衡稳定的农业生态系统，能够提高农业生产的经济效益。在优先发展农业农村经济的同时，正确处理经济效益和生态效益的关系，保障农业农村经济—生态系统向良性循环发展。

（3）特征。农业区域规划具有导向性、差异性、层次性、动态性、综合性等特征。

①导向性。农业区域规划是对整个规划区域内的农村经济社会发展进行长远的战略部署，从而为农业的发展指出前景、描绘蓝图，规划质量的优劣直接影响农业农村的发展。农业区域规划着眼于农业区域未来的发展，使农村经济的发展方向、规模乃至布局日趋合理，并对相邻的区域、对整个经济社会的发展产生较大的影响，对所规划地区的整个经济建设的重要决策具有导向性。

②差异性。我国农业生产历来就有“十里不同天”的说法，地域差异性是农业区域规划中一个不容忽视的特点。不同的农业区域在自然条件、社会经济条件、农村经济发展的历史、现有基础和水平以及在国民经济总体中的地位和作用等方面，都存在着差异，必然导致今后发展方向、发展重点及应采取的措施等方面的不同。因此，农业区域规划的内容与形式，必须从区域的实际情况出发，反映区域的特色，避免生搬硬套。

③层次性。农业区域是一个复合系统，可分为农业、工业、商业、交通运输、邮电通信、建筑、社会服务等子系统。各子系统仍可分为更次一级的子系统，如农业可分为种植业、林业、畜牧业、渔业等子系统。大系统与各层次的子系统之间又存在相互渗透、相互依存的复杂关系。系统中任何一项活动都与社会的各方面有着千丝万缕的联系。因此，充分了解农业区域大系统及各层次的子系统之间的关系及其内在联系，对规划目标的确定和发展模式的建立都有极大的帮助。

④动态性。影响农业区域的各种自然、技术、经济、社会因素以及对区域经济和社会发展的作用，是随着时空变化而变化的。同时，区域是一个开放的系统，不断通过输入和输出与外部环境进行能量、物质与信息的交换。因此，

应在合理的制度框架内，强调规模阶段的动态性，结构的可生长性，空间地域的关联性与开放性，时间的延续性，资源配置的合理性等，才能科学地制定农业区域规划。

⑤综合性。农业是由多部门组成的，包括众多的生产部门、门类、项目，每个部门、门类或项目对地区布局所要求的条件、布局特点和规律都各不相同。农业区域规划着眼于整个区域农村经济与社会的全面发展，它涉及自然、技术、经济、社会、生态等各种因素。因此，在规划中必须进行综合分析，分清主次，正确处理各方面的关系，通过多方面的综合平衡，才有可能取得好的效益。

3. 农业多维规划

（1）内涵。农业多维规划是指利用多维地理信息技术，融合二维和三维电子地图、实景影像等数据，搭建实景影像数据库、三维空间数据库、基础属性数据库等，开发农业多维规划管理决策支持系统，采用数字沙盘动态推演规划方案，总体部署区域农业农村经济发展，优化配置农业资源和统筹安排农业综合开发与农业生产。

“农业多维规划”是在传统“农业规划”的基础上发展而来的，不仅延续了传统“农业规划”的内涵，并在其内涵基础上导入了“多维”“信息化”的元素，与传统“农业规划”是一脉相承的。也就是说，“农业多维规划”隶属于“农业规划”的范畴，只不过是“农业规划”的更高级发展阶段，属于“农业规划”的 4.0，实现规划区多业务信息融合、多层次全信息、多方互动、全视角、高仿真、全过程数据共享的农业规划展示与数字化管理，促进规划管理的实时化、形象化、设计科学化、发展长远化。

“农业规划”发展史，就是规划编制技术和人类社会发展对规划要求的不断演进史，农业规划的发展历程经历了 1.0 向 4.0 的转型升级，以主要技术手段和特征为标志的农业规划 1.0～4.0 体系特征如表 4-1 所示。

表 4-1 农业规划 1.0～4.0 体系特征

序号	规划阶段	对应时期	主要特征	备注
1	农业规划 1.0	20 世纪前	以农业区划 1.0 为基础依据，编制简单的农业发展计划，属于最初的农业规划雏形	
2	农业规划 2.0	20 世纪 30 年代至 80 年代	以农业区划 2.0 为基础依据，编制农业规划，尤其注重编制种植业、养殖业等专项规划；在利用实地调查、手工制作等传统技术手段的同时，适当应用计算机技术、3S 技术等编制规划	

（续）

序号	规划阶段	对应时期	主要特征	备注
3	农业规划 3.0	20 世纪 90 年代至 21 世纪初	以农业区划 3.0 为基础依据，编制农业区域发展规划，注重农业多功能拓展与开发、农业区域的综合协调开发；在利用传统技术手段进行规划的同时，突出 3S 技术、互联网等先进技术的应用	
4	农业规划 4.0	21 世纪初以来	以农业区划 4.0 为基础，利用多维地理信息技术搭建农业多维规划管理决策支持系统，实现由二维平面静态规划向多维立体动态规划的转型升级，达到规划编制与规划实施的互动、联动和一体化管理	农业多维规划

（2）任务。

一是搭建农业多维规划管理决策支持系统。农业多维规划需要实现规划区域全信息、全视角、高仿真、全过程数据共享的规划动态展示与数字化管理。为此需要引入“多维信息论”，利用多维地理信息技术，融合二维电子地图、卫星和航空影像、数字高程、实景影像、三维矢量电子地图等多维数据，开发农业多维规划管理决策支持系统，从而指导规划编制、规划管理应用与指导农业农村经济发展。

二是实现农业资源优化配置的可视化。农业多维规划在某种程度上就是为了优化配置农业资源，实现农业资源的高效持续配置，在农业多维规划管理决策支持系统中利用“数字沙盘”推演农业资源优化配置的最佳方案，实现方案推演全过程的可视化与信息化。利用农业多维规划管理决策支持系统，通过规划方案、规划图表等规划信息，实现农业规划编制、审批、实施、管理的数字一体化，在提高规划管理效率的基础上，实现农业资源利用效率与效益的最大化。

三是动态地指导农业综合开发。农业多维规划应跳出传统农业规划就“规划”而编制“规划”的怪圈，延长规划链条，需要增加规划实施的管理与指导的模块内容，只有经过实践检验的规划才是好的规划。通过应用农业多维规划管理决策支持系统，促进规划实施的应用管理，在合理优化农业资源配置与布局的基础上，动态地指导农业综合开发与农业生产，根据实施管理反馈的意见，反过来为适当调整优化原有的规划方案提供支撑依据。

（3）特征。农业多维规划除了具有传统农业规划的相关特征外，还具有多维动态性、平台融合性、开放链条性等根本特征。

①多维动态性。传统农业规划属于典型的二维平面静态规划，而农业多维

规划通过科学引入“多维信息论”，融合数字高程、实景影像、三维矢量电子地图等数据，采取“数字沙盘”多方互动地动态推演规划方案并遴选最优方案，使得传统的农业规划方案由平面变立体、由静态展示到动态仿真。同时将大量的农业资源数据、产业数据、部门数据、行政信息等按照实际情况分布于三维地形之上，实现全视角、多层次、全信息、全过程数据共享的规划动态展示与数字化管理，使规划具有多维动态的立体规划属性。

②平台融合性。利用多维地理信息技术搭建农业多维规划管理应用平台，在平台上沙盘虚拟推演最优规划方案，从思路和技术手段上为农业规划提供了一种新的探索途径。传统的农业规划未进行多部门图件数据的融合，而农业多维规划需要在遥感影像图上，利用多源数据融合技术，融合农业、自然资源、生态环境、林业等部门的数字化电子图件，并融合农业、发改、财政、自然资源、生态环境、林业等相关部门的规划思路，体现规划在部门数据、规划思路上的真正融合与“多规合一”。同时为不同年龄、不同学历、不同专业背景的规划编制人员、规划实施人员、相关领导等提供了多层次、全信息的多方互动平台，从而极大地降低了规划编制与实施过程中由于信息不对称造成规划成本的居高不下，提高了规划编制、实施的工作效率。

③开放链条性。“开放”不仅体现在规划基础数据和规划成果数据的共享方面，还体现在编制规划过程中，必须“开门”编制规划的思路，全方位地吸纳规划编制与实施过程中涉及的相关利益方的合理意见与建议，采取相关措施全面提高公众参与规划的积极性。

农业多维规划需要跳出唯“规划”而“规划”的研究范畴，不仅需要充分吸纳传统农业规划的研究内涵与外延及其主要优势，还要积极拓展其研究深度与广度，更要把规划的可操作性作为重中之重。规划本身就是一个系统，规划系统包含“准备工作、规划队伍建设、现状调查与资料搜集整理、分析评价、目标确定、规划方案设计、方案评价与编制规划、方案审查验收与上报审批、规划实施”等子系统，各子系统支撑规划系统的构建及其规划目标的实现。规划以农业资源作为重要的研究基础与对象，不能脱离农业资源而谈规划，否则就成了“无源之水、无本之木”，因此需要把“规划”纳入农业资源多维优化配置循环系统进行系统研究与统筹安排。

（二）农业多维区划与农业多维规划的联系与区别

农业多维区划不仅要客观如实地反映现状，而且要尽可能地预示发展远景，使它更好地与农业多维规划相结合。农业多维区划着重根据客观实际情况，提出各区农业生产时空布局和结构的调整、切实可行的发展途径和战略措施，为因地制宜制定规划提供依据。农业多维规划则是从国民经济发展对农业生产的需要出发，规定一个长期总目标，着重在一定年限内分期分批确定建设规模、发展指标、速度和比例关系，规定人力、物资和财力的投放及其步骤措施。在区划的基础上制定规划，使规划的指标和措施更好地落实到不同的农业区。农业多维区划与农业多维规划既有联系又有区别，具体如下。

1. 发展阶段

“农业多维区划”“农业多维规划”都属于“农业资源优化配置循环系统”中的子系统或链条，属于“区划”在前“规划”在后紧靠在一起的前后两个子系统或链条，也就是链条中的前后两个环节，在某种程度上可以说“区划”是“规划”的前置阶段。农业多维规划是以农业多维区划成果为基础编制的，把相关指标、重大工程与重点项目、措施等落实到不同的农业区，区划成果的优劣直接关系规划成果质量的好坏，同时也可以通过规划的编制反过来调整优化区划方案。即使规划区域没有编制农业多维区划成果，在农业多维规划编制过程中也要充分地进行农业分区的思考，只是区划方案作为规划的过程成果没有直接体现在规划成果中。尽管两者所属的发展阶段不同，但两者相辅相成、相互促进、相互制约、相互支撑。

“农业多维区划”“农业多维规划”都属于各自体系的更高级发展阶段，其中“农业多维区划”是“农业区划”体系的4.0，“农业多维规划”是“农业规划”体系中的4.0。

2. 方案内容

区划方案的内容主要包括全面分析评价农业自然资源与社会经济技术条件、农业划区并确定农业生产的区域分工、合理配置农业资源与生产力、统筹安排农业开发和建设、提出实现区域开发与建设的政策与措施等。而规划方案的内容主要包括农业生产条件及生产潜力的分析评价和前景预测，战略定位、发展方向、目标与重点，规划布局与产业规划，农业农村环境整治，基础设施与配套服务体系建设，生态保护与节能减排，重大工程、重点项目与建设时序，投资估算和效益分析，战略措施等方面。

从两者方案的主要内容来看，侧重点不同。农业多维区划方案侧重于农业资源合理评价、农业划区、农业生产的区域分工、统筹安排各区农业综合开发等内容。而农业多维规划方案侧重于战略定位、发展方向、目标与重点，规划布局与产业规划，农业农村环境整治，重大工程、重大项目与建设时序等内容。尽管两者的侧重点不同，但两者都以农业资源为基础，围绕“农业资源优化配置”这一核心内容进行方案的拟定。

3. 技术手段

两者的技术手段基本相同，既要充分利用人工实地调查、手工作业等传统技术手段，还要利用虚拟仿真技术、自动化制图技术等先进技术手段，更要引入“多维信息论”，充分利用多维地理信息技术进行区划、规划方案的编制，实现区划、规划的多维动态仿真性。

4. 支撑作用

农业多维区划的目的就是在划区的基础上进行农业资源的优化配置与合理布局，提出各区的发展途径与措施，主要支撑农业分区和统筹各区的农业综合开发，为农业多维规划提供基础依据。农业多维规划的主要任务是搭建农业多维规划管理应用平台，在此基础上拟定农业发展战略与目标、构建规划布局框架、编制产业规划与环境整治规划、落实农业生产的重大工程或项目与建设时序、指导农业资源优化配置与合理布局。主要支撑来源于农业多维规划管理应用平台，促进规划编制与规划实施管理的互动、联动及一体化管理，实现农业规划的多维动态展示与数字化管理决策。

农业多维区划之所以是农业多维规划的基础依据，主要原因在于农业多维规划不仅具有农业多维区划的全部特征，也是对农业区发展方向、建设途径与改进措施的全面落实，其广度与深度得到大幅提高。

一般来说，农业多维规划与农业多维区划两者都相对偏向于宏观研究，但农业多维规划相对微观些，而且更加注重实操性，更加注重对农业生产的实际指导作用。

二、农业多维规划的规划体系及其分类

依据农业多维区划的体系，参考国民经济与社会发展规划体系，结合现实发展需求，农业多维规划体系主要包括纵向体系、横向体系两大体系。

（一）纵向体系及其分类

1. 按照地域级别划分

主要包括国家级—地带级（大区级）—省级—市级—县（市、区）级—乡（镇）级—村级—园区级八级体系。

全国性、地带级（大区级）农业多维规划应由国务院有关部门组织，它为省级、市级、县（市、区）级规划指出农业区域发展方向、战略目标、战略重点、区域布局、主要任务、重大工程等，使全国范围内保持各种农产品的供需平衡和生态平衡，为全国、地带（大区）农业资源的时空优化配置和合理布局提供科学依据。

省、市、县（市、区）农业多维规划既要落实上级农业多维规划的指导性建议，也要与本级其他部门规划进行充分的协调，更要体现各自的特色，并为下级规划提出合理的指标要求。

乡（镇）、村农业多维规划是相对比较具体的农业多维规划，既要落实上级规划的指导性建议与相关指标，更要指导农业生产提供比较具体的资料和建设性意见，具有指导农业农村经济发展的作用。

园区农业多维规划可以在一个行政辖区内，也可以突破行政辖区的范畴，一般来讲主要指村域的部分区域，当然也可以突破村域、乡域、县域甚至省域的行政界限，除了落实上一级的规划意图外，也要体现本园区的特色与建设重点，属于典型的落地性的规划，直接指导园区资源的时空优化配置与合理利用、战略定位与目标、产业发展、项目建设与投资安排、战略措施等。

2. 按照宏观—中观—微观层面划分

（1）宏观层面规划。宏观层面农业多维规划是指为国家级、地带（大区）级、省级、市级、县级、乡（镇）级六级区域做出的战略性、区域性的规划，它除了具有农业多维规划的特点外，还具有指导性、产业性、引领性、抽象化、定量与定性相结合等特点，主要服务对象为政府。其规划方向是战略及产业定位、区域总体布局、产业规划、主要任务与重大工程、政策措施等。规划实施的可操作性在于建立重点项目库，并对重点项目进行控制。宏观层面的农业多维规划可为政府部门制定相关农业政策提供依据。

（2）中观层面规划。中观层面的农业多维规划主要指为政府或企业对土地进行较为详细的布局，通过规划对农业各产业进行实体布置，规划范围及布局可以在1∶5 000甚至1∶2 000的图纸上明确地标示出来，它除了具有农业多维规划的特点外，还具有大宗化、形象化、具体化、定量化等特点。

中观层面的农业多维规划主要表现形式为村级、园区级，它的投入和产出可以计量，也是宏观层面项目的具体化，操作性更强，主要由新型农业经营主体来经营，政府监管。

（3）微观层面规划。微观层面的农业多维规划是指为农业技术方面所做的规划，体量并不一定很小，它除了具有农业多维规划的特点外，还具有理论性、科研性、实验性、专家性、长期性、指标化等特点。服务对象有政府部门、学校、科研部门、新型农业经营主体、农民等。

在某种程度上来说，微观层面的农业多维规划的功能性、教育性是首要的，其次是观赏性、休闲旅游性、度假娱乐性、康养性等。主要规划目的是开发与利用新品种、新技术、新设施设备等，如某农业种质资源保护与开发利用建设规划、某作物新品种优质高效设施栽培关键技术创新与示范园建设规划、某科研院校现代科技农业产业化示范基地建设规划以及农业设施规划、土壤改良建设规划、水肥药一体化建设规划等。

3. 按照规划详细程度和目的划分

按照规划的详细程度和目的，结合城市规划编制完整过程包括的两个阶段六个层次的分类，农业多维规划分为农业多维总体规划、农业多维分区规划、农业多维控制性详细规划、农业多维修建性详细规划等层次，而农业多维概念性规划不属于农业多维规划层次系列中的某一层次。

（1）农业多维总体规划。农业多维总体规划是指依据国民经济和社会发展规划以及当地的农业自然环境、资源条件、历史情况、现状特点，统筹兼顾、综合部署，为确定农业的规模和发展方向，实现农业农村的经济和社会发展目标，合理高效利用农业资源，协调农业空间布局等所做的一定期限内的综合部署和具体安排。总体规划主要包括农业区域总体规划、农产品加工园区总体规划、农业产业园总体规划、农业庄园总体规划、农业科技园总体规划等不同类别的规划。

（2）农业多维分区规划。农业多维分区规划是指在农业多维总体规划的基础上，根据需要对局部地区的发展定位与发展重点、产业发展与布局、生产力合理配置、投资估算与建设时序、战略保障措施等方面所做的进一步安排。也可以是对总体规划中的某产业进行规划，主要对产业定位与规划目标、规划布局、产业规模与发展方向、重点项目与建设时序、投资估算、保障措施等方面做统筹安排。

（3）农业多维控制性详细规划。农业多维控制性详细规划以农业多维总体规划、农业多维分区规划为依据，确定建设地区的土地使用性质和使用强度的控制指标、道路和工程管线控制性位置以及空间环境控制的规划要求。

农业多维控制性详细规划一般不涉及农业多维总体规划所包含的整个区域，根据需要一般只在农业园区、农业工业集聚区等区域编制农业多维控制性详细规划，以控制建设用地性质和空间环境。农业多维控制性详细规划作为规划区域管理的依据，并指导修建性详细规划的编制。

（4）农业多维修建性详细规划。农业多维修建性详细规划是以农业多维总体规划、农业多维分区规划和农业多维控制性详细规划为依据，制定用以指导各项建筑和工程设施的设计和施工的规划设计。

农业多维修建性详细规划一般不涉及农业多维总体规划所包含的整个区域，根据需要一般只在编制了农业多维控制性详细规划的区域编制农业多维修建性详细规划。编制农业多维修建性详细规划的主要任务是满足上一层规划的要求，直接对建设项目做出具体的安排和规划设计，并为下一层建筑与厂房、园林景观、农业基础设施等的施工设计提供依据。

（5）农业多维概念性规划。农业多维概念性规划的内容主要是对农业发展中具有方向性、战略性的重大问题进行集中专门的研究，从经济、社会、环境的角度提出农业发展的理念、战略与产业定位、发展思路、综合目标体系、品牌运营思路、重点项目与开发时序、融资策略等。

农业多维概念性规划不是规划层次系列中的某一层次，而是在任何一个层次均可进行概念规划。但是，由于概念规划侧重于发展方向和各学科的综合平衡，而不是做出详细的规划设计。与总体规划相比，概念规划强调内容简化，区分轻重缓急，注重长远效益和整体效益；概念规划提供的是客观的、全局性的发展政策与设想，在微观层面具有不确定性、模糊性和灵活性的特点。

农业多维概念性规划是介于发展规划和建设规划之间的一种新的提法，注重强调思路的创新性、前瞻性和指导性，未列入规划体系中。

（二）横向体系及其分类

横向体系包括农业资源多维规划、农业部门多维规划、农业技术措施多维规划、综合农业多维规划。

1. 农业资源多维规划

农业资源多维规划着重分析不同地区不同时间内的农业自然条件和资源与农业空间布局的关系。如基本农田保护规划、高标准农业建设规划、林业资源规划、水资源利用与保护规划等都属于该类型。该类型规划既可以是单一农业资源的规划，也可以是组合农业资源的规划，还可以是综合性农业资源的规划。

2. 农业部门多维规划

农业部门多维规划着重研究农业各部门、产业或动植物的生态适应范围、生产时空布局特点及其地域时空分布。如现代农业规划、农业农村经济发展规划、畜牧业规划、农机规划、水产规划、农产品加工业规划、休闲农业与乡村旅游规划、中药材产业规划、蔬菜产业规划、水果产业规划、柑橘产业规划、生猪产业规划等都属于该类型。

3. 农业技术措施多维规划

农业技术措施多维规划着重研究不同地区不同时间内的农业技术措施的方向和途径，涉及农业机械化、农业水利化、化肥、土壤改良、农作物品种、畜牧水产品种、植物保护、农村能源等领域。如农作物新品种优质高效设施栽培关键技术创新与示范园建设规划、畜禽新品种健康养殖关键技术创新与示范园建设规划、现代科技农业产业化示范基地建设规划、农业水利规划、农业设施规划（如水肥药一体化建设规划等）、土壤改良建设规划、植物保护规划、农村能源规划等都属于该类型。

4. 综合农业多维规划

综合农业多维规划是从综合性出发，区别时空的差异性和归纳共同性，划分各具特点的综合农业区，是整个农业多维规划横向体系中的重要规划类别，更加注重规划的综合性、区内规划的差异性与共同性、区际规划的协调统一性。如优势农产品区域布局规划、特色农产品区域布局规划、特色农产品优势区建设规划、农业可持续发展规划、农业绿色发展规划、优质农产品供应基地建设规划等都属于该类型。

三、农业多维规划的依据与原则

（一）农业多维规划的依据

农业多维规划应在深入调查研究的基础上，对其未来一段时间内经济与社会的发展与建设做出战略性的部署与安排。为使规划在区域经济与社会发展中起指导的作用，就必须使其建立在科学的基础上，力图符合农业区域客观规律。要达到以上目标，在制定农业多维规划中要满足对区域农村经济发展方向有客观的认识和分析、确定区域发展的战略目标和区域经济的合理结构、制定实现规划的方针与政策及战略措施等基本要求。

编制农业多维规划，农业多维区划是重要的参考依据，应贯彻国家制定的路线、方针、政策，并结合规划地区的实际情况。

1. 规划区域自然资源供给和经济社会发展状况

这些资料属于农业多维区划的重要内容，是编制农业多维规划的基础和起点。即调查研究区域自然资源、社会经济基础和技术等条件，各部门、各行业的现有基础和运行情况，特别是统计部门数据与相关部门数据的融合处理，以掌握规划区域社会经济、技术、生态、自然资源等方面的基础条件、发展经验、现状及存在问题。

2. 上级战略规划对规划区域经济和社会发展的要求与条件改善状况

明确规划区域在上级层次的大区域整体中的地位和作用。国家对规划区域的国民经济和社会发展规划中明确规定了该地区在全国或全省、全市所处的地位和作用，以及对本区域发展的总体要求，今后生产发展的方向、重点、规模等。同时上级层次的国民经济和社会发展规划、部门规划等战略规划对规划区内的重点项目安排、政策支持及基础条件的改善状况，都可为农业多维规划提供基本依据。

3. 规划区域主要农产品的市场供需与特色状况

农业生产的对象是动植物，它既受生物规律控制，又受经济规律的影响和自然条件的制约，更受市场风险的制约，预期收益具有较大的风险性。通过规划区主要农产品供需现状分析，判断产品的竞争能力，预测市场的需求变化趋势等，以确定农业区域产业调整方向和重点。这种供需现状分析，既要分析目标市场也要分析潜在目标市场的供需现状与发展趋势，同时还要科学分析大宗农产品与特色小宗农产品在目标市场、潜在目标市场的竞争力、主要特色。

科学分析当前规划区域提供的大宗农产品、特色农产品在目标市场、潜在目标市场的市场份额、知名度，同时收集适合规划区域生产、当前目标市场及潜在目标市场最受消费者欢迎、市场价格较高且本地未生产布局的新产业、新品种，为规划区域产业结构、品种结构调整提供基础依据。

4. 规划区域政府部门与干群的合理需求

编制规划的目的就是指导生产，其成果必须具有落地性、可操作性，而规划是需要靠规划区域政府部门、领导、广大新型农业经营主体及农民来实施的，没有反映规划区域政府部门、广大干群的合理需求，规划就真的成了“纸上画画、墙上挂挂”的废纸了，也成了规划编制人员自娱自乐的规划方案。

农业多维规划必须坚持“开门编制规划”的方针，既要采取“自上而下”的规划编制思路、也要采取“自下而上”“上下结合”的规划编制思路，全面提高公众参与规划的热情和知悉权，充分征求规划区域政府主管部门、主要领导、新型农业经营主体、基层干群等对规划的建议与要求，规划成果充分反映其合理需求，这样不仅能提高规划的科学性、可操作性，还能提高规划实施的积极性。

（二）农业多维规划的原则

1. 科学发展原则

科学发展原则是编制农业多维规划的基本指导思想与原则。科学发展观要求发展必须坚持以人为本，既要充分考虑规划区域政府部门的意见建议和区域经济发展要求，更要充分考虑新型农业经营主体、广大农民的合理发展需求和切身利益。同时还要结合规划区的发展基础条件、成功经验、存在问题及发展趋势，科学分析规划区域主要农产品在目标市场、潜在目标市场的市场份额、竞争力，为科学编制规划提供依据。

要按照科学统筹发展的思想，从战略上、规划上对农业发展及其制度、体制、政策进行通盘考虑。例如，如何加快农业生产的现代化、产业化、专业化、标准化、绿色化；如何科学合理安排农业生产内部的农、林、牧、渔等协调发展和资源的优化配置；如何遴选产业与品种及其规划布局；如何加强农业产业集聚区尤其是农业园区建设，提高示范性、带动性；如何大力推进农村城镇化和农村社区建设；如何推广先进适用技术，全面提高产品产量与质量，促进农业农村经济绿色健康发展；如何完善产业链的关键环节和技术；如何进行品牌建设与市场运营，全面提高产品商品性、提升产业价值；如何进一步改善农村基础设施条件和实施农村人居环境整治示范工程，建设全域美丽乡村等，都需在农业多维发展规划中具体落实。

2. 比较效益原则

比较优势理论是编制农业多维规划的重要理论依据。农业生产率与自然条件紧密联系在一起，由于自然条件的生产率不同，同量劳动会体现为较多或较少的产品或使用价值。农业资源的稀缺程度不同，客观上决定了各个地区在不同农产品的生产上具有不同的比较优势。在适度分工和专业化基础上通过相互交换来协调区域间的农产品供求，必然会提高农业部门的经济效率，从而增加整个社会的净福利。因此，必须结合规划区域自然条件和自然资源实际，优化相关资源组合配置比例，综合考虑资源条件、生产基础、市场环境以及资金、技术、政策等方面的因素，扬长避短，科学合理地编制农业多维规划，优先发展具有一定基础和竞争力的产品和产区，尽快形成规模优势。

3. 市场导向原则

农业生产比较优势的发挥在相当程度上取决于市场。区域间农业比较优势并不是静止不变的，而是随着市场的变化而不断变化的，特别是跟随生产和消费结构的变化而处于动态的变化之中。农业多维规划的编制必须以市场为导向，实行市场优先的原则，充分分析目标市场、潜在目标市场的供需状况，也要考虑国内、国际两个市场。既要科学分析现实需求，也要着眼潜在需求甚至创造新的需求，根据瞬息万变的市场供需情况来调整和安排农业生产及农业资源的合理配置，从而使农业生产获得最大的经济、社会和生态效益。要立足多样化、优质化、绿色化、特色化市场需求，重点发展市场占有率高、国内国际市场尤其是目标市场前景广阔的优势大宗农产品和特色小宗农产品，不断生产满足社会生产与人民群众生活需求的农产品及其相关服务。

4. 经济安全原则

农业是国民经济的基础性产业，农业生产的一个重要目的就是确保重要农产品特别是粮食的充足安全供给。粮食安全保障程度直接影响粮食价格，而“粮价是百价之基，粮价稳则天下安”，粮食安全保障程度低，势必需要动用大量外汇进口大量粮食，粮食安全不仅起到“压舱石”的作用，还与国家经济安全紧密挂钩。因此，农业多维规划必须坚决贯彻国家经济安全原则。

我国确保重要农产品特别是粮食安全问题的本质是如何在人口和人均消费水平日益增加、农业自然资源有限性和不均衡性突显、生产成本日益增加等不利因素的制约下，优化资源配置，不断增加重要农产品尤其是粮食供应的数量和质量。我国粮食安全的出路是“藏粮于地、藏粮于技”，加强高标准农田建设，在确保 18 亿亩耕地红线的基础上，全面提高耕地质量与产能，同时加大重要农产品单位面积产量，同步提升新品种与新技术攻关及示范推广，稳步提高粮食产能。做好稀缺有限性资源的合理利用和有效保护，树立在保护中高效利用的理念，最大限度地发挥农业资源利用效率。这些内容农业多维规划必须进行统筹安排与重点考虑，树立国家经济安全的规划原则，全面夯实国家粮食安全的“压舱石”和“三农”的“战略后院”。

5. 科技兴农原则

科学技术是第一生产力，农业要增效，农民要增收，农村要增美，科技必先行。2019 年我国农业科技进步贡献率只有 59.20%，科学技术对农业发展的贡献率还有很大的上升空间，2016 年中央 1 号文件就提出了当前我国农业发展由以往依靠政策、资金、科技三大要素转向以依靠科技为主要支撑的战略决策。

大力实施“科技兴农”战略，积极推广先进适用农业新技术与新品种，补齐农业产业发展各关键环节、关键技术的短板，全面提高农业产业链供应链的科技支撑能力，把科技作为农业增效、农民增收、农村增美的重要抓手，作为农业农村优先发展和农业资源优化配置的关键要素。农业规划编制与实施的各个环节步骤都要以科技为引领，既要合理配置各环节的农业资源，也要合理调配农业资源在区内、区际的高效持续配置，在全面提高规划水平的同时促进区内、区际经济的均衡发展，加大相对落后区域的发展力度，提高发展质量，进一步缩小地区发展不平衡的差距，不断生产满足人民群众生产生活需要的产品及其服务，使科技进步真正成为农业资源优化配置和农业增效、农民增收、农村稳定繁荣的重要支撑和动力。

6. 生态安全原则

我国土地资源、水资源和能源相对不足的矛盾越来越突出，农业环境污染也比较严重，农业和国民经济发展受资源和环境的双重约束。这既与我国人口众多、资源短缺、自然环境承载能力较弱的基本国情有关，也与在农业生产中不尊重自然规律的行为有关。以往，在农业资源利用过程中更多地注重经济效益、生态效益的地区相对较少，甚至个别地区还出现了掠夺式、以牺牲生态环境来换取经济一时发展的现象。因此，必须在生态安全理念的指导下，科学地编制农业多维规划，通过科学配置各类农业资源，正确处理生态安全用地、用水需求与经济安全、资源保障的关系，正确处理好资源节约、集约永续利用与高效预警保护的关系。坚持以人为本，树立全面、协调、可持续的科学发展观，必须转变只讲经济效益，不讲生态效益；只讲经济成本，不讲生态环境成本的农业发展理念。

7. 融合性原则

一是农业不能脱离国民经济其他产业而单独存在。农业是国民经济的基础性产业，它不能脱离国民经济其他产业体系而单独存在，需要国民经济其他产业提供产业发展条件，同时农业也能为国民经济其他产业尤其是工业提供原料。要把农业融入国民经济其他产业中进行通盘思考和统筹安排，加快农业与二、三产业的深度融合步伐，延长产业链，才能积极拓展农业功能，提升农业价值。

二是促进农业内部各部门与产业之间的融合，为加快资源优化配置和延长产业链服务。农业系统内部的农、林、牧、渔等部门构成了大农业系统，各子系统不能脱离大系统而谈其发展，必须置身于大系统中加快各子系统的融合步伐，相互支撑相互促进。同时农业每一产业都有其产前、产中、产后环节，采取相关措施与手段促进同一产业内部产业链的融合，也为产业与产业之间的融合提供条件。编制农业多维规划时，需要统筹安排农业内部各部门、产业内部、产业之间的融合，从而为农业资源的优化配置和延长产业链提供支撑与依据。

三是加快相关部门数据融合，为“多规合一”提供基础数据。融合性是农业多维规划具有的特点之一，还体现在多部门数据的融合。目前，统计、农业、自然资源、林业、生态环境等部门涉及的重要数据很难统一，在一定程度上限制了“多规合一”的真正实现。在编制农业多维规划时，需要利用多维地理信息技术，以遥感影像数据为工作底图，融合多部门的二维电子图，实现部门数据的大统一与融合，为“多规合一”提供最基础的数据支撑。

四是搭建规划各方信息融合平台，提高规划的效率和科学性。规划编制人员的年龄大小、学历层次、专业背景、职称等级等存在较大的差别；同时规划参与人员对规划区域现状的认知、基础优势条件的解读、规划的发展思路等也存在较大的差别，需要借助规划平台搭建规划编制人员、规划参与人员有效的沟通渠道，真正实现多层次全信息、多方互动，降低规划编制过程中由于信息不对称而造成的规划成本高，全面提高规划的效率和科学性。

四、农业多维规划的程序

农业多维规划程序是指编制规划的工作步骤，主要包括准备工作、规划队伍建设、现状调查与资料搜集整理、分析评价、目标确定、规划方案设计、方案评价与编制规划、方案审查验收与上报审批、规划实施九个阶段，以上各个阶段相互联系、相互制约，构成完整的农业多维规划编制的过程，它是一个多阶段、多循环的动态发展过程，随着时间的推移而不断完善和提高。

（一）准备工作阶段

一般的准备工作主要包括规划区域组建规划领导机构，准备规划编制工作经费，招标规划编制技术依托单位，调整优化农业多维规划管理应用平台，准备规划编制工具与设施设备，制定规划编制计划，准备调研提纲与基础图件等。

（二）规划队伍建设阶段

农业多维规划内容复杂、涉及面广、技术难度较高、科学性强，组建有领导干部、各类专业技术人员参加的强有力的规划队伍，是顺利完成规划编制任务的组织保障。规划队伍中人员的配备与素质决定着规划成果的质量和效用，要科学地选人和用人，讲究团队成员的合理配置与分工协作。规划队伍应是一个多层次、多学科、多方面的人才组合，它包括党政主要领导同志和决策人员，这是规划队伍的最高层次，主要负责决策、协调和指挥；中间层次是政府职能机构人员和专家顾问组；下一层次由各类专业技术骨干和各级领导同志等组成；最后是规划区域的新型农业经营主体、基层农业技术人员和农民代表。规划队伍在规划编制技术依托单位搭建的农业多维规划管理应用平台上进行良好的规划多方互动与沟通。

（三）现状调查与资料搜集整理阶段

全面、准确掌握规划区域农业基本情况是编制农业多维规划的重要依据。调查研究就是通过多种途径广泛地搜集与农业多维规划的编制有关的历史、现状以及发展趋势的信息资料和数据，进行数据加工处理。

1. 自然资源方面的调查研究

如自然地形、地貌、土壤、气候、降水，动植物的数据、分布和种类等。

2. 社会经济方面的调查研究

如农业人口、户数、劳动力、科技、土地利用状况、土地流转、产业发展与布局、农业集聚区建设、新型农业经营主体数量、“三品一标”建设情况、品牌建设与运营、农业废弃物资源化利用、基础设施、市场及资金来源、相关部门工作总结等。整理分析对规划编制有支撑作用的基础资料，特别需要核实相关数据。

3. 区外相关经济社会发展状况资料搜集与整理

如上级国民经济发展和社会发展规划、上级部门相关规划、上级统计资料、上级文件精神、上级相关技术规范与技术标准等。

4. 相关成果资料搜集与整理

收集规划区域相关政府部门的专项规划及相关汇报材料、相关调研报告、相关重点项目实施情况汇报资料等，整理分析并合理甄别对规划有支撑作用的资料，特别是相关数据需要反复核实。

5. 相关图件搜集整理

搜集同一年度2000坐标体系的遥感影像图、永久基本农田数据库、土地利用总体规划数据库、土地利用现状数据库、土地综合整治规划数据库、“两区划定”数据库、农村土地确权登记数据库、生态红线、生态公益林数据库等，以遥感影像图为工作底图，对这些二维电子图进行叠加融合处理，然后进行现场勘查，获取多部门认同的基础规划数据。

6. 规划重点区域实景影像采集与构建影像及三维空间数据库

通过智能采集测量系统，使用采集车在规划核心区域、重点区域进行实景影像数据采集，建立规划重点区域的实景影像库。根据收集到的规划区域的数字高程数据，构建三维地模。利用专业软件加工，可生成能满足规划不同需要的三维空间数据库、专题图及电子地图，实现实景影像库与三维空间数据库的有效衔接，为多维规划提供支撑。

（四）分析评价阶段

在调查研究的基础上，对规划区域的自然、社会、经济、生态条件进行生态经济评价，并通过区际的比较研究，找出规划区域的有利条件和不利因素，认清规划区域的优势和劣势。在对规划区域农业农村经济发展的历史、现状和存在问题进行分析的同时，还要对今后的农业发展趋势和潜力做出科学的预测。

（五）目标确定阶段

即在一定的环境条件下，明确规划所要达到的目标，要根据规划区域的农业资源、人力、物力、财力和社会、市场需要及预测发展趋势来确定。目标既要有约束性指标，也要有预期性指标；目前既要有定量指标、也要有定性指标，同时还要有幅度指标；目标应定得既先进可靠又切实可行。由于规划对象的复杂性和预测的近似性，任何规划的决策制定者和执行者都不可能同时圆满地实现全部目标。因此，确定目标应依不同的层次提出不同的需要，即进行目标分解，并区分主次、轻重缓急，确定取舍原则并指明约束条件。

（六）规划方案设计阶段

根据规划区域的发展目标和规划实施的战略措施，规划工作者要综合各种各样的设想和方案，拟定规划区域发展的总体方案。规划方案要包括部门发展的专项规划，更要有总体规划方案。方案的设计要使规划区域各部门、各子区域、各产业协调发展，还要充分考虑区际的协调发展，真正做到避免雷同、体现特色，实现区际发展的差异化与互补性，同时要设计出可供选择的多个方案。利用农业多维规划管理应用平台，采取“数字沙盘”推演方式，推演实现农业资源时空配置的多个可供选择的规划方案，为规划区域的规划领导小组遴选最优规划方案提供多维动态的展示与模拟。

（七）方案评价与编制规划阶段

对已设计方案的利弊和条件进行农业生态经济综合评价，综合评价的内容主要包括自然资源利用评价（合理利用资源、保护资源等），生态环境评价（环境污染、农业生态平衡等），技术评价（采用的农业技术先进性的可靠性、适用性、绿色性等），经济评价，社会评价，规划方案的风险性评价等。

在综合评价的基础上，决策者根据方案分析、评价、论证的结果，做出科学的决策，选择最佳方案，并对最优方案提出调整修改意见。根据评价结果，对规划最优方案进行再次调整优化，上报规划领导小组同意后进行规划的编制，对规划初稿、讨论稿进行多次征求意见，并及时开展相关补充调查，多次修改完善后形成规划的审查验收稿。

（八）规划审查验收与上报审批阶段

规划领导小组委托主管部门组织规划的审查验收，规划编制技术单位对规划审查验收稿进行修改完善，形成规划的审定稿上报规划领导小组审定，根据审定意见再次对规划审定稿进行修改完善，修改完善的审定稿经规划领导小组审定无异义后，一般情况还需要地方人民代表大会审议通过。地方政府整理组织规划成果之后，报上一级发展改革委员会进行审查和综合平衡。经过上级发展改革委员会审查和综合平衡并经规划区域的人民代表大会批准后，规划才能作为正式文件下达规划区域所在地的人民政府贯彻执行。

（九）规划实施阶段

规划作为正式文件下达给规划区域所在的人民政府后，规划才能贯彻实施。规划主管部门要及时制定规划实施方案与年度计划，同时制定规划实施考核管理办法，将规划执行情况与领导干部、主管部门绩效考核紧密挂钩，为规划的有效实施与高效执行提供支撑。同时利用规划管理应用平台，强化规划实施管理的数字化和实施效果的及时评价，实现规划管理的科学化、动态化。

五、农业多维规划编制的难点与重点

（一）搭建农业多维规划管理决策支持系统

从事软件开发、农业规划设计咨询与服务、农业管理等的单位可以自行开发或委托相关技术单位开发具有多层次全信息、多方互动、全视角、高仿真、全过程数据共享的农业规划展示与数字化管理平台，即农业多维规划管理决策支持系统，主要包括农业资源数据管理决策子系统、农业多维地理信息子系统、农业多维规划管理子系统等。农业资源数据管理决策子系统主要接入中国农科院农业资源与农业区划研究所开发的“全国农业资源与区划数据管理决策系统”的相关数据，并根据农业多维规划不同类型规划的实际需要，增减相关数据，构建适合当地规划的个性化的农业资源数据。农业多维地理信息子系统是利用多维地理信息技术，融合二维电子地图、卫星和航空影像、数字高程、实景影像、三维矢量电子地图等而建立的，该子系统具有精细矢量三维电子地图原景再现、丰富的场景和图层控制功能、多维浏览体验、三维表现的多方案对比或影像对比、搜索定位、三维空间分析等功能，实现农业规划区域基础空间数据和属性数据融合管理，并提供形象直观的多维地理信息支撑。农业多维规划管理子系统是利用多维地理信息系统，结合测量数据、规划方案、设计图表等规划信息，实现农业规划设计、管理、编制、规划方案评选与评价、规划实施管理，通过将规划方案直观地展现出来，帮助规划设计与规划管理人员对各种规划设计方案进行辅助设计与方案评价，并为公众的积极参与提供信息平台。

这个系统平台是从事农业多维规划编制及其管理的有效载体，也是基础，因而集开发功能齐全、多维表达真实、空间量算准确、浏览查询方便快捷、界面简洁明了等于一体的农业多维规划管理决策支持系统就成了农业多维规划编制及其管理的基础与关键，当然该平台可以结合当地规划的特色与合理需求，可以对这个平台进行适当的调整与优化，使之更加符合当地规划个性化、特色化的需求。

（二）多部门数据融合处理与认同

多年来，我国各部门都形成了各自的部门数据体系，部门之间存在数据不一致甚至互相不认同的现象。尽管我国启动“多规合一”的试点已有多年，但一直未全面推广，与数据融合后难以获得共同认同有很紧密的关系，而随着我国新一轮国家政府机构改革的全面落实，新组建的自然资源部门、农业农村部门为多部门数据的融合取得共同认同提供了条件，当然依然也有一定的难度，需要平衡部门之间的相互关系。

多部门数据融合主要在农业多维地理信息系统中进行处理，把 2000 坐标体系的遥感影像图、永久基本农田数据库、“两区”划定数据库、土地利用总体规划数据库、土地利用现状数据库、土地综合整治数据库、农村土地确权登记数据库、生态红线、生态公益林数据库等数据进行叠加融合处理，然后实地勘查核实与部门多次沟通融合的数据，获取多方认同的融合数据。我国连续 17 个中央 1 号文件都以农业为主题，各级地方政府对农业的重视程度日益提高，同时“多规合一”已是大势所趋，因而只要多源数据融合技术先进合理、融合的数据更能体现规划区域的真实情况并满足多方合理诉求，融合数据就能为多部门所真正接受，为农业多维规划的编制与管理应用提供更加全面、更为真实有效的基础数据支撑。

（三）规划区域实景影像数据库与基础空间数据库建设

规划区域实景影像数据库、基础空间数据库建设是农业多维规划编制过程中花费时间最长、花费精力与资金最多的部分，也是规划多维表达的核心部分。

一是建立规划区域的实景影像数据库。利用智能采集测量系统，使用采集车进行规划区域实景影像数据采集，建立规划区域的实景影像库。智能信息采集测量系统集 GPS/IMU、CCD 相机、激光测量仪、计算机等于一体，提供一种多功能、全方位的全要素规划区域的信息采集或编辑解决方案。

二是建立规划区域的基础空间数据库。整合二维电子地图、卫星或航空影像、数字高程、实景影像、三维矢量电子地图等，建立规划区域的基础空间数据库。利用采集车采集的路线轨迹对二维电子地图进行编辑和校正，建立更加符合规划区域实际的二维电子地图。利用高分辨率卫星影像、数字高程数据，构建三维地模。利用规划区域的实景影像库，通过软件加工生成能满足不同需要的三维空间数据库、专题图及电子地图。利用卫星影像，建立规划区域的三维基础模型，利用采集的三维实景影像，对三维模型进行实景贴图，建立规划区域的精细实景矢量三维电子地图，以支持数字化规划管理的各种应用需求。利用采集的实景影像提取农业产业与布局、厂房、各类建筑、道路、设施等的基本属性信息，建立规划区域完整的基础属性数据库，并实现与空间库和影像库的有效衔接。

（四）基于农业资源配置的规划方案的多路径动态推演与方案择优

传统农业规划属于典型的二维静态平面规划，规划编制人员、规划委托方、政府相关部门、规划评审人员、规划参与人员、规划实施管理人员等多方不能实现良好的互动，即使能实现部分互动，也不能非常清晰、明了地多维表达其规划思想。而农业多维规划管理决策支持系统为规划参与各方提供了表达其核心规划思想的良好沟通渠道，从思路与技术手段上为规划的多维动态展示与数字化管理提供了一种新的探索路径。

农业资源优化配置与合理布局是规划方案的重要内容，农业多维规划在思路和技术手段上为农业资源动态优化配置提供渠道。农业多维规划的主要目的就是提供最优的规划方案，也是规划的灵魂所在，采用“数字沙盘”动态地推演规划区域的多种规划方案，为规划各方多层次、全信息、全视角、多方互动地评价、遴选、调整优化规划方案提供沟通的良好渠道，获取规划参与多方认同、具有规划区域特色、符合规划区域发展实际的最优规划方案。

第二节　农业多维规划与资源优化配置

一、资源优化配置视角下的农业多维规划方法

农业多维规划方法的选用与规划目的、规划任务、规划工作的时限和经费有关。农业多维规划工作者必须充分了解规划区域的特性、规划的目的和任务要求，采用相宜的规划方法。农业多维规划方法主要包括多维地理信息技术、系统法、传统综合法、比较法、数字模拟法等，这些规划方法都形成了各自内部相关要素的闭环，都围绕遴选以实现农业资源优化配置与合理布局这一重要内容的规划最优方案而展开。

（一）多维地理信息技术

多维地理信息技术是农业多维规划的核心技术方法与手段。充分利用多维

地理信息化技术，构建实景影像数据库、三维空间数据库、基础属性数据库等，开发以农业资源数据管理决策系统、农业多维地理信息系统、农业多维规划管理系统等为主要内容的农业多维规划管理决策支持系统，采取数字沙盘动态推演规划方案，落实、验证并细化各农业区的建设目标与任务，合理配置农业资源，优化农业布局，拟定重大工程项目建设，使得传统规划由平面静态展示向立体动态仿真、由现状分析向历史与趋势分析延伸等转型升级，实现多层次、全信息、多方良好互动、360 度全视角、实景、全过程数据共享的农业规划展示与数字化管理。

（二）系统法

1. 内涵与目的

系统方法是一种满足整体、统筹全局、把整体与部分辩证地统一起来的科学方法，它将分析和综合有机地结合，并运用数学语言定量地、精确地描述研究对象的运动状态和规律。系统方法是以对系统的基本认识为依据，应用系统科学、系统思维、系统理论、系统工程与系统分析等方法，用以指导人们研究和处理科学技术问题的一种科学方法。

2. 特征

（1）研究过程的系统性与科学化。整个规划的研究过程要确定研究工作的主要环节、技术路线、时间顺序，建立科学的工作过程系统。首先是人力资源的优化配置，在规划编制的各个阶段合理配置组织专业人员和规划参与人员，把整个规划过程严密地联结成一个整体，并紧密结合决策者的意图和有关社会经济、自然资源等政策法规，实现研究过程的最优化。

（2）研究方法上的整体性与综合化。把多维规划的对象“规划区域”看成一个整体，把“规划区域”即大系统分解成若干子系统进行分析与规划，对各子系统的要求和目标都从农业区域全局整体目标最优来考虑，从大系统的理论出发实现区域系统与子系统之间的协调优化、子系统与大系统相关农业资源的时空优化配置与合理布局。

（3）研究手段上的三维数字化。农业多维规划涉及的因素很多，可以用实景影像和数学模型构建规划区域的实景影像库、三维空间数据库，把各个指标和要素的数量关系建立起来，从而借助农业多维规划管理应用平台的“数字沙盘”推演功能，进行系统分析、模拟推演、动态加载、设计规划、方案选优。三维数字化是应用系统方法进行多维规划的最基本特征，也是最关键的环节。

（4）规划方案的准优化与最优化。农业多维规划实际上是区域发展和建设的总体设计，制定的方案主要涉及农业资源时空优化配置与合理布局，其中存在着多种可能性和多种替代方案，需要从中提出和选择满意方案和最优方案，这就是多维规划的准优化与最优化。追求最优化是系统方法被引入多维规划的基本出发点，在多维规划中引入系统方法进行研究均必须围绕“最优化”这一中心。

农业多维规划是一种复杂的规划工作，规划目标并非唯一，最基本的目标包括经济、社会、生态等三大类。不同部门、地区、组织、集团、个人之间也往往存在着利益目标的冲突，需要充分协调各利益主体方的合理需求，达到农业资源在各利益主体方的优化配置与合理布局。因此，单目标的最优化方法（线性规划、整数规划、混合整数规划、非线性规划、动态规划）适用于资源优化配置与合理布局问题，多级最优化方法（大系统分解协调规划方法），适用于多区域、多部门大规模规划问题，最优控制方法（其中又包括无约束最优控制、有约束最优控制、多级最优控制等数学方法和计算机手段）适用于动态最优化问题，为规划的最优化提供了很好的基础。

（三）传统综合方法

1. 内涵

传统综合法是指把研究、创造和发明对象看作是系统综合整体，并对这一系统综合整体及其要素、层次、结构、功能、联系方式、发展趋势等辩证综合地考察，以取得创造性成果的一种方法。传统综合方法是与系统分析相反的逆向思维方法，它是在系统分析的基础上不断将系统分析结果综合分析形成整体认识的一种科学方法。

2. 特点

这种方法具有一直在系统思想的统帅下完成综合过程的特点，故也可称为系统综合方法。它是按照系统整体化的要求，把各个要素综合成相应的小系统，再将各个小系统综合成一个大系统。这种方法的另一个特点是创造性。它不是将已经分解了的要素再按照原来的联系机械地重新拼接起来恢复到原来的系统，而是根据系统分析的结果，把各个要素按照要素与要素、要素与系统、系统与外界环境之间的新联系，形成整体优化的新结构，创造出更符合总体目标要求的新系统。

3. 具体方法—综合平衡法

综合平衡法是传统综合方法中的一种，也是国际上规划方法中最基本、使用最广泛的一种。所谓平衡，就是各种关系的协调处理。如土地利用平衡，就是要处理好农业用地（如耕地、园地、牧草地、林地等）与非农业用地（如城镇建设用地、农村居民点用地、独立工矿区用地、交通建设用地等）之间的关系，农业内部各业用地的关系，各项非农用地之间的关系，同时要处理好各类土地在空间分布上的平衡。总体说来，多维规划的综合平衡要处理好三个方面的关系：一是供给和需求的关系，规划应尽可能使需求和供给在品种、数量及质量上相互适应、相互协调；二是国民经济各部门、各种具体的建设项目的用地关系，要使各种物质要素各得其所，有机联系，密切配合，在时空上相互协调；三是地区与地区之间的关系。要在讲求效益、公平、安全等原则的基础上，在建设项目的空间布局、建设进度和程序上合理安排，使地区之间相互协作，共同发展。

多维规划中需要规划平衡的内容主要涉及经济、社会、生态系统，其中在经济方面涉及生产与市场的平衡，资金平衡，劳动力平衡，土地、水、矿产等自然资源的平衡，物资平衡，交通、电力等供需平衡；在社会方面涉及教育、医疗、体育、娱乐设施的平衡，粮食、肉类、蔬菜、水果等供需平衡；在生态方面涉及林木采伐与营造的平衡，污染物排放与治理的平衡等。

平衡表是进行综合平衡的一个重要工具。编制平衡表的基本思路是在供给总量控制的前提下，各部门、各地区的需求与供给总量要基本保持一致。当然，由于平衡的内容各不相同，平衡表的格式和编制方法也就会有所差别，如水资源供需平衡表的形式就与土地利用综合平衡表有所不同。

综合平衡法的工作步骤主要包括三个方面：①确定综合平衡的内容和指标体系；②预测发展需求，包括部门发展和地区发展的预测，确定各项目的需求量；③综合平衡，通过对供需双方进行比较，反复调整，最后确定规划方案。在综合平衡过程中，规划工作者往往需要与需求部门和各个地区多次协商研究，才能制定出平衡方案。

（四）比较法

1. 内涵与目的

比较法是一种自然科学或社会科学的研究方法，是通过观察、分析，找出研究对象的相同点和不同点。比较法是认识事物、科学研究的基本方法之一，也是地理学认识区域特征和规划学进行方案论证、择优方案的基本方法。实际上，在传统综合法中也已运用到比较法，那就是根据区域经济发展战略，从经济发展总体目标出发，对社会再生产各方面、各环节、各领域的人力、物力、财力的资源和需要进行对比，以调节和处理经济发展中的不平衡和矛盾。

2. 应用领域

比较法在规划工作中被广泛地运用，主要表现为以下三个方面。

一是认识区域特征，确定区域发展的优势。影响区域经济发展的因素很多，且常常是面临的挑战与机遇并存，因此要通过规划区域与目标市场、潜在目标市场甚至国内外其他地区的比较，通过区域发展的有利条件和限制因素的对比，才能认识区域的优势，明确其发展方向。

二是制定发展目标与具体指标。因为社会经济发展都有一定的规律性，只要条件类似或大体相同，不同国家、不同地区的同一社会经济现象会表现出某种共同的特征和发展趋势，所以规划目标和具体指标经常是对不同发展阶段、不同国家、不同地区的同类指标进行对比和分析才加以确定的。

三是合理确定重点开发地区和建设项目的布局地点。它们都是以区域的宏观研究为指导，以区域内各地方微观研究为基础，根据资源、环境、基础设施以及地区关系，选择多个方案加以比较的结果。

3. 工作步骤

（1）选择比较对象。比较的对象应具有内在的联系性，具有可比性。必须注意不同时代、不同国家、不同地区、不同时期客观条件的差异，切忌生搬硬套。

（2）确定比较标准。针对比较对象，明确比较内容，确定比较标准，才能使比较的结论有据可依。比较标准一般应从社会效益、经济效益、生态效益等方面进行综合分析，有时政治因素也会成为比较标准的首选条件。

（3）分析评价。即目标和方案的优选。规划工作中通常要对所选的方案或目标在一定的时间尺度内做纵向的比较并在一定的空间尺度上进行横向的比较。因为区域发展过程中总会留下历史的烙印，分析区域的过去会更清晰地认识现状，并且能更准确地预测其未来。对不同国家、地区的环境条件和经济发展状况加以比较，更有利于认识规划区域的特点，判断规划方案的先进性、可靠性和实施的可能性。

（五）数学模拟法

1. 内涵与目的

在多维规划中采用数学模拟法是非常必要的。因为如果规划研究只停留在定性描述、定性分析、定性下结论的话，往往会分析不准确，论证不充分，结论不确切也不科学。在规划研究中引入数学模拟法，可以使规划建立在更加理论化、科学化的基础上，提高规划成果的质量和实用价值。这并不是否定定性分析的必要性及其价值，而是说，仅仅依据职业经验，越来越难于说明和评定可能有的大量的抉择方案，并难以确定区域最佳发展方案。另一方面，采用数学模拟法，能比较有效地掌握多方面的大量信息，并进行有效的整理，解决多目标、多方案、多种结构提出的复杂要求。实践表明，自 20 世纪 60 年代以来，电子计算机技术和数学模拟方法应用于规划研究领域，使得以多目标、多要素、复杂结构、多方案和动态变化为特征的区域发展规划的许多问题得到了较为满意的解决。

2. 分类

建立模型是数学模拟法的关键，根据功能和应用范畴大致可分为区域结构功能分析模型、经济社会发展预测模型、决策分析模型等。

（1）区域结构功能分析模型。着重对规划区域组成要素的作用、功能进行结构分析，以分析规划区域发展变化的内因，并组建未来合理的结构，如投入产出模型、判别分析模型、网络模型等。

（2）经济社会发展预测模型。根据经济发展的历史轨迹预测未来，或者根据经济发展过程中各要素变化的相互关系预测总体的变化。该类模型主要包括时间序列模型、回归预测模型等。

（3）决策分析模型。经过详尽的预测分析，虽然能够为规划提供决策方案，但预测的结果不一定符合规划区域发展的目标。另外，预测不等于决策。决策过程是拟订方案和对方案可能产生的效果进行评价的过程。所以，决策与评价是不可分割的，并且是交错进行的。该类模型又可分为单目标决策分析模型、多目标决策分析模型等两类，其中单目标决策分析模型主要包括线性规划模型、非线性规划模型、求极值的模型等；多目标决策分析模型主要包括线性加权模型、成本效益分析模型、模糊分析模型等。

二、农业多维规划是实现农业资源多维优化配置的重要手段

（一）规划编制过程与资源优化配置

编制农业多维规划，不仅规划编制过程需要资源的有效组合与配置，还需要在确定规划地域专业化分工的基础上，进一步统筹规划各相关部门的发展，以使专业化部门、辅助部门以及相关部门保持一种协调合理的比例关系，达到相互促进的效果。

1. 优化配置规划编制资源，构建运转高效的规划编制程序

农业多维规划编制过程主要包括准备工作、规划队伍建设、现状调查与资料搜集整理、分析评价、目标确定、规划方案设计、方案评价与编制规划、方案审查验收与上报审批、规划实施等程序。规划编制的每一阶段都离不开人力资源、社会行政资源、技术资源、交通运输资源、电脑等设施设备资源、时间资源等相关资源的配置与布局。只有在规划编制全过程实现这些资源的优化配置和合理利用，才能构建运转高效的规划编制程序，从而为全面降低规划编制

成本、提高规划编制效率、实现规划参与方的良好沟通与良性互动、提升规划成果质量等提供支撑。

2. 充分利用农业部门的紧密联系，做到物尽其用

规划区域各部门要按照生产上的联系，围绕专业部门合理配置。农业各部门之间的合理配置，首先要农牧业相结合并合理配置相关资源，种植业生产的粮食、秸秆等，可以供畜牧业作饲料之用；畜牧业一方面能利用种植业的大量主、副产品，另一方面又提供一定的役畜和大量的有机肥料，两者结合可以形成一定区域内的良性循环。农业与林业的结合与资源优化配置也十分重要，我国的“三北”防护林，很大一部分是与耕作区结合，构成林带网络，防风沙、固水土；山区、半山区农林结合更重要。

总之，根据规划区域的具体情况，特别是随着农业多功能的拓展与开发，积极倡导一二三产业融合发展与农业供给侧结构性改革，充分利用农业各部门在生产上的紧密联系，进行农业内部结构的合理配置，在规划中十分重要。

3. 依据自然资源和条件，做到地尽其用

各个地区之间和地区内部土壤、水文、气候条件等自然资源都有一定的差异，这个差异使各个区域适宜发展不同的农业部门与农业产业及相关品种；合理调整优化农业用地、建设用地布局，平衡农业用地内部、建设用地内部、农业用地与建设用地的关系，是规划的重要内容。规划就是要使农业各部门、各产业因地制宜地发展，以便优化资源配置与合理布局，进而实现自然资源和各种条件的高效利用。

4. 合理充分利用人力资源，做到才尽其用

涉农各部门差异较大，对劳动力数量、季节需求不同；涉农各部门之间在技术与操作等方面也存在较大的差别，农业劳动力的技能是在长期的生产实践中得到积累，素质得到提高的。在规划时，要充分考虑劳动力的数量、技术、素质和结构，使劳动力能充分与其适应的农业部门相结合，也就是把不同劳动能力的劳动者安排在不同的农业部门与相应产业，实现劳动力与农业部门、产业的最优配置。对专业技能较强的劳动力尤其要给予高度重视，一方面农业专业化需要大量有专业技能的人才；另一方面要通过区域专业化生产，不断培养和提高劳动者的技能与素质，使他们在农业生产中发挥更大作用。

同时规划编制技术单位和委托方要根据规划的实际需求，科学遴选相关人员组建规划编制队伍，优化配置规划队伍的专业结构、年龄层次、专业背景等，为编制科学合理且具操作性、落地性的规划提供人才队伍支撑。

5. 促进专业化分工，实现生产、生活和生态全面协调发展

规划既要充分考虑国内外市场等宏观需求和区域条件，积极发展专业化生产部门，建设农业商品生产基地，同时在此基础上，还要周密地考虑满足区内生产、生活和生态全面发展的需求，建设一些为主导部门和专业化部门配合的部门，以必要的辅助和服务，促进专业化分工的进一步发展。配套部门的考虑不周，也会影响区域专业化甚至整个农业的可持续发展。

6. 统筹兼顾，注重综合效益

由于农业各部门的生产投资存在较大的差异，产值大小与收获期长短也不同，对环境的影响也有差别，进而对社会的作用与贡献也有差别。在规划时，需要把特点不同、作用互补的农业各部门、各产业、各农业资源的有机结合起来，兼顾眼前利益和长远利益，进行统筹安排、综合权衡与谋划，实现经济、社会、生态效益的统一。

（二）规划编制方法与资源优化配置

农业多维规划的编制方法主要包括多维地理信息技术、系统法、传统综合法、比较法、数字模拟法等。实际上不管采用何种规划编制方法，都需要择优相关资源促进规划方法的落地，以此来落实并满足规划各方合理诉求与要求。

任何规划方法的落实都需要与规划编制过程、规划内容、规划各方合理诉求实现高度融合与无缝对接，因此规划编制方法的科学遴选与合理运用就是资源优化配置与合理利用的结果，同时规划方法的采用就是为了获得最优的规划方案、最好的规划成果而采取的科学有效方法，科学运用规划方法编制规划，需要择优规划编制技术人员、规划参与相关人员等人力资源，落实规划资金并优化资金使用科目与金额，合理调配规划参与人员时间等相关资源。只有实现这些资源的优化配置与合理利用，特别是规划参与各方的人力资源的优化配置与合理利用，才能高效运用规划方法获取最优的规划方案与最好的规划成果。

（三）规划管理实施与资源优化配置

规划编制的最终目的就是加强政府管理和指导规划区域的生产发展、促进农业农村经济的优先发展、协调区内各方与区际社会经济的高质量发展等。

规划的最优方案就是为了实现农业资源优化配置与合理利用，而规划管理的实施就是把规划区域农业资源优化配置与合理利用落实到农业农村经济优先发展中、落实到指导生产发展过程中、落实到协调区内各方与区际社会经济的高质量发展中，也就是把规划成果落实到规划区的农业农村区域经济发展中每一环节。这就需要规划区域的地方政府调动涉及规划落地的相关农业资源，制定相关政策促进这些相关农业资源在时空上的最优配置与合理利用，实现规划的真正落地。同时根据需要在规划的管理实施过程中对规划实施效果进行评估，根据评估结论适当地对原有规划成果进行调整优化，使之更科学、更能指导实际，更能高效地配置规划实施的相关农业资源，为规划目标的高质量完成提供条件。

第三节 农业多维规划视角下不同类型农业规划基本框架与要点

本节主要介绍农业产业规划、农业示范区规划、农业园区规划、现代农业庄园规划 4 种类型农业规划的基本框架与要点，本“规划”特指“总体规划”。这 4 种类型总体规划都包含规划文本、规划表格、规划图件三大要素，但是规划的具体内容与表达要素、规划要点还是有较大差别的，具有各自的特色，同时也有共性的内容。本部分的规划要点不包括“农业多维规划的难点与重点”。

这 4 种类型规划的基本框架主要包括三大要素，三者缺一不可，三者之间相辅相成、相互说明、相互支撑。根据实际需要，可以在总体规划的基础上编制浓缩版的“规划简本”形成“规划简本”“规划详本”并存的规划成果格局，“规划简本”主要作为规划区域主要领导参阅的规划成果，而“规划详本”主要作为规划执行部门、规划参与各方、相关专家学者等强化管理职能并执行规划、参考的规划成果。

规划基本框架三大部分的各自要素为该类型规划的主要内容，但在实际的规划编制过程中，可以根据规划区域的实际规划需求对规划文本提纲、规划表格数据、规划图件等相关内容进行适当的增减及调整优化，甚至可以适当增加可行性研究、详细规划的相关内容，进一步拓展总体规划的内涵与外延，使之更加符合规划委托方的需求与当地发展实际，个性化与特色更加突出。

一、农业产业规划基本框架与要点

农业产业规划是对一个国家或地区的农业产业整体及其内部各层次产业发展的全面的、长远的发展计划。农业产业规划的主要任务是对区域内农业产业的发展方向、目标、发展思路、发展重点（环节重点、区域重点）和发展途径进行系统规划设计，为农业资源在时空上的优化配置和合理布局提供依据，从而获取最大的经济、社会和生态效益。

（一）基本框架

1. 文本提纲

规划文本的提纲一般主要包括规划总则（主要包括规划目的、规划区范围与期限、规划依据、规划目标、规划主要内容等）、规划背景（主要包括发展趋势、建设基础、重大机遇、主要挑战等）、规划区概况与产业发展条件、总体思路（主要包括规划定位—战略定位、产业定位、市场定位，指导思想，基本原则，发展目标等内容）、建设布局规划（主要包括空间布局、产业布局）、产业发展规划（可以按照传统优势产业、特色产业、融合产业等类型进行规划；也可以按照主导产业、增收产业、新兴产业等类型进行规划）、主要任务与建设重点（主要从制约产业链发展的关键环节、补短板的角度进行整体谋划）、示范区规划、投资估算与效益分析、规划实施路线图与建设时序、规划保障措施等内容。

2. 规划表格

规划表格主要包括国民经济发展现状与对比表、产业发展现状与对比表、产业发展规模预测表、规划方案比选表、规划目标表、产业发展规划布局表、重点项目规划表、投资估算表、资金筹措与使用计划表、效益估算表等相关表格。

3. 规划图件

规划图件主要包括二维平面静态图和多维立体动态仿真图。其中二维平面图主要包括区位分析图、总平面图、产业现状布局图、规划空间结构布局图、产业规划布局图、基础设施规划布局图、精品休闲旅游路线图、示范区规划布局与产业规划图、产业发展意向图等二维平面图；多维立体动态仿真图主要指农业多维规划管理决策支持系统中重要的多维立体动态仿真场景。

（二）要点

农业产业规划要与一个国家或地区所处的经济发展阶段、经济发展水平以及面临的发展问题等相适应。农业产业发展与规划的内容要体现创新、特色和区域一体化的理念，跳出农业和区域自身的限制，对支撑当地农业产业发展的农业资源进行全国甚至全球范围内的优化配置与合理布局，从长远来设计和确立农业产业发展路线图，构建绿色融合型的农业产业体系。

1. 农业产业发展现状和特征

一个国家或地区的农业产业发展可分为不同的阶段，各阶段产业发展面临的问题、发展的驱动因素、产业政策、空间布局特征和区域经济影响明显不同。对农业产业发展进行合理规划的前提条件是要立足本行业的总体发展态势，从更广阔的区域背景条件出发，搞清楚产业发展现状、问题及特征，弄明白农业资源对产业发展的支撑与约束条件。

（1）农业产业发展水平的判断。农业产业发展水平需要从行业本身和区域两个维度进行分析和判断。首先要从国际和国内发展趋势和特征出发，分析农业产业在目标市场、潜在目标市场甚至国内、国际的发展地位和优势，判断和分析总体发展水平。其次要在区域内部和区域之间分析各行业发展的比较优势和发展水平。有时从行业本身这个角度来看，并不代表其发展趋势和最高水平，但从区域角度来看，却具有明显的比较优势；相反，有些行业在区域发展中地位不一定突出，但它也许代表着行业的发展趋势。

（2）农业产业发展存在的问题分析。准确分析和把握一个行业或地区不同农业产业发展中存在的各种问题，是制定农业产业规划的基础。行业发展存在的问题需要跳出区域或行业自身的束缚，从更广阔的区域和行业视角来分析行业整体、相关产业之间、行业内部等在发展水平、产业关联、资源配置与利用、区域优势发挥、生态和环境保护、产业用地等方面存在的问题或不足。

（3）农业产业发展和空间分布的基本格局和特点分析。从农业产业层次和空间视角，分析各行业在量和质上的特征和比例关系、地区特色和优势行业发展状况、产业集聚和产业链的发展状况，研究产业在空间上集聚的规律和趋势，基地和带的分布特征，为农业资源高效持续配置提供依据。

（4）农业产业发展和布局变化趋势的预测。随着我国对外开放的深入，经济全球化和区域化对农业产业发展的影响显著增强，农业产业间竞争的广度和深度也发生了变化。因此，科学地预测农业产业发展趋势和空间变化趋势，对农业产业发展和规划具有重要意义。农业产业发展和空间变化的预测包括产业规模和结构的变化趋势、产业相关性的变化趋势、产业空间集中度的变化、产业发展关键空间的判断等。

2. 农业产业发展定位和目标

农业产业发展的方向和目标是产业规划的核心，产业发展的定位、重点和空间导向应以产业的定位和目标为中心，农业资源也是以产业的定位和目标进行合理地调配，把与产业定位和目标紧密关联的农业资源进行高效配置。

（1）农业产业发展定位。发展定位是要准确确定本产业在地区、目标市场与潜在目标市场甚至全国、全世界中所占据的地位、发挥的作用、承担的功能等。发展定位的确定要立足长远，科学分析其在不同空间尺度中发挥的作用和所处的地位。

产业定位要着重体现以下三个方面。一是要有层次性。由大到小层层定位，如在国家层面和区域层面各产业可能发挥的作用和所处的地位等。二是要以市场为导向。不拘泥于行业和区域自身的发展现状，从未来产业发展潜力和对周边区域发展可能带来的机遇进行定位。三是要体现前瞻性。要着眼于未来，从长远的发展前景和趋势看各产业可能发挥或承担的作用和功能。

（2）农业产业发展目标。发展目标是从国内外宏观发展背景、发展优势和劣势、发展机遇和挑战等条件出发，分析、判断和预测未来行业总体和各行业发展的前景。产业发展目标主要包括产业总量目标、产业增长目标、产业结构目标、产业经营质量指标和产业空间调整目标等。从时间角度看，产业发展目标可分为短期、中期和长期发展目标；从目标层次角度看，产业发展目标可分为总体目标和具体目标；从目标是否可用数字来计量看，产业发展目标可分为定量目标和定性目标；从目标性质看，产业发展目标可分为约束性指标和预期性指标。

3. 农业产业遴选与发展方向及重点

一是合理遴选产业。规划区的农业产业类别相对较多，不是所有产业都一视同仁地发展，而是有重点、有轻重缓急的。遴选优势明显、竞争力强劲、发展潜力大、融合度高、市场前景好、效益明显的产业重点发展，农业资源就向所遴选的产业领域集聚和合理调配。

二是明确产业发展方向与重点。对于各产业规划而言，应该根据行业发展现状、目标和未来发展潜力等确立未来产业的发展方向和重点。对于区域产业规划，应根据区域产业的特点、优势、市场需求等因素，建立区域发展的主导产业或未来发展的重点产业，并设计相应的发展规划方向和内容。集聚到所遴选产业的相关农业资源，根据其产业发展方向与重点，这些相关农业资源优化配置到产业的发展方向与重点，突出配置方向与重点。

4. 农业产业空间规划

空间布局是产业发展在空间的具体落实。产业空间规划要根据规划地区、目标市场及潜在目标市场的产业布局现状，结合产业发展和布局的理论，发挥各产业的特点和优势，按照市场经济规律与政府宏观调控相结合的方式，以最大限度地利用空间资源、促进产业的协调和持续发展为目标，在空间上合理配置农业资源并引导产业发展。

5. 农业产业发展的空间引导

农业产业或新型农业经营主体的区位布局选择主要依靠市场调节，可以最大限度地利用各种资源和生产要素，而能获得最大利益的空间是产业或新型农业经营主体的最佳投资空间。规划要引导产业在获得最大利益的基础上，尽量避免产业发展和布局造成地区土地、水等资源的浪费，减少产业发展对生态和环境的压力，提高农业资源配置效率，形成产业空间配置与资源空间配置的相对平衡，促进地区经济发展和增加就业水平的良好发展态势。

根据不同地区的发展条件、发展背景和区域功能定位，通过农业产业政策建立产业准入机制，引导相应地区不同类型产业的发展和布局。这种引导一定要和规划区的空间结构布局、农业资源优化配置进行无缝对接，实现产业完美地落实到规划空间结构布局上，促进产业与优化配置资源的高度融合，千万不能出现农业产业布局与空间结构布局、资源合理配置脱节的现象。

二、农业示范区规划基本框架与要点

农业示范区是以现代产业发展理念为指导，以高素质农民为主体，以现代科学技术和物质装备为支撑，采用现代经营管理方式的可持续发展的现代农业示范区域，具有产业布局合理、组织方式先进、资源合理配置且利用高效、供给保障安全、综合效益显著的特征。

（一）基本框架

1. 文本提纲

规划文本提纲主要包括规划总则（主要包括规划背景与建设意义、规划依据、规划范围与期限、建设目标、建设主要内容等）、示范区基本情况（主要包括区位、自然资源、社会经济人文资源、生态环境状况等）、现代农业发展现状分析（主要包括总体状况、发展基础、阶段特征、主要差距、发展趋势、发展机遇、主要挑战与制约因素等）、总体思路（主要包括规划定位—战略、产业、市场、功能、示范定位，指导思想，建设原则，建设目标，主要任务等）、建设布局规划（主要包括空间结构布局、产业布局等）、产业发展思路与建设重点（遴选的产业主要从发展现状、指导思想、建设目标、重点建设项目等方面谋划）、美丽宜居村镇规划（主要从发展现状、指导思想、建设目标、重点建设项目等方面谋划）、示范区发展能力建设（主要从制约示范区发展的关键环节、补短板的角度进行整体谋划）、体制机制创新、重点项目投资估算与效益分析（主要包括投资估算、资金筹措、建设时序、效益分析等）、保障措施等内容。

2. 规划表格

规划表格主要包括示范区农业基本情况与对比表、示范区建设水平测评与对比表、示范区建设监测评价指标阶段目标表、发展能力与重点项目规划表、投资估算表、效益分析表等。

3. 规划图件

规划图件主要包括二维平面静态图和多维立体动态仿真图。其中二维平面静态图主要包括区位分析图、总平面图、现代农业发展现状图、村镇发展现状布局图、空间结构布局图、各产业规划布局图、村镇规划布局图、重点项目规划图、示范区建设意向图等。多维立体动态仿真图主要指农业多维规划管理决策支持系统中重要的多维立体动态仿真场景。

（二）要点

1. 示范区发展现状评价与对比

规划首先需要充分了解并掌握示范区的各方面的基本情况，尤其是现代农业发展的总体概况、发展成效、主要差距、阶段特征、制约因素等，同时更重要的是要按照相应示范区创建的评价指标体系对其进行自我评价，并与示范区所在的市域、省域、全国平均水平进行对比，甚至还可与已创建成功的示范区进行对比，哪种对比数据对示范区成功创建更有利就采用哪种对比数据。同时只有对示范区特别是现代农业进行全面的自我评价与对比，系统分析农业资源配置效率，才能更好地找出差距，弄清楚制约示范区发展的关键环节、短板，科学梳理农业资源优化配置的限制因素，为拟定规划思路与建设重点、能力提升行动、高效配置农业资源等提供参考。

2. 确定示范主题与内容

既然是示范区规划，必须要有示范主题。考虑到示范区创建指标少且难度高的现实情况，示范区的示范主题至少在省域甚至全国范围内都具有显著的竞争优势与特色。示范主题主要包括粮食绿色高产高效主题示范、畜牧业绿色发展主题示范、水产健康养殖主题示范、主要农作物生产全程机械化主题示范、“互联网＋”现代农业主题示范、农业经营体系升级主题示范、高素质农民培育主题示范、农村一二三产业融合发展主题示范、农产品质量安全提升主题示范、品牌培育运营主题示范、冷链物流与电子商务主题示范、财政支农资金统筹使用主题示范、农业绿色发展主题示范等，而示范区规划遴选的主要示范主题可以是一个，也可以是多个，但不宜超过 3 个。这些示范主题，必须达到农业资源的高效持续配置，才能保证示范主题的成功示范，没有达到农业资源的高效持续配置，也就是说区域的农业资源利用效率不高，示范在某种程度上是不成功的。

3. 现代农业“三大体系”构建

示范区规划要把构建现代农业“三大体系”作为规划重点，以现代农业生产体系和经营体系为支撑，以现代农业产业体系为核心，整体推进、率先突破。农业资源向“三大体系”集聚并进行内部的合理调配，加速构建并完善“三大体系”，以此推动示范区建设。要在打基础、强科技、保安全、可持续上先行，建成一批高标准农田，推广应用一批新品种、新技术、新模式，加快发展“三品一标”农产品，大力发展生态循环农业，打造现代农业生产力“高地”。要加快培养有文化、懂管理、会经营的高素质农民，引导农民以土地流转、土地托管、土地入股等多种形式参与规模化、产业化经营，开展保姆式、菜单式、超市式等多种形式的农业生产性服务。要大力发展优质、高效、生态、安全农业，大力发展农产品加工业、休闲农业、会展农业、观光农业、科普农业等新业态，通过“接二连三”“隔二连三”等方式，促进农业产业组合型、集群式发展，改造产业链、提升价值链。

三、农业园区规划基本框架与要点

农业园区是以科技开发、示范、辐射和推广为主要内容，以促进区域农业结构调整和产业升级为目标。农业园区规划以农业技术创新为重点，以科技创新为特色，整合现代工程设施体系、高新技术体系和管理体制，在实现社会效益和生态效益的基础上突出经济效益。充分发挥园区的资源优势和区位优势，加速农业资源流向园区，并进行资源的优化配置与合理布局。

（一）基本框架

1. 文本提纲

规划文本提纲主要包括规划总则（主要包括规划目的、规划范围与期限、规划依据、建设目标、建设主要内容等）、建设背景与必要性、园区基本情况（主要包括区位、自然资源、社会经济人文资源、生态环境状况等）、农业农村发展现状分析（主要包括总体状况、发展基础、阶段特征、主要差距、发展趋势、发展机遇、主要挑战与制约因素等）、总体思路（主要包括规划定位-战略、产业、市场、功能，发展策略，指导思想，发展原则，发展目标、主要任务等）、建设布局规划（主要包括空间结构布局、产业布局等）、产业规划（遴选的产业主要从发展现状、指导思想、建设目标、重点建设项目等方面谋划）、土地利用规划、美丽宜居村镇规划（主要从发展现状、指导思想、建设目标、重点建设项目等方面谋划）、基础设施与配套服务体系规划、节能减排与生态环境保护规划、重大工程与重点项目规划、投资估算与效益分析、园区运行模式创新规划、规划保障措施等内容。

2. 规划表格

规划表格主要包括园区农业农村现状与对比情况表、园区建设水平测评与对比表、园区建设监测评价指标阶段目标表、重点项目规划表、投资估算表、效益分析表等。

3. 规划图件

规划图件主要包括二维平面静态图和多维立体动态仿真图。其中二维平面静态图主要包括区位分析图、总平面图、产业发展现状图、村镇发展现状布局图、空间结构布局图、各产业规划布局图、村镇规划布局图、基础设施规划布局图、休闲旅游参观精品路线规划图、重点项目规划图、园区建设意向图等。多维立体动态仿真图主要指农业多维规划管理决策支持系统中重要的多维立体动态仿真场景。

（二）要点

1. 以现代农业为核心，选择和培育主导产业

农业园区实质上就是现代农业的展示区、示范区、探索先行区，因而在规划时需要完全具备现代农业的发展理念与思维。按照现代农业的特征与要求发展农业园区，要围绕着培育主导产业来发展现代农业，要围绕主导产业来合理调配农业资源，因而主导产业的选择与培育、农业资源高效持续配置就显得格外重要。

遴选主导产业及其特色产业时应注意，所遴选产业应具备在园区、目标市场、潜在目标市场甚至国内外具有竞争力强劲、产业链条完善、产业融合度高、市场前景好、效益良好的特征，通过加大新型农业经营主体、品牌等的培育来加大主导产业及其特色产业的培育，以此来不断凝聚农业产业化发展的驱动力。全面提高园区农产品的质量和市场竞争力，进而促进产业升级，不断吸纳农民成为产业工人，促进农民增收和脱贫致富。农业资源高效持续配置既包括园区内资源的优化配置，也包括区际、国内外可流动性农业资源的合理流动，从而为遴选的主导产业及其特色产业提供充足的农业资源尤其是科技资源，农业资源配置聚焦主导产业并实现内部各要素的优化配置，为园区产业化发展提供强有力的科技要素支撑。

2. 构建一二三产业融合发展结构

在推进农业园区发展过程中，需要充分挖掘园区的生态价值、休闲价值、文化价值，以农业产业为核心，产业融合项目为抓手，整合闲置住宅、土地、人力等资源，合理布局四季农业、景观农业和农业加工冷链物流集聚区，建设提升一批集采摘体验、观光休闲、科普教育、生态涵养、文化传承、康体美容、会议培训及加工物流商贸等功能于一体的综合性园区，积极举办农事节庆、地域风情文化体验、品牌特色产品与美食品鉴、园区展销会等活动，在加快一二三产业融合发展，实现多功能经营，促进农民增收、农业增效、农村增美，加快乡村振兴战略的实施。

3. 设计合理盈利模式

农业园区的建设重点在于提升农业效益，围绕农业效益的提升进行相关农业资源的优化配置，达到农业资源利用效率和效益的最大化。主要从效益提升的“六化”方面着手，当然农业资源配置也着重体现在“六化”方面，其中：第一化即第一产业三产化，做“四产”而不能做一产，在第一产业科技示范的基础上横向整合三产各要素，使农业的价值最大化；第二化即第二产业品牌化，高产未必高效，在“高、精、尖”上做文章，在安全农业上做文章，在大力发展绿色农业的基础上积极发展有机农业，做最安全的农产品生产园区；第三化即第三产业产业化，把吃、住、行、游、购、娱、疗、养、会等要素做成产业，如文化农业板块，可以做文化创意产业园；第四化即农业模块基地化，由单纯的农业园区向“基地”转变，做成“科技农业基地、文化农业基地、农业人才基地、安全食品基地”；第五化即科技农业院校化，只要是上万亩的农业园区，必须和省级甚至国家级的科研院校建立合作关系，以便为园区的农业科技持续发展提供支撑；第六化即农业示范国际化，在市场刚性需求的前提下，积极追踪国际农业的先进技术与发展理念，及时在园区进行调整优化。

4. 构建园区营销模式

以“园区标志”为基础。以市场为导向，进行相关农业资源的优化配置。根据园区的区域特点和农产品的特点，以质量为导向，以高质量服务为前提，探索培育园区标志性产品，开拓“蓝海”市场，建立市场隔离，奠定坚实的产品基础。园区农产品销售、休闲观光服务销售，结合不同产品销售的特点，制定个性化的资源优化配置方案。

以“品牌营销”为动力。精准定位客户价值需求，精准定位园区品牌的客户价值，系统规划和实施园区品牌市场驱动，使园区品牌成为其法律体系中农产品销售和休闲服务的强大驱动力。建立园区品牌使用的资质标准和管理体系，建立适合园区品牌的质量管理体系，规划设计适合园区品牌的商业模式。

四、现代农业庄园规划基本框架与要点

现代农业庄园就是以现代化农业生产为基础，以休闲旅游业为主导，以先进经营理念和管理方式为支撑，依托特色自然、人文资源，拓展精深加工、农耕体验、旅游观光、休闲度假、健康养老、教育文化等多种功能，满足消费者多元化需求的一种新型现代农业发展模式和休闲旅游消费形态。

现代农业是庄园之本，旅游业是庄园之魂。现代农业庄园的规划与建设必

须坚持现代农业的基础地位，不仅不能弱化，还要进一步强化农业的规模化、标准化、集约化、机械化、产业化水平，提高现代农业发展的质量和效益，当好农业现代化的排头兵。把融入休闲旅游业作为关键，科学配置并合理开发农业资源、休闲产品、旅游价值，挖掘多元化功能，使之成为庄园的经济增长点和重要支柱，实现“农旅”融合、以农促旅、以旅富农。同时发展过程中坚持创新、求新与绿色发展的思维理念，合理调配相关资源，把“绿水青山”变成“金山银山”，在逐步提高庄园经济、社会效益的同时，进一步放大生态效益的价值，实现农业资源利用效率与效益的最大化。

（一）基本框架

1. 文本提纲

规划文本提纲主要包括规划总则（主要包括规划目的、规划范围与期限、规划依据、建设目标、建设主要内容等）、建设背景与必要性、园区基本情况（主要包括区位、自然资源、社会经济人文资源、生态环境状况等）、农业农村发展现状分析（主要包括总体状况、发展基础、阶段特征、主要差距、发展趋势、发展机遇、主要挑战与制约因素等）、总体思路（主要包括规划定位-战略、产业、市场、功能，发展策略，指导思想，发展原则，发展目标等）、建设布局规划（主要包括功能结构布局、产业布局等）、主导与特色产业规划（遴选的产业主要从发展现状、指导思想、建设目标、重点建设项目等方面谋划）、一二三产业融合规划（主要从发展现状、指导思想、建设目标、重点建设项目等方面谋划，突出休闲农业与乡村旅游规划）、乡村社区规划（主要从发展现状、指导思想、建设目标、重点建设项目等方面谋划）、基础设施与配套服务体系规划、节能减排与生态环境保护规划、重点项目规划、投资估算与效益分析、运行模式创新规划、规划保障措施等内容。

2. 规划表格

规划表格主要包括庄园农业农村现状与对比情况表、庄园建设水平测评与对比表、庄园建设监测评价指标阶段目标表、重点项目规划表、投资估算表、效益分析表等。

3. 规划图件

规划图件主要包括二维平面静态图与多位立体动态仿真图。其中二维平面静态图主要包括区位分析图、总平面图、农业资源与产业发展现状图、功能结构布局图、主导产业规划布局图、休闲农业与乡村旅游规划图、休闲旅游参观精品路线规划图、基础设施规划布局图、景观规划布局图、重点项目规划图、相关意向图等。多维立体动态仿真图主要指农业多维规划管理决策支持系统中重要的多维立体动态仿真场景。

（二）要点

1. 功能布局科学合理，主题突出

建设现代农业庄园，要遵循现代农业、旅游业和庄园发展的普遍性规律，同时，更要因地制宜，在合理设计功能分区且科学布局的基础上，突出农庄特色，走差异化、特色化、精品化发展的路子。

开展现代农业庄园创建，要因地制宜，按照庄园的类型和定位，结合自然、人文、产业、区位等优势和特色，合理调配相关资源，做好庄园功能分区及其功能设计，主要包括综合功能服务区、生产区、展示体验区、产品销售区、景观区和休闲区等，合理布局农庄空间结构与功能区，以满足农庄承载的所有功能，将不同功能有机融合与有效串联，切忌各项功能相互分离、自成一体。

庄园在做好功能分区的基础上，要在农业生产、产品加工、休闲观光、健康养老、教育文化等各功能中体现主题，围绕主题优化资源配置，为休闲游客带来别开生面的休闲旅游体验。突出主题，可以具体从区域特色、民族特色、文化特色、产业特色、科技特色以及经营特色等入手，进一步发挥庄园各项资源的比较优势，重点营造突出现代农业庄园的主题特色，围绕主题开发纪念品、“伴手礼”、餐饮、住宿等休闲旅游产品，以特色、个性化的主题赢得市场、广大休闲旅客的认同。农庄休闲旅游产品应着重对游乐、路线组织和游乐景点进行设计，通过提升休闲游客在农庄内项目的参与度，提高农庄的吸引力。对农庄路线进行组织设计，以能达到游览整个庄园为目标。此外景观节点与销售窗口的设计也十分重要，为休闲游客提供休憩、茶歇、观光亭、瞭望台等场所，可以在细节之处提升休闲游客的好感、舒适度，也为休闲旅游产品的销售提供平台。

2. 注重“软硬结合”，提升能力

由于现代农业庄园是一种新型现代农业发展模式和休闲旅游消费形态，因而具备完善的基础设施很重要，但仅有硬件还远远不够。合理调配涉及“硬件”“软件”的相关资源，切忌重“硬件”轻“软件”，重“建设”轻“运营管理和维护”，避免设施建设起来了，却没有发挥有效作用，造成资源的闲置浪费。现代农业庄园要注重“软硬结合”，尤其是在科技、文化、创意、服务等方面，要重视引入先进的经营、管理、服务理念，重视引进专业人才、先进技术，重视对从业人员的培训和对游客的细节服务，重视可流动性资源要素间的合理流动与优化配置，发挥各资源的最大效益，才能为消费者提供优质、多

元、方便、贴心、全方位、一体化的体验和享受。

3. 植入特色文化，培育庄园品牌

品牌形象是现代农业庄园长期经营后得到的市场反馈，现代农业庄园的品牌形象应该紧紧围绕着具有庄园特色的农业文化塑造，根据庄园主题，合理调配并植入与主题紧密相关的特色文化资源。现代农业庄园应通过产业树立一个品牌基础，并延伸出农业加工和休闲旅游品牌，在塑造品牌形象的时候要注重乡村文化的植入，在服务上融入乡村文化特色，形成长期稳定的客户群。

4. 有效引导，激发农村居民参与热情

农民是农业庄园的参与主体，现代农业庄园的经营与开发离不开农民的参与。在开发现代农业庄园的过程中，要充分调动农民的积极性，合理引导农民参与到农业庄园的建设和经营中，让农民和庄园和谐共生、共同发展。在现代农业庄园开发过程中，农民参与应贯穿于庄园开发、发展的全过程中，利益的获得形式也应更加丰富多样，这样才能激发村民的参与热情。

5. 突出景观设计，打造有诗有远方的乡土田园文化情境

现代农业庄园中的景观设计的基本原则是以本土化为基调，着重本地特色资源的整理与挖掘，突出乡村、田园风格的建筑和意境，并把这种资源合理布局在庄园的重要节点。庄园内的景观设计可以直观表现出农庄的整体风貌，是展现给休闲游客的第一印象。庄园内的景观主要包括人文和自然两方面，自然景观设计主要依据原生的自然环境进行锦上添花式设计，而人文景观设计主要倾向于文化体验设计，营造某种氛围让游客沉浸其中，建筑设计则要对庄园的文化进行挖掘创新，并将其转化为本庄园的建筑语言，赋予其鲜活的生命。

（1）发掘景观核心价值，打造特色主题。现代农业庄园的打造要避免同质化、主题雷同的情况出现，农庄的建设要与资源特色相符，深度挖掘本土文化资源，凝练主题，形成吸引核心，提升竞争力。可以依托有机种植、珍稀物种养殖、特色餐饮、有格调的住宿、农事文化体验拓展等特色鲜明的项目设计，对园区景观进行创意塑造，使现代农庄在现有基础上更上一层楼。

（2）文化萃取，突出自我。景观特色是吸引休闲游客出游的关键性因素，是休闲旅游资源开发的灵魂，只有个性鲜明才有生命力和竞争力。文化萃取就是立足于乡村景观特色文化内涵，依据对农庄特色自然景观和人文景观本底的分类，从美感度、奇特度、科考性、历史性、宗教性、娱乐性等方面，对各个因子进行内涵分析，重点突出唯我独有的区域优势，汲取最具垄断性的精华来展示和提升核心文化元素，演绎文化意象，打造景观“之最”，有效提炼景观特色价值。

（3）文化拓展，延伸景观联动价值。景观价值最终要体现为经济价值和效益，这就需要拓展景观价值文化，以文化带动农庄的休闲旅游发展。如杭州市区内的西湖、西溪湿地、灵隐寺、宋城等众多的自然和人文景观形成了良好的互动效应，杭州周边百千米范围内的千岛湖、富春江等与之则形成了集群效应，由于这些景区山水人文景观迥异，文化地域色彩突出而深厚，因而区域景观组合形成了“1+1>2”的良好效应，景观价值得到极大提升。

（4）透过景观表现出原生态价值。现代农业庄园在氛围的塑造上力图呈现出一个优美的、原生态的田园环境，因此在景观塑造上也应该注意保护和传承原生态文化，体现区域内原生态风貌，融合当地的地形地貌景观、鲜活的民族文化和厚重的历史文化内涵的表现，在实现特色、个性化表现的同时要与生态资源之间达到结构平衡。

（5）文化趋同，贴近休闲游客心理。文化趋向就是指景观价值接近休闲游客的需求点和休闲旅游开发点，使景观更具美感、行程更加紧凑、情景场面更贴近休闲游客心理，使特色乡土文化与休闲旅游景观资源有机融合，与农庄生态环境和原生文化氛围统一协调，形成以情境化为基础的参与、体验、游乐旅游休闲模式。为此，应营造一种氛围，制造一种环境，设计一种场景，增强吸引力、感染力与亲和力，使休闲游客在参与中产生独特的、唯一的、值得回忆的感受，达到身临其境、感同身受的效果。

（6）以农业为主题，发挥文化创意。文化创意，就是深度发掘并重新认识休闲旅游景观价值，从多维的角度提炼农庄休闲旅游资源所蕴含的文化内容、意象和象征意义，完成从静到动、从古板到鲜活、从观光到参与体验，再到游憩的系列转变，从而全面提高农庄休闲旅游景观的品位与档次，有效提升农庄休闲旅游景观的产品价值和休闲游客体验价值。现代农业庄园就是以农业为主题，围绕农业产业发挥文化创意，用农业景观等特色田园资源为农庄进行布局，展现出无处不在的田园文化农业风光。

6. 注重生态环境保护，打造优美安全环境

（1）生态环境保护。现代农业庄园创建必须坚持“绿色青山就是金山银山”的理念，加强生态环境保护，有损生态的产业不能发展，破坏环境的项目不能建设。现代农业庄园的规划设计要在生态环境保护基础上进行，对农庄的开发建设要以生态保护为原则，树立资源在保护中合理开发的理念。农庄的生活垃圾、固体废弃物等做到达标排放，维护好农庄的空气、水质、卫生等环境质量，同时农业生产各环节严格按照相关绿色产品的生产标准进行生产。农庄内的生活、运营能源，尽量采用沼气、太阳能等无污燃料作为动力，创造一个干净、卫生、优美、宁静、温馨的环境氛围。

（2）景观环境保护。景观资源保护包括对自然与人文景观的保护，农庄内的各项建设都应与景观协调，在休闲游客集中的游览区内，不得建设大型工程设施，同时根据景观审美原则，合理地调整优化植物品种结构，使得植物景观更加丰富。对农庄的重要景物、古树名木，要有计划地进行调查、鉴定，并制定具体保护措施。改善交通、服务设施和游览条件，按照规划合理确定休闲游览接待容量，有计划地组织休闲游览活动，不得无限制地超量接纳休闲游览者。加强安全管理，保障休闲游览者的生命财产安全。

（3）生物资源保护。农庄内生物资源的保护要坚持保护、培养、合理利用相结合的原则，维持各类生物生息繁衍的环境，保护好野生动植物，确保生态平衡。在保护的基础上进行合理开发，适当开展一些关于特色生物资源观赏保护类的休闲旅游活动，为游客提供一定的场所使之更好地与动物交流。

（4）植物病虫害绿色综合防控。在对植物资源保护的同时，做好病虫害的综合防控，在有效防治的基础上强化预防，坚持“预防为主、防治为辅”的绿色综合防控方法。建立预测预报制度，查清病虫害的种类、危害程度、地点、规模，做到早预防、早发现、早防治，以生物防治为主，化学防治为辅，同时对引进的各种观赏树种及绿化树种必须严格地检验，防止外来病源入侵。

第五章

农业项目多维可行性研究

农业既是提供支撑国民经济建设与发展的基础产业，也是社会性、民生性产业，在国民经济中占有重要的地位。可行性研究是一个跨领域、跨学科的综合性科学研究方法，广泛应用于课题研究、企业投资、项目建设等相关领域的管理决策。

在传统农业项目可行性研究内涵的基础上，积极拓展其内涵与外延，不断向规划、初步设计等领域延伸；同时科学导入“多维信息论”要素，促进其向农业项目多维可行性研究转型升级。农业项目多维可行性研究作为农业资源多维优化配置循环系统的子系统，在农业资源多维优化配置管理决策支持系统中搭建农业项目多维可行性研究管理决策支持子系统，实现与循环系统及其各子系统、管理决策支持系统及其各子系统的高度融合。农业项目多维可行性研究，既能满足业主对可行性研究的广度与深度拓展的要求，也能满足社会对可行性研究具有多维立体动态仿真展示与数字化管理决策的合理诉求，在农业追求可持续发展和高质量发展的今天，多维可行性研究在农业项目管理决策中的作用将日益凸显。

第一节　概　　述

一、农业项目多维可行性研究内涵

（一）内涵与分类

1. 农业项目多维可行性研究内涵

（1）可行性研究内涵。可行性研究是从市场、技术、财务、工程、经济、环境等方面，对项目建设的市场需求、资源供应等主要内容和配套条件进行调查研究和分析比较，并科学预测财务、经济与社会效益对生态环境的影响，提出项目投资的咨询意见，为项目科学决策提供依据的一种综合性系统分析方法。

（2）农业项目可行性研究内涵。农业项目可行性研究是指在投资决策前对农业项目的产品市场投资建设的必要性、投资环境条件、建设方案的设计、项目的经济管理以及综合经济效益等进行深入细致的调查、预测和技术经济论证的一种科学研究方法。

（3）农业项目多维可行性研究内涵。农业项目多维可行性研究是指利用多维地理信息技术，结合规划与设计的相关元素，开发农业项目多维可行性研究管理决策支持系统，对项目建设的市场需求、资源配置等主要内容和配套条件进行调查研究和分析比较，采用数字沙盘动态推演可行性研究方案，科学预测经济、社会、生态效益，综合论证项目建设的必要性、市场容量可能性、经济的合理性、社会和生态效益的可靠性、技术的先进性和适应性以及建设条件的可能性和可行性，为项目决策审批与建设提供科学依据。

2. 农业项目多维可行性研究分类

（1）可行性研究分类。

①按行业进行分类。可行性研究最先起源于工业，最后发展到农业、采矿业、制造业、水电燃气供应业、建筑业、批发零售业、交通运输业等各行各业，涉及水利水电、铁路、通信信息、市政公用工程、生态建设和环境工程、公共卫生、资源开发等类型项目的可行性研究。

②按经济活动对象进行分类。一是按照科技进行分类。主要指科技前沿领域部分项目的可行性研究，主要包括通信行业、IT 行业、航空航天等科技类型项目的可行性研究。二是按照生产进行分类。主要指工程项目的可行性研究，包括范围较广，主要包括机械工程、土木工程、产品开发工程、农业生产等生产类型项目的可行性研究。三是按照经营进行分类。主要指经营项目的可行性研究，主要包括酒店、商场、娱乐场所等经营类型项目的可行性研究。

（2）农业项目多维可行性研究分类。

①按照部门进行分类。按照部门进行分类，主要包括农业、林业、牧业、渔业等的可行性研究。

②按照产业门类进行分类。按照产业门类进行分类，主要包括种植业、养殖业、加工业、冷链物流商贸服务业、休闲旅游业等的可行性研究。

③按照投资资金来源分类。按照投资资金来源进行分类，主要包括财政投资项目、社会投资项目、国际援助机构投资项目、联合项目等的可行性研究。

④按照综合开发程度进行分类。按照综合开发程度进行分类，主要包括单一开发项目、组合开发项目、综合开发项目等的可行性研究。

⑤按照农业资源类别进行分类。按照农业资源类别进行分类，主要包括农业自然资源、社会经济技术资源等的可行性研究。

⑥按照资源开发利用与保护进行分类。按照开发利用与保护进行分类，主要包括农业资源开发利用项目、农业资源保护项目、农业资源开发利用与保护等的可行性研究。

⑦按照投资使用性质进行分类。按照投资使用性质进行分类，主要包括新建、扩建、改建、迁建、恢复项目等的可行性研究。

⑧按照投资使用方向进行分类。按照投资使用方向进行分类，主要包括竞争性项目、基础性项目、公益性项目等的可行性研究。

（二）农业项目多维可行性研究特征体系

农业项目多维可行性研究特征体系由根本特征与基本特征两类构成，其中根本特征主要包括多维动态性、整体系统性特征；基本特征主要包括独立性与可靠性、客观性与公正性、预见性与发展性、优选性与可行性、融合性与协调性特征。

1. 根本特征

农业项目多维可行性研究的根本特征是区别于一般可行性研究的主要标志。

（1）多维动态性。

一是时空多维性特征。需要从时间和空间维度，宏观、中观和微观层面对项目存在状态、项目区主要产品变迁特征与规律、建设条件、功能布局、技术方案、核心区工程设计、科学预测建设成效等方面进行研究分析、决策。

二是动态仿真性特征。利用多维地理信息技术，搭建项目核心区的空间数据库，构建农业项目多维可行性研究管理决策支持体系，采取数字沙盘虚拟动态推演可行性研究方案，实现多方良性的动态互动、虚拟仿真。同时农业项目受环境、资源、市场等因素变化影响较大，而这些因素处于不断变化中，因此项目预测的绩效也会不断发生变化，需要在项目的实施过程中及时进行相关技术、产品的调整优化。

（2）整体系统性。农业项目涉及许多部门、相关农业资源，属于典型的复杂系统工程。同时可行性研究方案编制与实施时间相对较长，包含不同的阶段，这些阶段不能脱离整体而单独考虑，必须进行整体的统筹考虑。农业项目与项目区周围的自然条件、社会生产现状、生态环境等相生相伴，因而进行农业项目多维可行性研究要重点考虑农业项目与项目区环境的紧密结合，注重相关联产业、产品的无缝对接与高度融合。同时还要特别注重项目建设所需相关资源的高效持续配置，突出这些相互联系、相互制约、相互统一的组合甚至综合性农业资源对项目的支撑作用，而不是单一某个资源对项目的支撑作用。

2. 基本特征

（1）独立性与可靠性。农业项目多维可行性研究应是独立进行分析研究与系统预测，首席专家及其团队成员根据专业知识对项目进行独立的作业，不受外界干预和打扰，不按决策人或委托人“可行”的意思办事，当然也要充分尊重其对项目建设的有效想法与中肯意见，否则就会沦为“可行”而“可行”的研究。同时结合准确、可靠的市场、价格、产量等项目区及其目标市场的相关基础数据和资料，项目团队成员运用相关专业知识和相关经济评价模型，全面考虑、慎重预测，获取可靠的“可行”结论及其相关建议，才能为项目科学决策提供强有力的支撑。

（2）客观性与公正性。农业项目多维可行性研究要以项目区农业自然资源和社会经济技术基础为前提，按照事物的客观发展规律与经济发展规律如实、客观地分析问题，确定目标市场及其潜在目标市场，按照项目产品发展变迁趋势，提出合理的发展规模与相关建议。农业项目多维可行性研究既要尊重客观事实，在调查研究、分析问题、做出判断和提出意见时要客观、公平，同时还要坚守本心，不受外界和他人干扰，公正地做出项目整体性评价，运用相关指标较为真实地反映项目发展趋势。

（3）预见性与发展性。农业项目多维可行性研究是在充分收集信息和数据的基础上，通过定性和定量分析研究，系统分析各种因果关系，进而推演可能的结果，同时要结合项目产品“发展”的思维，在项目产品生命周期性理念的指导下，对项目实施或发展的趋势、财务评价做出相应的科学预侧，获取可预见性与发展性的相关指标。

（4）优选性与可行性。农业项目多维可行性研究要按农业项目建设的目标和任务，充分利用多维地理信息技术，设计多种可供选择的方案在数字沙盘模型中进行虚拟动态推演，通过农业资源的合理调配，选出最优的、可行的研究方案。

（5）融合性与协调性。农业项目多维可行性研究的概念就充分体现了其融合性与协调性的特征，根据市场需求，结合规划、设计的相关元素，从内容体系方面体现规划、设计的相关内容，既包含规划的部分广度，也包含设计的相关深度。要充分协调其广度与深度，否则就会偏离可行性研究的主题，同时在可行性研究编制、实施全过程中，要充分协调各过程、步骤的关系，协调农业部门与相关部门的关系，保障相关农业资源的高效持续调配，为项目实施提供科学支撑。

（三）农业项目多维可行性研究的作用

1. 为可行性研究全过程多维动态仿真展示与数字化管理提供平台

传统农业项目可行性研究属于典型的二维平面静态展示与机械式管理，为促进传统农业项目可行性研究向多维立体动态仿真展示与数字化管理转型升级，必须充分利用多维地理信息技术，搭建项目区基础空间数据库，构建农业项目多维可行性研究管理决策支持系统，采取数字沙盘虚拟推演可行性研究方案，达到可行性研究各方良性的动态互动，实现农业项目可行性研究全过程的全视角、全信息、动态仿真的展示与数字化管理。

2. 为农业资源配置提供重要决策依据

农业生产是利用农业资源从事一项活动，农业生产的产品就是对农业资源开发和利用所获取的报酬。通过农业项目多维可行性研究能预测项目未来的发展方向以及项目所需要的农业资源支持，并以此为依据制定合理的可行性建设方案，合理地调配农业资源，使农业资源得到合理的开发和利用并发挥最佳效果，实现社会、生态、经济的“三效”共赢。

3. 为农业项目成功实施保驾护航

农业是兼有市场风险和气候环境风险的弱质产业，农业项目能否成功地实施受到项目设计内容、品种、技术、管理、市场、气候等众多因素的制约。投资者进行农业项目建设时，普遍存在依据自身的经验及主观的判断进行盲目投资的现象，也存在先建设投资后论证、边勘察设计边施工的情况，导致农业资源的浪费，不能达到预期效果，甚至有些项目不得不半途而废，造成较大的经济损失。因此在投资前加强对农业项目的可行性研究，是项目成功的重要保障。

4. 满足需求者对农业项目可行性研究广度与深度的要求

投资者或委托方为了节省部分开支，既不做规划，也不做初步设计，只做可行性研究，但要充分体现规划的相关要素，部分内容也要达到初步设计的相关深度。市场是传统农业项目可行性研究调整优化的最好媒介，为此结合规划与初步设计的元素，在突出可行性研究主题的基础上，增加项目区建设的战略定位与指导思想、功能分区、核心区工程初步设计等相关内容，满足市场对农业项目可行性研究深度与广度的要求。

（四）农业项目多维可行性研究主要内容

农业项目多维可行性研究涉及技术、经济、管理、环境等相关因素，各因素分析中既有交叉，又有区别，从不同角度系统分析、整体考察、科学判别农业项目的必要性、可行性和合理性。

1. 建设必要性

主要根据市场调查及预测的结果，以及有关的产业政策等因素，分析项目建设的必要性。通过市场预测分析建设项目所生产的产品在时间维度上处于一个怎样的农产品生态循环型生命周期（是导入期、增长期、成熟期还是衰退期），并根据不同的生命周期，制定相应的投资建设方案与营销手段。

2. 建设可行性

主要从生产建设条件、技术和生产工艺、管理运行机制等方面分析建设项目的可行性。

（1）生产建设条件可行。科学分析项目区的各种农业自然资源、经济社会技术资源等相关条件是否符合项目建设的相关要求，尤其是要认真分析投资方的综合实力，判断投资方有没有能力把控项目的建设与运营。

（2）技术可行。建设项目的可行性分析除考虑一般的自然条件外，更应考虑农业生产状况、农业科技资源现状等技术因素，所选择的农业新品种和新技术适不适合在本区域发展，并能加快农业科技成果转化应用。考虑应用现代科学成果（化肥、农药、农膜、农机）与传统农业技术的精华相结合建立的具有生态合理性、功能良性循环的农业生产体系。

（3）组织可行。制定合理的项目实施进度计划，通过人力资源配置，设计合理的组织机构、选择经验丰富的管理人员并建立良好的协作关系，制定合适的培训计划等，保证项目顺利执行。

（4）环境可行。主要从农业资源多维优化配置和可持续发展的角度，研究评价项目在控制污染、生态平衡、自然资源利用、环境质量改善等方面的效益。

3. 建设合理性

建设合理性主要分析财务上的盈利性和经济上的合理性，生态上的可持续发展性。

（1）财务合理。主要从微观层面研究，设计合理财务方案，测算项目的财务盈利能力，评价投资的安全性及还款能力。

（2）社会合理。主要从宏观层面研究建设项目能否对整个国民经济的发展做出贡献，它的贡献能否和项目必须耗用的农业资源相称。农业资源具有有限性、不均衡性，特别是土地资源、水资源、技术、资金等更加紧缺，在分析社会可行性时，更应考虑充分、合理、高效地利用有限紧缺的农业资源。

（3）生态合理。主要分析项目活动对区域内生态环境系统的影响，使项目所需的农业资源达到经济效益和生态效益的协调和可持续发展。

（五）农业项目多维可行性研究与一般可行性研究的联系与区别

1. 联系

农业项目多维可行性研究是在一般可行性研究、农业项目传统可行性研究基础上发展而来，不仅包含其内涵，还具有一般可行性研究和农业项目传统可行性研究的所有特征。同时在一般可行性研究和农业项目传统可行性研究的基础上科学导入了“多维”“信息化”元素，并结合“规划”“设计”等相关要素进行系统综合升级而来，是农业项目传统可行性研究的更高级发展阶段。

2. 区别

（1）发展阶段。农业项目多维可行性研究是在一般可行性研究的基础上发展升级而来的，一般可行性研究是可行性研究的初级发展阶段，多维可行性研究是可行性研究的高级发展阶段。

（2）特征。一般可行性研究只具备客观性、公正性、预见性、优选性、可行性等基本特征，而农业项目多维可行性研究除具备上述基本特征外，还具有多维动态性、整体系统性等根本特征，这是两者最根本的区别。

（3）研究技术。一般可行性研究采用人工调查并结合 GPS 等先进技术，通过定性与定量分析、静态与动态分析等方法进行研究，而多维可行性研究则以多维地理信息技术为核心，并结合一般可行性研究的技术方法进行系统科学研究，因此在技术上多维可行性研究更能全面体现其先进性、科学性。

（4）侧重点。一般可行性研究主要是从市场、技术、财务、工程、经济、环境等方面采用定性和定量分析方法，预测项目的各项效益，而农业项目多维可行性研究则是在一般可行性研究方法的基础上，结合农业规划、工程设计等相关元素，采用数字沙盘进行推演，达到可行性研究各方的良性互动，合理有效参与项目可行性研究全过程，预测项目产品的市场前景、建设方案的可操作性和项目效益，得出科学的结论。

（5）融合性。一般可行性研究通常只是一味地就项目而论项目，对农业项目以外的经济、社会、生态等系统和制度、政策、市场等环境考虑较少，对项目设计产品的生态循环型生命周期预测分析不够。而多维可行性研究则融合国家有关的政策、法规及农业、发改、财政、自然资源、生态环境、林业等相关部门的发展规划，立足经济、社会和生态大环境，把可行性研究置身于农业资源多维配置循环系统中进行内外部环境、上下游产业之间的融合链式延伸。同时多维可行性研究需要根据需求者的要求，融合规划、初步设计的相关元素，在突出可行性研究主题的基础上，实现可行性研究与规划、初步设计的无缝对接与高度融合。

二、农业项目可行性研究发展历程

可行性研究是在二十世纪初随着技术经济和管理科学的进步而产生的。1945 年以后发展迅速，为西方发达国家投资决策提供了有力帮助，20 世纪 60 年代发展较为完善，已经发展成了一门科学。

20 世纪 30 年代，美国最早于开发田纳西河流域时就把可行性研究列入开发程序，成为项目开发的重要阶段，在促使项目最终开发顺利进行、提高项目投资效益和优化项目开发方案过程中起了重要作用。1945 年后，西方工业发达国家在普遍将这一方法应用到各个领域的同时也使其不断充实和完善，逐步形成了一整套较系统的科学研究方法。此后，经过数十年的发展，伴随着应用计算技术和电子计算机的兴起，可行性研究已渗透到各个领域，成为世界各国项目投资决策前期的重要工作内容。

三、农业项目多维可行性研究步骤与阶段

农业项目多维可行性研究一般有其相对固定的研究程序，主要包括组建可行性研究工作队伍、基础资料搜集与调研、空间数据库建设、系统分析研究与方案设计优选、编写可行性研究报告、评估与实施等步骤。

（一）程序

1. 组建可行性研究工作队伍

在项目可行性研究开展初期，要组建农业项目多维可行性研究工作领导机构、遴选合适人员组成可行性研究工作队伍，明确队伍负责人，制定具体工作方案等。

2. 基础资料搜集与调研

在可行性研究的过程中，基础资料与数据的搜集是重点。基础资料及数据主要包括农业项目建设的初衷、初步设想、产品前景、价格等。通过市场调查、项目建设区域实地考察等对这些信息进行真实性、可靠性检查、甄别。

3. 基础空间数据库建设

利用多维地理信息技术，构建项目区或项目核心区集实景影像库、空间数据库、基础属性数据库于一体的基础空间数据库，为搭建农业项目多维可行性

研究管理决策支持系统提供基础支撑。

4. 系统分析研究与方案设计优选

在取得项目可行性研究的基础资料之后，工作队伍要对其进行系统分析研究（对技术条件、社会环境、组织管理、财务效益及国民经济效益等方面进行分析），设计多个可能方案，采取数字沙盘虚拟推演可行性研究方案，达到可行性研究各方的良性互动与动态仿真，并从中遴选最优方案。

5. 编写可行性研究报告

在方案确定后，可着手编写可行性研究报告，在报告初稿编制完成后，工作队伍与委托者一起对可行性研究报告进行讨论并提出修改意见，对双方有异议的环节进行二次甚至三次论证，并确定终稿。

6. 评估与实施

可行性研究委托方对受托方提供的可行性研究报告，委托第三方进行评估，为融资提供评估依据。同时可行性研究委托方或投资方根据自有资金并结合引进的资金，合理调整优化相关农业资源，进行项目的投资建设与运营，争取农业资源利用效率与效益的最大化。

（二）阶段

农业项目多维可行性研究是由浅到深、由粗到细、前后连接、反复优化的过程，包括机会研究、初步可行性研究、详细可行性研究、可行性研究报告评估四个动态发展阶段。前一阶段为后一阶段的研究提出问题，创造后一阶段的研究条件；后一阶段是前一阶段的延续，为更进一步地完善和提高农业资源优化配置的广度与深度。

1. 机会研究

（1）基本概念。投资机会研究，其主要任务是寻求投资机会，寻求农业资源优化配置的途径，提出建设项目投资与农业资源优化配置的方向建议，作为编制项目建议书的基础，为初步选择投资项目提供依据。机会研究要解决社会是否需要和有没有可以开展项目的基本条件等两个方面的问题。

（2）目的。鉴别投资与农业资源优化配置方向。

（3）要求。调查研究，合理调配农业资源；确认项目，研究必要性；确定研究范围；确定关键问题。

（4）内容。地区情况、工业政策、资源条件、劳动力状况、社会条件、地理环境、国内外市场情况及项目的社会影响。

（5）估算精度与成本费用。该阶段投资和生产成本估算精确度在±30%，所需费用约占投资总额的0.2%～1%。

2. 初步可行性研究

（1）基本概念。初步可行性研究，也称项目建议书，是在机会研究的基础上，对拟建项目的可能性、潜在效益和农业资源优化配置进行技术经济分析。即进一步的认证。对项目的可行性与农业资源优化配置途径做初步判断，判断投资机会与农业资源合理配置是否有价值、项目是否有生命力，以便对项目做出初步的选择。初步可行性研究内容、结构与详细可行性研究基本相同，主要是研究所需的资料详尽程度及研究深度不同。

（2）目的。农业项目与农业资源优化配置途径的最初遴选。

（3）要求。进行初步技术经济分析；识别选择方案的标准；选择可取方案；鉴别是否进行下一步。

（4）内容。市场、原材料及投入、厂址、经济规模及主要设备选型等。

（5）估算精度与成本费用。对建设投资和生产成本估算精确度在±20%，研究时间为4～6个月，所需费用占投资总额的0.25%～1.25%。

3. 详细可行性研究

（1）基本概念。详细可行性研究又称技术经济可行性研究，是可行性研究的主要阶段，是建设项目最终分析，是建设项目投资和农业资源优化配置决策的基础，它为项目与农业资源优化配置的科学决策提供技术、经济、社会、商业方面的评价依据，为项目的具体实施提供科学依据。该阶段的内容比较详细，所花费的时间和精力都比较大。

（2）目的。农业项目与农业资源优化配置方案的拟定。

（3）要求。进行详细、深入的技术经济分析，重点是对项目进行财务评价、农业资源配置效率与国民经济评价；确定最佳方案；确认该方案的可行性。

（4）主要目标。一是提出项目建设与农业资源合理调配方案。二是效益分析和最终方案选择。三是确定项目投资与农业资源优化配置的最终可行性和选择依据标准。

（5）估算精度与成本费用。建设投资和生产成本计算精度控制在±10%；大型项目研究工作所花费的时间为8～12个月或更长，所需费用约占投资总额的0.8%～1%；中小型项目研究工作所花费的时间为4～6个月，所需费用约占投资总额的1%～3%。

4. 可行性研究报告评估

（1）基本概念。评估与决策是由投资决策部门组织和授权有关咨询公司或有关专家，代表项目业主和出资人对建设项目可行性研究报告进行全面的审核和再评价。为投资决策提供最后决策的依据，决定项目取舍和选择最佳投资方案。

（2）目的。评估与决策。

（3）要求。做出最后决策。

（4）主要内容。项目评价与决策是在可行性研究报告基础上进行的，其内容包括：①全面审核可行性研究报告中反映的各项情况是否属实；②分析项目可行性研究报告中各项指标计算是否正确，包括各种参数、基础数据、定额费率的选择；③从企业、国家和社会等方面综合分析和判断投资项目的经济、社会与生态效益及农业资源优化配置效率；④分析判断项目可行性研究的可靠性、真实性和客观性，对项目做出最终的投资决策；⑤最后提出项目评估报告。

第二节 农业项目多维可行性研究思路

一、农业项目多维可行性研究理论、方法、技术

农业项目多维可行性研究涉及内容多、覆盖面广，依据农业项目自身的特点，结合农业项目多维可行性研究的概念、目的、特征等基本内涵，构建“理论＋方法＋技术”三位一体的农业项目多维可行性研究理论基础体系。

（一）理论

根据农业项目多维可行性研究的内涵、目的、特征，遴选支持其发展的相关联理论，按照这些相关联理论对农业项目多维可行性研究的影响程度大小，构建“核心理论＋支撑理论”相结合的基础理论，其中核心理论主要包括效用理论、信息论等，而支撑理论主要包括福利经济学、价值评估理论等。

1. 核心理论

（1）效用理论。效用理论是研究消费者如何在各种商品和劳务之间分配他们的收入，以达到满足程度的最大化。从消费的主体来讲，效用是某人从自己的行为中得到的满足；从消费的客体来讲，效用是商品满足人的欲望或需要的能力。效用完全是一种主观的心理评价，是消费者对商品满足自己的欲望的能力的一种主观心里评价。

在市场经济中，农业项目产品方案设计要根据消费者的需求及供求变化进行调整。消费者行为理论显示，消费者购买物品是为了效用最大化，而且物品的效用越大，消费者愿意支付的价格越高。充分利用效用理论，在设计农业项目产品时首先要考虑商品能给消费者带来多大效用，生产满足消费者需求的产

品；同时要围绕主导产品进行关联性创新，丰富产品体系，生产关联产品，达到产品多样化，满足不同消费者的不同需求。

（2）信息论。农业信息学研究农业生产中信息获取、处理、管理和利用的关键技术及相应的应用平台和系统。

在农业项目多维可行性研究中，以农业产业的应用领域为服务对象，以农业信息流为主线，定量描述该农业项目生产系统的过程及其与环境资源与社会经济的关系，实现农业项目生产系统分析、设计管理、决策调控的信息化和智能化，并广泛应用于农业项目可行性研究实施全过程的优化资源配置、预测项目财务指标、设计生产与建设运营方案、动态监测农业项目建设运营过程、实施精确管理等方面。

2. 支撑理论

（1）福利经济学。福利经济学是研究社会经济福利的一种经济学理论体系，在一定的社会价值判断标准条件下，研究整个经济的资源配置与个人福利的关系，以及与此有关的各种政策问题，即以研究社会经济资源配置效率和国民收入分配的公平等问题为主要内容，以经济社会福利最大化为主要目标，对各种社会经济现象和活动进行分析。

福利经济学是由英国经济学家霍布斯和庇古于 20 世纪 20 年代创立的，它经过了旧福利经济学和新福利经济学两个发展阶段。前者建立在基数效用论的基础上，代表人物是英国的庇古，他在 1920 年出版的《福利经济学》中第一次系统地论证了整个经济体系实现经济福利最大值的可能性；后者建立在序数效用论的基础上，代表人物是意大利的帕累托，他根据“集合体的效用极大化”问题，提出了“帕累托最适度条件”。

国民经济收入总量增加是经济福利增加的主要源泉，如何增加国民经济收入是福利经济学的中心问题之一。庇古强调，要使国民经济收入增加就必须使生产资源在各个生产部门中的配置达到最优状态，因而主张由政府对资源配置进行干预，如对农业行业进行补贴。福利经济学有利于改善贫困人口的经济状况，正确处理公平与效率的关系，但也有一定的局限性，如对社会生产关系和经济利益关系的系统阐述较为模糊。

（2）价值评估理论。价值评估是金融、投资、财务等领域的研究内容，涉及经济活动中所有的投资、经营管理决策。价值评估理论是关于内在价值、净增价值和价值评估模型的理化，是财务管理的核心理论。项目的价值实质上是指项目的净增现值即净现值；内在价值、净增现值是以现金流量为基础的折现估计值，而非精确值；现金流量折现模型和自由现金流量折现模型是对特定证券现值和特定项目净现值的评估模型。从投资决策的角度看，证券投资者需要评估特定证券的现值，与其市场价格相比较，做出相应的决策；项目投资者需要评估特定项目的净现值，与净增价值进行比较，做出相应的决策。

农业资源价值是指资源的存在、保护和利用给人类社会带来的经济、生态、环境等诸多方面的效益。在农业项目多维可行性研究时要认识项目所需农业资源的特性和价值，确定农业资源的开发利用目标和开发利用方案并选择最优方案。

（二）方法体系

农业项目多维可行性研究的基本方法有很多，根据多维可行性研究的内涵，结合传统项目可行性研究，构建主导分析方法与辅助分析方法相结合的方法体系。

1. 主导方法

（1）费用—效益分析法。费用—效益分析是农业项目多维可行性研究中最基本、最常用的研究方法，通过对农业项目预期效果和所支付费用的比较，判断农业项目费用的有效性和经济合理性的分析方法。当农业项目的效果不能或难以货币量化时，或货币量化的效果不是项目目标的主体时，在经济分析中多采用此方法。

费用效益分析着重于费用与效益两方面的分别计量与相互比较。但它与财务会计核算不同，不是从企业观点而是从社会观点来计量的；不是只分析直接的效益与费用，而是分析包括间接的效益与费用在内的全部效益与费用；不限于货币收支的比较，还包括不能用货币反映甚至较难数量化的一些效益与费用的比较；不是考虑过去实际发生的效益与费用，而是预期决策后与行动方案选择有关的未来的效益与费用。

原则上，费用的计量应与稀缺资源的有效使用相符合，效益的计量应与政策的发展目标相符合。费用—效益分析通常用于方案比较，从中选择可行的方案，如果项目设计的方案都不可行时，该方法本身并不能提供新的方案以供选择，这是费用—效益分析方法不足的地方。

农业项目多维可行性研究包含多种目标，既要考虑项目财务收益与农业资源配置效率等定量目标，还要系统研究生态环境、社会稳定等非效率定性目标。对农业项目进行费用—效益分析既是为了判断农业项目费用的有效性和经济合理性，更是为了提高农业资源的利用效率以及降低项目的成本，获取最大的收益。

（2）费用—效果分析法。费用—效果分析法是指费用用货币计量，效果采用非货币计量的经济效果分析方法。费用—效果分析法中的费用指为实现项目预定目标所付出的财务代价或经济代价，采用货币计量；效果指项目的结果所起到的作用、效应和效能，是项目目标的实现程度。由于很多公共项目的社会效益不适于用货币单位来计量，只能代之以实物单位来计量。在这种情况下，费用—效果分析法是一种有效的工具。

费用—效果分析法是指在确定的控制目标下，分析达到某目标所花费的费用，从而为项目评估提供依据，其基本思想是以最低的费用去实现确定的计划目标。

（3）投资估算法。农业项目投资费用一般包括固定资金及流动资金两大部分，固定资金中又分为设计开发费、设备费、场地费、安装费及项目管理费等。投资估算是可行性研究中一个重要工作，投资估算的正确与否将直接影响项目的经济效果，因此要求尽量准确。

投资估算根据其进程或精确程度可分为数量性估算（即比例估算法）、研究性估算、预算性估算及投标估算，其方法主要包括指数估算法、比例估算法、单位能力投资估算法等。

（4）增量净效益法（有无比较法）。农业投资项目是一种扩大再生产的投资行为，目的在于充分合理利用有限资源求得更多的增量净效益。考虑投入或产出量在“有项目”和“无项目”条件下的差别，是识别项目费用和效益的基本方法。将“有项目”和“无项目”时的净效益进行比较，二者的差额便是由项目投资所产生的增量净效益，这种方法也称之为有无比较法。

2. 辅助方法

主要包括定性经验判断法、数学分析法、试验法。

（三）技术体系

农业项目多维可行性研究的技术体系主要由可行性研究传统技术结合多维地理信息技术组装配套而成，其中可行性研究传统技术主要包括人工调查与手工制图技术、传统测量技术、GPS 技术等。

二、农业项目多维可行性研究与农业资源优化配置的关系

从农业项目多维可行性研究的内涵与内容来看，可行性研究与资源优化配置是相辅相成、相互促进、相互支撑的关系。

（一）可行性研究为农业资源优化配置提供基础

农业项目多维可行性研究的主要内容包含农业资源优化配置，农业生产必须开发和利用各种农业资源，需要大量的资金、人和多种资源的有机分配，因

而对项目实施所需的各种资源优化配置需要一个科学的理论方法进行指导，即进行多维可行性研究。可行性研究要提出项目对各种技术、管理、生产、市场等的需求，在研究时必须充分考虑这些资源因素，并进行合理的优化配置，制定行之有效的工作方案，使项目建设取得最佳效益。可行性研究过程中，农业项目技术可行性要研究土地、水、气候等自然资源条件和当地农业生产现状，并根据这些资源条件，选择适合本区域的节水灌溉技术、配方施肥技术等技术和工程方案。经济可行性从资源配置的角度衡量项目的价值，分析项目在实现区域经济发展目标、有效配置经济资源、增加供求、改善环境、提高人民生活等方面的效益。

（二）农业资源优化配置为可行性研究提供保障

在当今科学发展观、高质量发展的战略主题下，如何在国民经济和社会发展各产业、部门间高效配置有限的农业资源，促进农业资源的节约、集约利用和高质量发展，成为需要迫切研究的农业科学课题。农业资源配置是针对农业资源经济供给的稀缺性以及资源利用过程中的不合理性而提出来的。农业资源优化配置指各种农业资源在农业生产过程中在空间、时间上的配置，使之得到最充分、最高效的利用。

“配置”是一个过程、一种手段，目的在于把一定的农业资源利用方式与多维区间适宜性、社会经济性进行适合配比，形成合理的农业资源利用结构，最大限度地提高农业资源的综合效益。“优化”是一种相对于不合理的农业资源利用问题而存在的人类期望和目标。在农业资源供给有限的前提下，如何在农业项目可行性研究全过程中合理配置农业资源，为农业项目预期目标的实现提供最优的资源配置方案，达到预期目标的最大化，发挥更大的经济、社会及生态效益。农业项目资源配置方案是多样的，不同的产品方案、技术方案、人力资源、资金投入等组合构成了不同的项目资源配置方案，因而在可行性研究中必须对这些方案进行充分论证、研究，提出适合区域内资源最优配置的方案，从而获取农业投资项目最佳的效益。

三、农业项目多维可行性研究的总体思路

（一）总体思路

传统农业项目可行性研究属于典型的二维平面静态性可行性研究，不能满足市场对可行性研究的广度与深度拓展的要求，更不能满足社会对可行性研究具有多维立体动态仿真展示与数字化管理决策的合理诉求。为此，为了满足社

会发展需求，很有必要以全新的思维、全新的理念、全新的视角，科学导入“多维信息论”要素，促进传统农业项目可行性研究向农业项目多维可行性研究转型升级。

农业项目多维可行性研究以农业资源作为重要的研究基础与对象，需要整体纳入农业资源多维优化配置循环系统、管理决策支持系统中进行全局性、系统性思考。把农业项目多维可行性研究作为农业资源多维优化配置循环系统的重要环节步骤，利用多维地理信息技术在“农业资源多维优化配置管理决策支持系统”中开发“农业项目多维可行性研究管理决策支持系统”，实现农业项目多维可行性研究与农业资源多维优化配置循环系统、管理决策支持系统的无缝对接与高度融合。同时对农业项目在技术、管理、社会生态、农产品市场营销、财务等方面的可行性进行综合分析研究，并采取数字沙盘在管理决策支持子系统虚拟动态推演可行性研究方案并进行方案优选。

（二）原则

1. 坚持可持续发展原则

农业项目可行性研究在某种程度上就是农业资源的利用问题，必须坚持可持续发展的理念，充分高效持续配置农业资源，实现农业资源利用效率的最大化。

可持续发展是高效维护、合理利用农业自然资源和经济社会技术资源等条件，正确处理农业资源利用与保护的关系，坚持在保护中开发利用的原则。农业项目的可行性研究，既要考虑项目的财务经济指标，还要兼顾农业项目建设运营全过程中相关农业资源的永续利用，既满足当代人的需要，又使子孙后代能够安居乐业，持续发展。

2. 坚持效益公平性原则

农业生产的季节性强，受气候、自然环境、市场、农业资源的影响较大，而农业项目经营者较分散且科学文化素养各不相同，农业项目相较其他项目更复杂，制约因素更多，同时农业生产的自然属性和国民经济属性相对其他行业更突出。为此，政府应该对农业项目花费更多的精力，调配更多的农业资源，尽量缩小农业与其他行业的发展差距与效益差距。在进行农业项目多维可行性研究时，除考虑项目本身的经济效益外，还要注重农业项目建设的生态效益和社会效益，使“三效”在一个合理的范围内达到平衡、公平。

3. 坚持多层次分析原则

农业项目涉及利益群体多，包括农户、合作经济组织、行政管理部门或政府，要合理调配相关农业资源，实现各利益群体的合理诉求。

国家层面的可行性研究要确定项目或规划方案对国家发展目标的重要程度和贡献率，在全国范围内合理调配农业资源，满足全国范围内人民群众的物质和文化需要、保持经济持续增长和社会稳定发展、产业结构调整、技术进步和可持续发展，改善农业基础设施建设，促进农业农村优先发展等。地区层面的可行性研究要确定地区发展目标、地区实际状况的发展次序以及项目目标和地区的优先发展次序之间的关系等。对项目层面上的可行性研究既要考虑项目能否成功，也要系统研究项目的财务效益指标和投资者的投资盈利能力，提出可行性研究的结论和科学发展建议。

第三节　农业项目多维可行性研究基本框架与要点

一、农业项目多维可行性研究基本框架

农业项目多维可行性研究基本框架主要包括可行性研究报告、附表、附图与附件四部分。根据投资方或委托方的要求，结合项目的具体要求，可以对这个基本框架进行优化调整，使可行性研究更加符合项目实际情况，具有个性化特色。

（一）可行性研究报告

主要包括概论、项目建设背景与必要性、项目选址及主要建设条件、项目市场分析、建设方案、环境保护与劳动安全、组织管理与运行机制、项目实施进度安排、投资估算与资金筹措、财务评价、效益分析、风险分析与防控措施、结论与建议等章节。

1. 项目概论

概论作为可行性研究报告的第一部分，要概述项目的全部情况，即可行性研究中各研究内容的主要问题和研究结论，并对项目是否可行提出最终建议，为决策者审查报告提供方便。

项目概论内容主要包括项目概况（项目名称、承担单位情况、项目建设方案、建设地点）、编制依据、主要技术经济指标（将研究报告中各部分的主要技术经济指标汇总，列出主要技术经济指标表，使审批和决策者对项目作全貌了解）、主要结论（对项目的产品销售、原料供应、政策保障、技术方案、资金总额及筹措、项目的财务效益、社会效益等重大问题，都应得出明确的结论）、存在问题及建议（对可行性研究中提出的主要问题进行说明并提出解决

的建议）等内容。

2. 项目建设背景及必要性

（1）建设背景。主要说明项目发起的过程、提出的理由、投资的必要性、投资理由及项目开展的支撑性条件等，从政策环境、行业准入、建设依据、前期准备等方面来说明。

（2）建设必要性。从两个层次进行分析：一是从项目层次分析拟建项目在实现企业自身可持续发展重要目标、重要战略和生存壮大能力的必要性；二是从国民经济和社会发展层次分析拟建项目是否符合合理配置和有效利用资源的要求，是否符合区域规划、行业发展规划、城市规划的要求，是否符合国家产业政策和技术政策的要求，是否符合保护环境、可持续发展的要求等。

3. 项目选址及主要建设条件

（1）项目选址。按照项目类别或属性要求，阐述项目选址的原则和建设该类项目应具备的条件。阐述项目建设用地规模，并细分各类用地，如生产用地，建设用地及其他用地等。阐述项目建设的具体位置，具体到乡镇或村。

（2）主要建设条件。阐述所选建设地点的基础条件，如项目区的自然条件、资源条件、社会经济条件以及基础设施（供电，供水）、能源、交通、通信、环境等条件的现状及与拟建项目的符合性论证。阐述建设地点主要资源（土地、能源、水源等）、基础设施条件的供需平衡测算。阐述拟建项目与当地政策、法律法规、环境等的互适性分析。

4. 项目市场分析

市场分析在可行性研究中处于十分重要的地位，任何一个项目，其生产规模的确定、技术的选择、投资估算甚至厂址的选择，都必须在对市场需求情况有了充分了解以后才能决定。而且市场分析的结果，还可以决定产品的价格、销售收入，最终影响项目的盈利性和可行性。在可行性研究报告中，要合理调配相关农业资源，调查分析和预测拟建项目产品和主要投入品的国际、国内市场的供需状况和价格；研究确定产品的目标市场与潜在目标市场；在竞争力分析的基础上，预测目标市场甚至潜在目标市场可能占有的市场份额；研究产品的营销策略。

5. 项目建设方案

主要说明项目的工艺技术和主要设备方案、建设方案与建设内容。

（1）工艺技术方案。工艺技术方案是可行性研究的重要组成部分。说明项目工艺技术选择路线（原则）及理由；技术来源及相关费用；编制工艺技术流程图，并说明主要技术环节控制措施及有关参数；阐述所选工艺技术的先进性、成熟性、可靠性及经济实用性；科学配置相关农业资源到生产工艺各环节，保障工艺技术达到预期的设计目标。

（2）设备方案。系统说明仪器设备配置的原则、理由（依据）；阐述现有仪器设备情况，并逐一说明设备名称、规格型号、数量及完好程度；说明拟新购仪器设备的名称、规格型号、数量及购置理由。

（3）建设方案。项目建设的战略定位、指导思想、原则；项目建设目标，包括产品（服务）规模目标、技术目标、质量目标及管理目标等；项目建设的总体思路、总体规划布局及其依据和理由，绘制总体规划布局图或总平面图。满足投资方或委托方对项目规划广度的合理要求。

根据项目建设总体规划布局图和工艺技术要求，结合项目申报指南规定，按照“缺什么、补什么”的原则，通过优化配置相关农业资源，合理安排建设内容，并按土建工程、田间工程、仪器设备等进行分类，以单项工程分别说明其建设内容与规模（包含工程量）。同时对项目核心区的主要建设内容尤其是土建工程进行初步设计，满足投资方或委托方对项目深度的合理要求。

6. 环境保护与劳动安全

在项目建设中，必须贯彻执行国家有关环境保护、能源节约和职业安全卫生方面的法规、法律，对项目可能对环境造成的近期和远期影响，优化配置相关资源，提出影响劳动者健康和安全的防治措施，并对其进行评价，推荐技术可行、经济，且布局合理，对环境的有害影响较小的最佳方案。按照国家现行规定，凡从事对环境有影响的建设项目都必须执行环境影响报告书的审批制度，同时在可行性研究报告中，对环境保护和劳动安全要有专门论述。

7. 组织管理与运行机制

在可行性研究报告中，根据农业项目投资方现有组织情况、项目规模、项目组成和工艺流程，研究提出相应的项目建设组织机构，科学拟定劳动力资源总数及合理调配劳动力资源，并根据项目的生产计划安排、员工定岗情况和人力资源情况制定人员培训计划。

8. 项目实施进度安排

项目实施进度安排也是可行性研究报告中的一个重要组成部分，项目实施进度安排实质上就是相关农业资源的合理调配，同时资源的优化配置，从而保障各环节任务的如期完成。所谓项目实施时期亦可称为投资时间，是指从正式确定建设项目到项目达到正常生产这段时间。这一时期包括项目实施准备、资金筹集安排、勘察设计和设备订货、施工准备、施工和生产准备、试运转直到竣工验收和交付使用各工作阶段。这些阶段的各项投资活动和各个工作环节，都是相互影响的，前后紧密衔接的，也有些是同时开展，相互交叉进行的。因此，在可行性研究阶段，需将项目实施时期各个阶段的各个工作环节进行统一规划、综合平衡，做出合理又切实可行的安排。

9. 投资估算及资金筹措

（1）投资估算。在确定项目建设方案的基础上估算项目所需的投资。分别估算建筑工程费、设备购置费、安装工程费、工程建设其他费用、基本预备费、涨价预备费、建设期利息和流动资金。

采用单位建筑工程投资估算法、单位实物工程估算法估算项目的建筑工程费用；采用设备原价加设备运杂费估算设备购置费用，以设备购置费用为基数估算工具器具及生产家具购置费用；根据设备购置费用，采用比例法确定项目的安装工程费用；根据国家有关计费文件估算工程建设其他费用，采用全额流动资金估算法估算项目所需流动资金。

（2）资金筹措。根据项目的投资估算和投资进度安排，合理估算资金需求量，拟订筹资方案，并对筹资成本进行计算和分析。在投资前做好对资金的安排，利用不同的方式筹措资金，减少筹资成本，保证项目的正常进行。

10. 财务评价

依据国家现行的财税制度、现行价格和有关法规，利用资金时间价值方法对项目进行财务盈利能力、偿债能力以及财务生存能力进行分析，以判断建设项目在财务上的可行性。

财务评价多用静态分析与动态分析相结合，以动态为主的办法进行。具体是按规定科目详细估算营业收入和成本费用，在此基础上进行预计损益表、预计资产负债表、预计财务现金流量表、债务偿还表、资金来源与运用表的编制，以及进行财务评价指标和偿债指标的计算，如财务净现值、财务内部收益率、投资回收期、债务偿还期、资产负债率等，据以分析投资的效果。

11. 效益分析

主要叙述项目建成后对社会的影响，对项目与所在地互适性等方面的社会效益进行分析，并分析项目对生态环境的影响，确保项目符合社会和生态发展的要求。

12. 风险分析及风险防控

对项目的市场风险、产品风险、技术风险、财务风险、组织风险、经济及社会风险因素进行分析，系统分析制约相应风险的主要农业资源，制定相应的防控措施，通过制约相应风险的主要农业资源的合理调配，增加项目投资方风险防范意识、提高项目抗风险能力。

13. 研究结论与建议

根据研究分析结果，对项目在技术上、经济上进行全面的评价，对建设方案进行总结，提出结论性意见和建议。

主要内容包括：①对推荐的拟建方案建设条件、产品方案、工艺技术、经济效益、社会效益、环境影响和农业资源合理配置提出结论性意见；②对主要的对比方案进行分析说明；③对可行性研究中尚未解决的主要问题提出解决办法和建议；④对应修改的主要问题进行说明，提出修改意见；⑤对不可行的项目，提出不可行的主要问题及处理意见；⑥可行性研究中主要争议问题的结论。

（二）附表

附表是为可行性研究报告所涉及的多种结论提供计算依据。主要包括固定资产投资估算表、流动资金估算表、投资计划与资金筹措表、主要产出物和投入物使用价格依据表、单位产品生产成本估算表、固定资产折旧费估算表、无形及递延资产摊销估算表、总成本费用估算表、产品销售（营业）收入和销售税金及附加估算表、现金流量表、借款还本付息计算表等相关表格。

（三）附图

附图主要包括二维平面静态图和多维立体动态仿真图。

其中二维平面静态图主要包括厂址地形或项目地理位置图、项目总平面布置图（涉及每项建设内容的分布状况）、主要土建工程的平面图、主要工艺技术流程图、项目组织机构系统示意图（也可在可行性研究报告文本中列出）、其他图件等。多维立体动态仿真图主要指农业项目多维可行性研究管理决策支持系统中重要的多维立体动态仿真场景。

（四）附件

凡属于项目可行性研究范围，但在研究报告以外单独成册的文件，均需列为可行性研究报告的附件，所列附件应注明名称、日期、编号。主要有项目建议书及其批复，项目用地、用水、用电、用气等的批复，协议或证明，环境影响评估报告（或环保部门出具的环境评价），项目法人证明（营业执照等其他法人资格证明），项目法人关于资本金的承诺书（或银行验资的报告），项目主办单位法人财务审计报告，有关农畜新品种及农业新技术鉴定书，项目所需成果转让协议及成果鉴定，其他附件（如地方配套资金证明、有偿资金按期还款承诺函）等。

二、农业项目多维可行性研究要点

（一）突出时空多维性

农业项目多维可行性研究要以时空多维性为研究基础。在时间维度上，充分研究项目区各种资源的历史发展脉络与变迁规律、现状、特征及其分布，科学预测未来发展趋势。研究项目所确定产品的“前世今生”与建设发展目标，同时项目建设有明确的投资、生产、效益的时间顺序，在这些特定的时间过程中涉及的农业资源有一定的差异，也有不同的配置方式。农业项目需要在项目区域进行空间的合理布局，其相应农业资源也要合理配置到相应的项目区域。因而要从时间和空间维度合理配置农业资源，实现农业项目多维动态可行性研究。

（二）融合“规划”与“设计”元素

为满足委托方对工程建设方案尤其是核心区工程建设方案达到初步施工设计标准的要求，解决可行性研究缺乏“规划”元素的弊端，农业项目多维可行性研究需要结合“规划”“初步设计”的元素，在突出可行性研究主题的基础上，在可行性研究中体现规划、初步设计的相关内容，实现与规划、初步设计的无缝对接与高度融合，使可行性研究更具操作性、更全面、更科学。因此相关农业资源应向研究主题集聚，同时兼顾“规划”“初步设计”等相关农业资源的合理调配。

（三）高效持续配置农业资源

在市场经济条件下，农业项目设计的产品必须适销对路，有广阔的市场前景，这些都是在可行性研究时要考虑的。通过价格准确且灵敏地反映产品的供求信息，及时调整生产量与产品方案，合理配置农业资源实现产品方案的调整优化。研究策划营销战略赢得目标市场的市场份额，通过改进技术、改善管理，实现农业资源的高效利用。同时在市场配置资源的基础上，兼顾政府的宏观调控，结合项目区域的农业资源比较优势与资源禀赋条件，合理调配相关农业资源，促进农业资源的高效持续配置，实现农业项目多维可行性研究相关目标的如期实现。

（四）科学设计项目产品

项目产品是农业项目多维可行性研究的重要设计内容，根据委托方合理诉求，并结合市场状况及其发展趋势，设计项目的主导产品及其相关辅助产品，构建以主导产品体系；围绕产品体系合理配置相关农业资源，从而保证项目产品体系达到预期目标。

农业项目多维可行性研究生产的产品不管是有形产品还是无形产品，首先必须满足人类社会最基本的生活需求，然后才考虑农产品需求的层次性、丰富多样性及安全绿色。在预测农产品未来的发展趋势时，可以适当考虑产品可能实行跳跃式增长或断崖式回落的思维方式，在合理调配相关农业资源的基础上，适当调整并优化生产规模和产品结构，使农业生产结构能更好地适应消费需求与市场的变化。

（五）系统设计技术路线

农业项目在技术方案设计时要考虑有利于农业农村经济发展、农业农村生态环境建设及提高农民收入等目标，围绕这些目标合理调配相关农业资源。采用的技术要符合当地实际，容易被农民接受；工艺技术路线是项目设计产品的最佳技术方法，能降低生产成本和全面提高生产效率。另外还要分析相关配套技术是否可行，并考虑项目经营所需的销售、运输、加工等系统的技术因素，农业生产的产前、产中、产后的产业化经营链在技术方案设计中有明确的体现。围绕项目的技术路线，合理调配相关农业资源，保证技术路线的设计科学合理，从而发挥工艺技术的最大效益。

（六）“三生”共赢

在可行性研究时，制定处理涉及利益冲突的双方、多方关系的方案时，通过相关农业资源的优化、合理配置，从而兼顾项目建设运营各方的合理利益与诉求。要把解决环境问题的目标定位于生活、生产与生态的协调发展，按照生产、生活、生态共赢的目标合理配置相关农业资源，即在处理环境与经济的冲突时，必须寻求既能保护环境，又能促进经济发展的方案，实现“三生”的协调发展。

（七）“三效”并重

农业项目多维可行性研究涉及多方利益，有农户的，有经济合作组织的，有地方行政部门或政府的，在农业项目多维可行性研究时要综合考虑各方的利益，对地方行政部门或政府来说，农业项目要考虑的是对整个国民经济的发展做出贡献的大小，通过相关农业资源的科学配置，能否有效地创造就业机会等。对经济合作组织来说，要考虑调配相关农业资源促进项目财务效益的逐步提高，增强企业实力；对农户来说，要考虑项目能否充分发挥农民参与项目建设运营的积极性，从而增加收入。通过高效持续配置农业资源，达到经济、社会、生态效益的最大化，实现农业资源可持续利用。

（八）风险分析与防控

规避风险已成为各投资主体的主观要求。农业投资项目要耗费大量资金、物资和人力等农业资源，且具有一次性和固定性的特点，一旦建成，更改难度较大。农业项目的风险不仅受市场风险、资金风险、技术风险、管理风险、政治风险的制约，更受自然风险的制约。相对于一般投资项目而言，风险分析与防控更加需要重点关注，因此要充分分析农业投资项目的风险特征，需要根据具体的农业项目，深入分析具体项目的风险，识别到基本的风险单元，并对各风险要素的影响大小进行科学合理的排序，科学分析制约各风险的主要农业资源，制定具有针对性的风险防控措施，合理调配相关农业资源进行风险的防控，尽最大努力降低风险的影响。

第六章

多维后评估

多维后评估是在后评估的概念基础上发展升级而来，不仅包含了后评估的基本概念与特征，并且在“后评估”内涵基础上科学导入“多维”“信息化”等元素，进一步拓展了后评估的内涵与外延，是后评估的更高级发展阶段。研究多维后评估内涵与基础理论方法，不仅有利于丰富和完善后评估理论体系，更有利于为农业资源优化配置提供前置条件，并能更好地指导农业生产与农业综合开发。本研究重点对农业规划、农业项目可行性研究、农业政策等进行多维后评估。

第一节　概　　述

一、多维后评估的内涵

（一）多维后评估的含义

1. 评估含义与分类

（1）评估含义。评估是指由一定的评估主体对指定的评估客体依据某种目标、标准、技术或手段，按照一定的程序和方法进行分析、研究、比较、判断、评价和预测其效果、价值、趋势或发展的一种评估活动，是人们认识、把握事物或活动的价值或规律的行为，在此基础上形成的结论性材料则是评估报告。评估报告是建立在对评估对象多角度认识、比较以及技术可能性、经济合理性的充分、客观和科学分析过程基础上，包含对评估对象的价值或所处状态的意见、判断和结论，因而能给相关部门、单位或个人（受用体）提供可靠的参考依据。

（2）评估分类

①按照评估对象进行分类。主要包括对物的评估、对人类活动的评估、对事物发展现状与趋势的评估三类。

一是对物的评估。主要是评估物的价值大小或高低，价值是客体满足受用体需要的程度，如资产评估、土地评估、房产评估等。

二是对人类活动的评估。主要是评估活动绩效的好坏、高低，绩效一般解释为成绩、成效、业绩等，是对工作成果的一种评价，项目评估属于这一类。

三是对事物现状、发展趋势的评估。该类评估既包括对组织或个体行为现状、趋势的评估，也包括对自然界的现状、发展趋势的评估，评估趋势与走向，以便做出最佳选择与判断。

②按照评估时间顺序进行分类。按照时间顺序进行分类，评估可分为事前评估、事中评估、事后评估、过程评估、跟踪评估等类型。

③按照评估内容进行分类。按照评估内容进行分类，评估可分为单一主题评估、组合主题评估、综合评估等。

④按照详细程度进行分类。按照详细程度进行分类，评估可分为快速评估、详细评估、深入持续评估等。

2. 后评估内涵

后评估是指在项目已经完成并运行一段时间后，对项目的目的、执行过程、效益、作用和影响进行系统的、客观的分析和总结的一种技术经济活动。

3. 多维后评估内涵与分类

（1）多维后评估内涵。多维后评估是指在项目已经完成并运行一段时间后，采用数字沙盘在管理决策支持系统中动态推演并遴选最佳评估方案，是对项目编制方案、执行过程、实施效果及资源配置效率进行客观系统的分析总结评价、科学预测的一种技术经济活动。

（2）多维后评估分类。

①按照不同评估时间进行分类。多维后评估分为实施效果评估和影响评估两大类，其中项目实施效果评估指项目竣工一段时间之后所进行的评估，又称为项目后评估；项目影响评估指项目后评估报告完成一定时间之后所进行的评估，又称为项目效益评估。

②按照不同决策需求进行分类。根据决策需求不同，多维后评估可分为宏观决策型多维后评估和微观决策型多维后评估两大类。其中宏观决策型多维后评估指涉及国家、地区、行业发展战略的评估；微观决策型多维后评估指仅为某个项目组织、管理机构积累经验而进行的评估。

（二）多维后评估特征体系

多维后评估特征体系由根本特征与基本特征等两大类特征构成，其中根本特征主要包括多维动态性、虚拟互动性等特征；基本特征主要包括客观公正性、整体综合性、全过程系统性、总结前瞻性、多重实效性等特征。

1. 根本特征

（1）多维动态性。后评估的多维性是指项目管理的发展是具有多种维度的发展空间，其发展过程在时间、空间层次上具有多种维度的表现和存在性。多维后评估不是静止的，而是在不断地运动变化，需要从动态发展的角度进行评估，同时在多维后评估管理决策支持系统中能达到动态化管理的目标，实现向多维立体动态仿真展示与数字化管理转型升级。

（2）虚拟互动性。科学引入“多维信息论”，充分利用虚拟仿真技术、数字化技术、空间技术、智能采集测量技术、三维建模技术、多媒体交互技术、虚拟现实技术、图像识别技术、多指触控技术等多维地理信息化技术，在农业资源多维优化配置信息化共享管理平台中搭建多维后评估管理决策支持系统。采用数字沙盘在管理决策支持系统中虚拟动态推演并遴选评估方案，实现评估各方的良性互动，有利于参与各方积极表达并满足其合理诉求，具有虚拟互动性的显著特征。

2. 基本特征

（1）客观公正性。客观公正性是多维后评估最基本的属性之一。缺乏客观公正性的后评估只能是一种伪评估。坚持历史的、唯物辩证的理念，不带个人偏见与喜好，实事求是地对农业规划、农业项目可行性研究、农业政策等进行多维后评估，力求评估结果客观公正、中肯。

（2）整体综合性。多维后评估是在活动或项目完成基础上或之后进行的，是对前评估的延续，因此，多维后评估不能只对项目的预期目标进行评估，应综合考虑项目发展的整个生命周期，包含项目策划与编制过程、项目执行过程、项目实施效果等全方位的评估，合理评估相关农业资源在全过程的配置效率，才能保证多维后评估的正确性和完整性。

（3）全过程系统性。多维后评估从多维和资源优化配置的角度丰富和完善后评估理论体系，结合多维后评估的核心理论、支撑理论等，系统构建多维后评估理论体系，其过程具有全面系统性。同时多维后评估涉及多个部门、多个产业门类，是一个复杂的系统工作，必须按照系统论的方法合理调配相关资源，进行统筹综合考虑。

（4）总结前瞻性。既然是评估，就需要对项目评估之前已发生的与项目密切相关的所有事情进行系统的总结性阐述，系统阐述项目建设的有效性及农业资源优化配置成效。通过构建相应的评估指标体系、遴选合适的评估方法与构建相应的评估模型，对项目编制过程、项目执行过程、项目实施效果等方面进行总结性评估，提出有前瞻性的调整优化措施，才能更好地为部门决策提供参考，更好地指导生产实践。

（5）多重实效性。多维后评估的评估对象具有多目标性，其评估结论显然也具有多目标性。多维后评估是对项目编制—执行—成效全过程进行系统性评估，系统阐述项目实施存在的问题并剖析其原因，提出项目调整优化与资源合理配置的前瞻性建议，为指导部门科学决策与生产实践提供参考与借鉴，其作用具备多重实效性。

（三）多维后评估的目的

构建多维后评估体系，在多维后评估理论体系的指导下，评估农业规划、农业项目可行性研究、农业政策等实施后的主要成效、主要指标完成程度；科学评估农业资源配置效率；剖析不足与负面影响的原因，总结经验教训，及时有效地反馈信息，提出项目调整优化措施与资源优化配置思路；客观公正地评估决策者、管理者的工作业绩和存在的问题，为项目建设管理单位相关政策调整优化提供科学依据。

（四）多维后评估的作用

多维后评估不仅需要对多项活动或项目制定过程、执行过程进行全方位的评估，还要将活动或项目的结果与预期目标进行有效对比，得出活动或项目制定过程、执行过程以及完成效果的正确评估，不仅是政府、企业实现现代化治理的重要手段，也是提升政府、企业公信力的重要载体。多维后评估还会把评估结论和未来趋势预测相结合提出中肯建议，有利于提高政府、企业重大决策的质量与水平，能为下一个活动或项目的决策、管理与资源优化配置提供科学、可靠的参考依据，与下一个活动或项目的前期评估进行有效衔接，是优化农业资源配置的重要环节。

二、多维后评估理论、方法、技术

多维后评估不仅涉及众多部门，而且内容复杂，依据后评估自身的特点，结合多维后评估的概念、特征体系、目的、作用等内涵，构建“理论＋方法＋技术”三位一体的多维后评估的基础理论体系。

（一）理论体系

根据多维后评估的内涵、特征、目的、作用，结合农业规划、农业可行性研究、农业政策等多维后评估的理论基础，遴选支持其发展的相关联理论，按照这些相关联理论对多维后评估的影响程度的大小，构建“核心理论＋支撑理论”相结合的基础理论体系，其中核心理论主要包括基于可持续发展的动态管理理论、系统工程理论等，而支撑理论主要包括公共治理理论、反馈控制理论等。

1. 核心理论

（1）基于可持续发展的动态管理理论。赫尔曼·戴利在1991年提出维持可持续性包含使用可再生资源的速度不超过其再生速度、使用不可再生资源的速度不超过其可再生替代物的开发速度、污染物的排放速度不超过环境的自净能力三条原则。

项目多维后评估实际上就是反馈控制法在项目管理中的具体应用。项目目标是否正确、项目目标的实现程度，都可以用反馈控制方法进行检测、预测项目实施成果，以此来设定项目目标。需要系统考虑项目的投入要素是否超出投入物临界，是否违背了维持可持续的三条原则。将项目制定过程、执行过程、执行结果与预期目标相比较，以影响下一步决策和资源调配，其作用是检查目标决策是否符合实际，以便采取措施，或调整优化目标，调整方案，或改进实施手段和方法，以保证项目目标的如期实现，全面提高投资效益。

在项目的反馈控制中，基于维持可持续性的三条原则，突出环境资源的价值，对项目的投入要素和产出实施临界控制。任何项目都不是静止的，项目时刻处于动态变化过程中，要从动态发展角度实现对环境资源的永续利用、代际公平等。在投资项目多维后评估过程中，立足于可持续发展的视角，评估项目对社会、环境和生态的影响，并实施项目的控制与反馈，在原有资源配置的基础上实现农业资源的优化配置，具有现实与深远意义。

（2）系统工程理论。多维后评估方法是根据活动或项目的生命周期，把项目划分成为若干个阶段，由于各个阶段的工作重点不同，评估内容与方法也有所区别，根据不同评估阶段的评估内容和方法分别对每一个阶段进行评估。

按照系统工程的思想，活动或项目本身作为一个大的开放的动态系统，与外部环境进行信息交换及资源和技术的输入，最后向外界输出产品，活动或项目系统的各项状态参数随时间的变化而产生动态变化。这个动态系统包括项目的全过程，主要包括活动或项目制定、活动或项目执行、活动或项目实施效果等方面。活动或项目实施全过程是相互联系、相互作用的，不能将其孤立地切割成几个部分，要从系统的观点进行活动或项目的后评估。

2. 支撑理论

（1）公共治理理论。公共治理理论就是关于不要求政府整天疲于应付各种烦琐事务，而希望政府做自己应做和能做的事，不强求自上而下、等级分明的社会秩序，而重视网络社会各种组织之间的平等对话的系统合作关系的一系列理论。公共治理理论是关于政府运作方式的一系列理论，对于完善和改进政府治理提供了理论依据，为政府提供社会服务方式增加了新的视角。

“治理”一词原意主要指控制、引导、操纵等。20 世纪 80 年代后，全球公共管理领域催生了一种新的公共治理模式。1989 年世界银行概括当时非洲的情形时首次使用“治理危机”，之后该词广泛用于政治发展研究中。全球治理委员会于 1995 年对治理概念做了权威的界定：治理是各种机构或个人管理其共同事物多方面的总和，调解不同利益主体并相互合作实现目标的持续过程，既包括迫使人们服从的正式制度，也包括各种人们为实现共同目标而达成的非正式的制度，具有主体多元化、注重结果与顾客导向、充分利用契约与市场、网络化的政策体系、强调民主化与注重公众参与等特点。

借鉴公共治理理论，建设公共治理体系，聘请独立于政府之外的第三方，对相关活动或项目的实施效果进行客观公正的评估，为活动或项目下一阶段的实施调整优化或终止提供科学决策依据，为合理调配相关农业资源，促进活动或项目的调整优化提供支撑。

（2）反馈控制理论。系统是具有输入和输出功能的有机整体，其过程是输入物质、能量和信息，在系统内部进行处理，输出新的物质、能量和信息，并利用反馈对系统进行有效的控制。反馈控制理论是指在反馈控制系统中，控制装置对被控对象施加的控制作用，是取自被控量的反馈信息，用来不断修正被控量与输入量之间的偏差，从而实现对被控对象进行控制的任务。

将活动或项目系统划分为输入、执行、输出和反馈四种基本要素。其中：活动或项目系统的输入表现为各种物资、资金、人力、技术和管理等资源要素的投入，系统执行表现为活动或项目的实施过程，系统的输出表现为活动或项目投产后的产品或劳务，系统反馈则是对活动或项目的产品或劳务进行分析研究，反馈到输入中，以对今后的活动或项目投入产生影响。

为保证经济的良性循环和农业资源高效持续配置，在对活动或项目进行管理时，应具体应用反馈控制理论做好项目的后评估工作，对活动或项目制定过程、运行过程的演变或发展及其实施效果做出科学的分析与判断，并进行有效调控，以实现活动或项目管理的科学化。

（二）方法体系

构建“通用方法＋专用方法”相结合的多维后评估方法体系，其中通用评估方法主要包括逻辑框架分析法、综合评估法、市场法、信息调查法；专用多维后评估方法主要包括定性经验评估法、定量模型评估法、对比法。

1. 通用方法

（1）逻辑框架分析法。逻辑框架法（LFA）是由美国国际开发署

(USAID) 在 1970 年开发并使用的一种设计、计划和评价的方法。该方法可应用于项目策划设计、风险分析、评估、实施检查、监测评价和可持续性分析中，已成为一种通用的方法。

逻辑框架法从确定待解决的核心问题入手，向上逐级展开，得到其影响及后果，向下逐层推演找出其引起的原因，得到所谓的“问题树”。将问题树进行转换，即将问题树描述的因果关系转换为相应的手段—目标关系，得到所谓的目标树。得到目标树之后，下一步的工作要通过“规划矩阵”来完成。逻辑框架汇总了项目实施活动的全部要素，并按宏观目标、具体目标、产出成果和投入的层次归纳了投资项目的目标及其因果关系。

逻辑框架分析法可以确立活动或项目目标与投入、产出之间的逻辑关系，并进一步分析活动或项目的效率、效果、影响和持续性等。效率的评估主要反映项目投入与产出的关系，即某项目的成本与取得的成果之间的关系；效果的评估主要反映项目的产出对项目目的和目标的贡献度；影响的分析主要反映项目目的与最终目标间的关系，评估项目对经济、社会、生态等方面的影响；可持续性分析主要通过项目产出、效果、影响的关联性，找出影响项目持续性发展的主要因素，并区别内在因素与外部条件，提出相应的措施与建议。

(2) 综合评估法。综合评估法是由第三方的专业信用评估机构以定性分析为主、定量分析为辅，对评估对象做出的全局性、整体性的评价。以综合评估法评标，一般做法是将各个评价因素在同一标准上进行量化，量化指标可以采取折算为货币的方法、打分的方法或者其他方法，使各评价指标具有可比性。

综合评估法是在各专项评估基础上进行综合分析，提出结论性意见的评估方法。这种方法利用多指标综合指数的理论与方法，将所选择的有代表性的若干个指标综合成一个指数，从而对事物的发展状况做出综合评价。综合评估既可以在各部分、各阶段、各层次评估的基础上，谋求项目整体功能的优化，也可以从不同观察角度得出结论。

综合评估法主要包括层次分析法、相对差距和法、主成分分析法、TOPSIS 法、德尔菲法、人工神经网络法、蒙特卡洛模拟综合评价法、模糊综合评价法、灰度管理聚类法等。

(3) 市场法。市场法也称市场价格比较法，是指通过比较被评估资产与最近售出类似资产的异同，并对类似的市场价格进行调整，从而确定被评估资产价值的一种资产评估方法。市场法是一种最简单、有效的方法，因为评估过程中的资料直接来源于市场，同时又为即将发生的资产行为评估。但是，市场法的应用与市场经济的建立和发展、资产的市场化程度密切相关。在我国，随着社会主义市场经济的建立和完善，为市场法提供了有效的应用空间，市场法日益成为一种重要的资产评估方法。

应用市场法进行资产评估，主要包括市场调查，选择参照物；因素比较，调整差异；综合定价三个步骤。按照参照物与评估对象的相似程度，市场法的具体方法包括直接比较法、间接比较法两大类。

（4）信息调查法。信息调查法是多维后评估中一类获得评估所需信息的方法的统称。信息调查法通过各类调查、查询或问答手段，获得第一手的定性资料和定量数据，或者获得第二手统计资料，以及获取项目参与利益各方、专家的观点看法等，从而为后评估提供真实、可靠的信息。具体而言，信息调查法可以分为资料查阅法、问卷调查法、专家讨论会法、相关单位或人员访谈法、现场调查法、电话调查法、互联网调查法等。

2. 专用方法

（1）定性经验评估法。定性经验评估法是用语言描述形式以及哲学思辩、逻辑分析揭示被评估对象特征的信息分析和处理的方法。其目的是把握事物的规定性，形成对被评估对象完整的看法。根据评估者对评估对象的表现、现状的分析，直接对评估对象做出定性结论的价值判断，如评出等级、写出评语、排出优劣顺序等。定性经验评估法是利用评估人员的知识、经验，对评估对象进行评审和比较的评标方法。定性经验评估强调观察、分析、归纳与描述。

定性经验评估法主要包括调查分析法、历史周期分析与发展趋势外推法、相似推断法、因果分析法、专项调查法、专家意见法、用户意见法等。进行设计方案的综合评价以及多方案的比较，宜采用数学处理方法对定性经验评估所得的结果进行量化处理，即定性经验评估定量化。

（2）定量模型评估法。定量模型评估法是指依据统计数据，建立数学模型，并用数学模型计算出分析对象的各项指标及其数值来评估分析的一种方法。与定性分析评估相对应，定量模型评估是一种数据分析模型，所以平时多被称为定量分析。定量评估分析一般需要较高深的数学知识，对社会现象的数量特征、数量关系与数量变化进行分析，其功能在于揭示和描述社会现象的相互作用和发展趋势。

定量模型评估法主要包括时间序列外推趋势预测法、回归模型及相关关系预测法、马尔科夫预测法、定性与定量相结合的预测法及组合预测、综合效益评估法、系统分析法、统计数据分析推断等。

（3）对比法。对比法也叫对比分析法或者比较分析法，是通过实际数与基数的对比来提示实际数与基数之间的差异，借以了解经济活动的成绩和问题的一种分析方法。对比法是将活动或项目执行前后或是否执行的有关情况进行比较，用于衡量项目实施效果与价值的分析法，可以定性描述也可以定量说明。

定性与定量的结合可以使项目执行前后的改变易于理解，帮助项目利益相关方了解项目实施的效果。对比分析法根据分析的特殊需要分为相对数比较和绝对数比较。

（三）技术体系

技术体系主要由多维后评估传统技术和多维地理信息技术组装配套而成。其中多维后评估传统技术主要包括人工调查法、电话调查法、手工制图技术等；多维地理信息技术主要包括 5S 技术、大数据分析及挖掘技术、互联网技术等。

大数据分析技术主要包括改进已有数据挖掘和机器学习技术；开发数据网络挖掘、特异群组挖掘、图挖掘等新型数据挖掘技术；突破基于对象的数据连接、相似性连接等大数据融合技术；突破用户兴趣分析、网络行为分析、情感语义分析等面向对象领域的大数据挖掘技术。而数据挖掘就是从大量的、不完全的、有噪声的、模糊的、随机的实际应用数据中，提取隐含在其中的、人们事先不知道的、但又是潜在有用的信息和知识的过程；从挖掘任务和挖掘方法的角度，着重突破可视化分析、数据挖掘算法、预测性分析、语义引擎、数据质量和数据管理等领域的关键技术难题。大数据技术能够将隐藏于海量数据中涉及农业资源配置多维后评估领域的相关信息和知识挖掘出来，为农业多维后评估提供科学依据，从而提高农业多维后评估的科学性与精准度，大大提高农业资源配置效率，为指导农业生产提供科学支撑。

三、多维后评估思路

（一）多维后评估基本思路

按照生态循环型生命周期—系统论的方法，把多维后评估纳入农业资源多维优化配置信息化共享管理平台，作为其循环系统、管理决策支持体系的子系统，在子系统中设置农业规划多维后评估、农业项目可行性研究多维后评估、农业政策多维后评估等模块，实现子系统与模块、子系统与循环系统及其管理决策支持系统的无缝对接与高度融合；利用多维地理信息技术构建符合项目实际需求的基础空间数据库，采取数字沙盘动态虚拟推演评估方案，实现评估各方的良性互动、全过程的信息化、全景化、仿真化的动态展示与数字化管理。

多维后评估作为农业资源多维优化配置循环系统、管理决策支持系统的子系统，与农业资源优化配置紧密相关，通过构建符合要求的农业多维后评估体系，重点对农业规划多维后评估、农业项目可行性研究多维后评估、农业政策多维后评估进行系统、客观的分析与评估。系统分析现已实施的农业规划、农业可行性研究和农业政策的编制过程是否合法合规，执行过程是否落实了相关保障措施与构建了有效的管理机制，是否达到预期目标及相关主要指标的实现程度，进而提出科学合理的评估结论与建议等，最终形成各自的多维后评估报告，为项目单位或政府部门决策提供参考。

（二）多维后评估原则

1. 坚持客观性和公正性的原则

多维后评估工作必须从实际出发，尊重客观事实，依据资源配置优化的实际情况和已达到的各项指标，实事求是地衡量和评估得失和效果。在分析论证时，要坚持公正、科学的态度，从客观角度，历史地、唯物辩证地全面看待问题，根据发展变化评估问题、分析原因、总结经验，独立地对项目编制过程、执行过程、实施效果等方面做出科学评估。

2. 坚持独立性的原则

独立性可保证多维后评估的合法性和公正性，多维后评估工作应由第三方机构来执行，避免决策者和管理者既当裁判员也当运动员的局面。多维后评估工作机构应从各级管理部门中独立出来，并赋予一定的监察行政执法能力，评估结果不对同级人民政府负责，只对上级人民政府负责。独立性和公正性应贯穿于多维后评估工作的全过程。

3. 坚持科学性的原则

多维后评估工作必须具有科学的评估方法、工作程序和组织管理，才能获得科学的评估结论。首先要求评估所依据的资料数据必须真实可靠，以实时监测的实际资料为依据，建立全面系统的农业资源资料信息库，以保证基础资料的现实性。其次需要构建全面系统的评估指标体系，遴选合适的评估方法与构建相应的评估模型。最后评估的结论和总结的经验要经得起实践的检验和推敲，有益于指导今后的决策工作。

4. 坚持有用性的原则

为了使多维后评估成果能对决策发挥作用，后评估应紧密结合实际问题，科学分析现行项目存在的问题，突出相关农业资源在项目建设运营各环节的配置效果，有针对性地剖析存在问题的原因。因此，要求多维后评估报告不仅要简单明了，还要突出重点，其评估结论应具有一定的使用价值，指导项目的调整优化甚至提出下轮项目顶层设计的建议。

5. 坚持可信性原则

合理调配相关资源，遴选并组建多维后评估技术队伍，搜集准确可靠的基础资料，构建系统科学的后评估指标体系与相关评估模型。多维后评估的可信性取决于评估者的专业素质和经验水平，取决于采用方法的精确性和评估过程的透明度，还取决于所采用的资料信息的可靠性和真实性。

四、多维后评估组织与程序

1. 组建多维后评估工作队伍

项目单位组建多维后评估领导小组，安排专人负责，收集整理相关资料、准备工作经费、遴选多维后评估技术单位等。同时多维后评估技术单位根据项目单位对项目后评估的要求及其项目的专业特色需求，遴选具有相应专业背景、不同职称层次、不同年龄的精干技术人员组成后评估技术队伍，实行首席专家负责制，并安排专人与项目方对接。

2. 完善多维后评估管理决策支持系统

根据项目单位具体要求及项目多维后评估的个性化特征，合理调配相关农业资源，对多维后评估管理决策支持系统进行调整优化与完善，使之更加符合项目特色化的要求。优化配置相关资源，利用多维地理信息技术构建项目区尤其是核心区的基础空间数据库，为数字沙盘动态虚拟推演评估方案提供支撑。

3. 项目单位自我评估阶段

对农业规划、农业项目可行性研究和农业政策等的实施效果进行评估（即多维后评估）。项目单位首先开展自我评估，明确多维后评估任务，合理调配相关资源，组建多维后评估领导小组，制定多维后评估工作方案。通过深入调查收集资料，分别对项目编制过程、项目执行过程、项目实施效果等方面进行全面系统的评估，分别构建相应的多维后评估指标体系，计算各环节预期目标的完成程度，最后形成多维后评估报告。

4. 行业后评估阶段

由项目所在地行政主管部门对农业规划、农业项目可行性研究、农业政策等实施效果进行深入研究，结合行业和地方建设反映的共性问题、特点及经验，提出对项目多维后评估报告的初步审查意见，出具行业多维后评估的评估报告。

5. 正式后评估阶段

由相对独立的第三方多维后评估机构组织专家对项目进行多维后评估，通过资料收集、现场调查和分析讨论，构建多维后评估指标体系，遴选合适方法并构建相应评估模型，采取数字沙盘动态虚拟推演后评估方案，对项目编制过程、项目执行过程、项目实施效果等维度进行全面系统的评估，得出评估结论、提出相关建议，最后提交多维后评估报告。

6. 评估结果反馈与应用阶段

在后评估报告编写过程中要广泛征求各方面意见，在报告完成之后要以座谈会、发布会等形式进行公布，同时公布成果报告。

基于评估结论与相关建议，项目单位根据需要对项目进行调整优化、修改甚至开始下轮项目的顶层设计，为区域经济可持续发展提供支撑。

五、多维后评估与农业资源优化配置的关系

从多维后评估的内涵、特征、目的、作用、思路与原则等方面实现与农业资源优化配置的无缝对接与高度融合，两者之间是相辅相成、相互促进、相互支撑的关系。

（一）多维后评估为农业资源优化配置提供前置条件

农业资源是有限的，如何把这些有限的资源合理配置到多维后评估生命周期全过程，实现农业资源与多维后评估生命周期全过程的无缝对接与高度融合，以获取最大的效益，这是农业生产和现代农业发展决策者和生产经营者都必须认真考虑的问题。

多维后评估是合理配置资源的前置条件与基础。只有通过后评估，才能确认农业生产活动的价值，并决定投入相关农业资源的优先顺序和比例，以寻求最佳的整体效果，有效推动农业生产各个方面的活动。只有通过评估，才能找出农业生产的不足及其已经产生或可能产生的负面影响，决定当前的农业生产是否延续、调整优化或终止，探讨农业空间布局与产业结构是否需要调整优化，不仅为农业资源优化配置提供依据，也为下一步的农业生产活动与现代农业发展提出对策建议。

（二）资源优化配置是落实多维后评估的行动指南

农业资源优化配置是代际分配合理，部门配置得当，空间布局合理，经济、社会和生态综合效益最佳的资源利用方式。农业资源的优化配置是一种技术可能、经济可行、社会可接受和无负效应或负效应最小的资源利用方式。

农业资源是否达到优化配置，体现在农业生产系统之中。一个健康良性的生产系统应该包括结构合理、功能高效、关系协调三个标准。结构合理指合理的土地利用结构、适宜的人口密度、良好的环境质量、有效的自然保护、完善的生活设施、合理的农业布局及结构安排；功能高效是指资源利用优化、人力、物力、资金的投入高效，物流、信息流畅通、快速；关系协调指人与自然的协调、社会关系的协调、资源利用和资源更新的协调、环境胁迫和环境承载

力的协调。

为了实现农业资源优化配置，必须对农业规划、农业项目可行性研究、农业政策等实施效果进行科学的评估，科学分析其面临的主要风险对项目实施已经产生和即将产生的影响，指出其发展的不足之处，进而对农业规划、农业项目可行性研究、农业政策等是否适应形势的需要做出科学判断，从而在此基础上指导农业资源的优化配置。

要认真研究和建立农业资源优化配置机制，充分发挥社会主义市场经济的基础性作用，在多维后评估的基础上，依靠科技进步，对农业自然资源和社会经济技术资源进行合理配置，并从内部结构、外部环境、经营主体三大因素的优化与协调入手，建立起一个因地制宜、趋利避害、高效低耗、良性循环的农业资源优化配置机制。

第二节 农业规划多维后评估基本框架与要点

一、农业规划多维后评估基本思路

一般来说，农业规划后评估主要对被评估的农业规划实施后的指标、重点项目建设情况等进行回顾，评价在过去的时段内现行规划的实施绩效和实施保障，没有形成系统的分析框架，评价不全面，只是简单地“对标”评估，尽管也运用系统论、社会学的基本理论和方法评价农业规划，但没有把农业规划后评估纳入农业资源多维优化配置循环系统和管理决策支持系统中综合考虑。

为此需要科学引入“多维”“信息化”元素，促进农业规划后评估向农业规划多维后评估转型升级。按照生态循环型生命周期—系统论的方法，利用多维地理信息技术，在多维后评估管理决策支持子系统（即农业资源多维优化配置管理决策支持子系统）中设置农业规划多维后评估模块，采取数字沙盘虚拟动态推演规划后评估的评估方案，科学评价规划编制过程、规划执行政策与机制、规划实施效果、农业资源配置效率等相关内容，全面系统阐述评估内容并得出科学的评估结论，提出规划调整优化建议。

二、农业规划多维后评估基本框架

农业规划多维后评估基本框架主要包括评估报告、评估附表、评估附图与评估附件等四部分。根据委托方的要求，结合评估对象—农业规划的具体情况，可以对这个基本框架的基本内容进行适当增减和调整优化，使农业规划多维后评估更加符合评估对象的实际情况，具有鲜明的区域特色。

（一）评估报告

1. 评估背景

从总体上对规划概况进行系统分析，主要阐述规划制定所涉及的政策背景、在规划编制过程中有关管理机构对编制工作所做的具体指示精神、编制规划的目的（是为了研究需要，为决策服务，还是为制定行动计划服务）等。

主要是对拟评估的规划做全面的介绍，包括农业规划编制背景、规划目标、建设任务、规划布局、重大工程与重点项目、规划保障措施（组织保障，资金保障，人才保障）等内容。

2. 规划编制过程评估

主要从规划编制时的技术规程、编制技术手段、规划过程公众参与情况、规划编制技术队伍及其负责人专业技术水平、规划成果验收审查意见、规划地方政府领导与主管部门及其相关部门的规划想法、规划编制过程中相关资源的配置等多方面对规划编制过程进行评估，难点在于还原规划编制当时的相关场景与初衷。同时对农业规划的主要内容进行科学评估，判断规划是否合法合规，是否科学可行。构建评估指标体系，遴选合适的评价方法与构建项目评价模型，对规划编制过程与主要内容进行系统全面科学的评估。

3. 规划执行评估

因规划决策具有不确定性，因此比较规划与实施效果，并不是一个可靠的评估规划是否成功的标准，应当对规划执行过程进行系统分析。实现从静态到动态的演变，越来越接近规划实施的动态不确定性本质。

着重评价规划实施方为保证规划真正落地的主要做法，规划成果中相关保障措施、管理机制的贯彻执行情况，是否跳出了“规划”的范畴执行了其他行之有效的保障措施与管理机制，地方政府是否出台了加快促进规划落地的相关优惠政策及相关法律法规。

评估难点与重点在于还原当时制定规划保障措施的初衷，通过全面搜集规划执行政策与管理机制的贯彻落实及其调整优化，构建评估指标体系，遴选合适的评估方法，对规划执行过程进行系统科学的评估。

4. 规划实施效果评估

以规划实施效果作为评估规划是否成功的依据，通过比较规划实施所达成的目标与规划所设定的目标，评估规划的实施效果。

对照农业规划，对规划实施的各种项目予以系统回顾，考核目标实现程度，并对结果进行反馈。主要阐述规划的发展战略与空间布局是否按规划进行了有效落实，规划目标、规划任务、重大工程与重点项目的完成情况，科学评估相关农业资源的配置效率。同时针对规划主要内容的现状，开展公众满意度调查，了解公众满意度，从而对规划实施的效果进行综合评估。

重点与难点在于对规划目标进行“对标”评估，构建规划实施效果评估指标体系，遴选合适的评估方法并构建评估模型，对规划实施效果进行系统科学的评估。

5. 规划实施中存在的主要问题及原因

归纳总结本轮规划存在的主要问题，先叙述规划实施后取得的成效，再分析存在的问题，如某些体系不健全、农业科技创新要加强、融资困难等，并科学剖析这些问题的存在原因。

6. 评估结论与修改调整建议

系统阐述农业规划实施以来取得的主要成绩及存在的主要问题，并提出规划执行后期是否需要修改或调整规划的结论，如需要修改或调整，提出修改或调整的建议。调整规划，对规划目标、产业、建设任务等设置不合理的地方需要进行调整优化，力争达到客观真实，更加符合规划区发展实际与发展趋势。

7. 下轮规划编制的建议与保障措施

针对本轮农业规划存在的问题，有针对性、建设性地提出下轮农业规划的调整优化建议，甚至提出科学编制下轮规划的政策与保障措施，主要包括提高规划编制的质量，制定有效的保障措施，加强规划实施部门的引导和调控，建立规划实施评价机制，建立规划考核监督机制等。

（二）评估附表

规划评估报告应结合规划的具体情况，在评估报告正文之后提供相关的附表，主要包括农业规划报告技术文件评价表、农业规划发展目标评价表、农业规划重点建设项目评价表等。

（三）评估附图

评估附图主要包括二维平面静态图与多维立体动态仿真图。其中二维平面静态图主要包括空间结构布局对比图、农业功能分区对比图、土地利用规划对比图、农村居民点规划布局对比图、重点产业与特色产业布局对比图等。多维立体动态仿真图主要指农业规划多维后评估管理决策支持系统中重要的多维立体动态仿真场景。

（四）评估附件

规划评估报告应结合规划的具体情况，在评估报告正文之后提供相关的附件，主要包括规划评估调查收集的资料、评估意见及签名等。

三、农业规划多维后评估要点

（一）真实还原规划编制实施当时场景并客观公正地评价

1. 真实还原规划编制实施过程当时场景

由于后评估技术单位与规划编制技术单位分属不同的单位，技术单位之间存在专业知识背景的差异，后评估单位不可能完全理解规划编制技术单位的规划编制整体思路，同时后评估与规划编制存在一定的时间差，后评估单位很难真实还原规划编制实施过程当时场景。尽管专业背景存在差异、真实还原规划编制实施场景有难度，但通过搜集所有与规划编制、实施过程、实施效果有关的资料，系统整理与科学分析，充分了解规划编制单位的总体规划思路、规划的主要技术手段与规划编制方法、规划区域地方政府与主管部门及其相关部门的初步想法与规划初衷等，尽最大努力争取还原规划编制实施过程的真实场景。

2. 客观公正地评价

利用多维地理信息技术，构建规划区域的基础空间数据库，在多维后评估管理决策支持子系统中搭建农业规划多维后评估模块，采取数字沙盘模型虚拟推演评估方案，对规划编制过程、规划执行过程、规划实施效果等方面进行科学评估，构建相应的评估指标体系，遴选合适的评估方法并构建相应的评估模型。后评估技术单位根据自身的专业背景，通过真实还原规划编制实施过程的场景与规划编制初衷，排除外界干扰，不掺杂评估者的个人喜好与偏见，独立地对农业规划多维后评估进行相对客观公正的评价，为规划调整优化甚至编制下轮规划提出科学合理的建议与保障措施。

（二）指标体系的科学构建

1. 系统构建指标体系

指标体系的构建是农业规划多维后评估工作的核心，应把握简洁明了与因地制宜、全面保护和发展、数据准确可获取三大原则。其中“简洁明了与因地制宜”应在完成基本指标的基础上，结合规划区域实际，增加能够体现地域特色的指标，如一些定位为生态保育功能的地区，指标可以增加本地特有的生态保护地相关指标，这也为后续生态保护转移支付做铺垫。“全面保护发展”是指相关指标体系要覆盖安全、创新、协调、绿色、开发、共享六大方面，切实落实新发展理念。由于评估结果将对规划编制调整优化、未来实施监督提供重要支撑，要确保选取的指标能够获取准确的数据信息，实现精准规划和监管。

2. 评估指标的多角度分析

由于指标特性或数据支撑存在差异等，各项指标的分析角度不同，主要采取与目标值或标准值的差异对比分析、与周边同类型地区的横向比较分析、近年来指标的动态趋势变化分析、空间布局变化分析等分析角度进行统一数据整理。

（三）战略目标与区域发展格局的评估

1. 发展定位的评估

分析现行规划的战略定位、功能定位、产品定位、目标市场定位，从综合竞争力、影响力等方面评估发展定位的准确性。

2. 发展战略评估

从区域发展、发展阶段、发展动力等方面，评估发展战略的可行性。

3. 目标指标评估

综合现行规划的目标体系，对照目标设置，分析现状与规划要求的差距，评估现行规划的实施目标达成情况，重点对未完成目标进行原因剖析。

（四）调整建议

调整建议既要针对现行规划存在的突出问题及其原因，也要结合现行规划的主要技术手段与编制方法；既要有较强的针对性，也要符合发展趋势；既要经济效益，也要社会效益、生态效益，实现“三效”“三生”共赢；既要考虑农业资源配置的效率，也要考虑资源配置的公平性与公正性；既要考虑规划区域农业资源比较优势与资源禀赋条件，也要充分利用国内、国际两个市场与两种资源，采取相应措施充分发挥农业规划区域农业资源利用效率与效益的最大化，同时还要合理调配国内外相关的可流动性资源，借助区际和国际资源发展壮大自身。

第三节　农业项目可行性研究多维后评估基本框架与要点

一、农业项目可行性研究多维后评估基本思路

（一）农业项目可行性研究多维后评估概念

农业项目可行性研究多维后评估是指利用多维地理信息技术，在农业资

源多维优化配置管理决策支持子系统（即多维后评估管理决策支持子系统）中设置农业项目可行性研究多维后评估模块，采取数字沙盘虚拟动态推演后评估方案，对农业项目可行性研究编制过程、实施执行过程、实施效果尤其是农业资源配置效率等方面进行系统评估，构建相应的评估指标体系，遴选合适的评估方法并构建科学合理的评估模型，对农业项目可行性研究实施成效进行全面、系统、科学、精确的分析评估，提出农业项目可行性研究的调整优化建议，并合理调配相关农业资源，进而促进农业资源的高效持续利用。

农业项目可行性研究多维后评估是在农业项目传统可行性研究后评估的基础上发展升级而来的，是农业项目传统可行性研究后评估的更高级发展阶段。

（二）评估思路

一般来说，农业项目传统可行性研究后评估主要对可行性研究进行总结和回顾，评价农业项目可行性研究报告是否符合常规编写格式和委托部门的要求，报告内容是否涵盖全部内容，有无遗漏，调研数据和资料是否准确，分析方法和可行性研究结论是否科学合理等，并且属于典型的二维平面静态分析。既没有跳出“可行性研究评估”的怪圈，也没有把农业项目可行性研究后评估纳入农业资源多维优化配置循环系统与管理决策支持系统中系统考虑与统筹安排。为此需要引进“多维”“信息化”元素，按照生态循环型生命周期—系统论的方法，促进农业项目传统可行性研究后评估向农业项目可行性研究多维后评估转型升级。

二、农业项目可行性研究多维后评估基本框架

农业项目可行性研究多维后评估基本框架主要包括后评估报告、后评估附表、后评估附图与后评估附件四部分。根据委托方的要求，结合评估对象—农业项目可行性研究多维后评估的具体情况，可以对这个基本框架基本内容进行适当增减和调整优化，使农业项目可行性研究多维后评估更加符合评估对象的实际情况，具有鲜明的项目个性化特色。

（一）后评估报告

1. 评估背景

背景与必要性评估是后评估首先要解决的问题，从总体上对可行性研究概况进行系统分析，主要阐述可行性研究制定所涉及的政策背景；在可行性研究

编制过程中，有关管理机构对编制工作所作的具体指示精神；编制可行性研究的目的，是为了研究需要，为决策服务，还是为制定行动计划服务等。

主要是对拟评估的可行性研究报告进行系统而全面的简单介绍，包括编制背景、建设条件、市场分析、建设方案、投资估算与融资方案、项目投资效益、项目研究结论与建议等。

2. 投资项目前期工作的后评估

投资项目建设的前期工作时间是建设项目从酝酿决定到开工建设这一段时间内进行的各项工作，是项目建设全过程的一个重要组成部分。投资项目前期工作的多维后评估是整个项目多维后评估的重点。主要包括项目立项条件后评估、项目决策程序和方法的后评估、项目勘察设计的后评估、项目前期工作管理后评估等内容。难点在于还原可行性研究编制时的相关场景与初衷。构建评估指标体系，遴选合适的评价方法与构建项目评价模型，对可行性研究编制过程进行系统全面科学地评估。

3. 项目实施工作后评估

项目实施阶段主要指从项目开工到竣工验收的一段时期。按照项目实施的工作程序，项目实施工作的后评估主要包括项目实施管理后评估、项目施工准备工件后评估、项目施工方式与项目施工管理的后评估、项目工程监理的后评估、项目竣工验收和试生产后评估、项目生产准备后评估等内容。

4. 项目运营后评估

项目运营阶段是项目投资建设阶段的延续，是实现项目投资经济效益和项目投资回收的关键时期。项目运营阶段后评估主要包括项目生产经营管理的后评估、项目生产条件后评估、项目达产情况后评估、项目投产对环境影响情况的后评估、项目投产引起的社会效果情况后评估、项目的可持续发展情况后评估、项目资源投入和产出情况后评估、项目经济后评估等，其中项目经济后评估是项目运营后评估的核心。

5. 可行性研究实施中存在的主要问题及原因

归纳总结本可行性研究存在的主要问题，先叙述可行性研究实施后取得的成效，再分析存在的问题，并科学剖析这些问题的存在原因。

6. 评估结论与修改调整建议

系统阐述农业项目可行性研究建设实施以来取得的主要成绩及存在的主要问题，并提出可行性研究执行后期是否需要修改或调整的结论，如需要修改或调整，提出修改或调整的建议。可行性研究调整，对相关目标、风险防控等设置不合理的地方需要进行调整优化，力争更加符合项目发展趋势，实现相关农业资源的高效持续配置，获取更高的经济、社会、生态效益。

（二）评估附表

投资项目评估报告应结合项目的具体情况，在评估报告正文之后提供相关的附表，主要包括固定资产投资估算与实际投资明细对比表，基本建设投资估算与实际投资对比表，流动资金估算与实际发生对比表，资金筹措与实际融资对比表，产品销售收入及销售税金估算与实际发生对比表，投入、产出主要物品价格与实际发生对比表，生产成本和费用估算与实际发生对比表，借款还本付息估算及偿还安排与实际安排对比表，项目财务、经济现金流量与实际发生对比表等。

（三）评估附图

评估附图主要包括二维平面静态图与多维立体动态仿真图。其中二维平面静态图主要包括项目区总平面布置对比图、项目区空间结构布局对比图、项目区土地利用规划对比图、项目区基础设施规划布局对比图等。多维立体动态仿真图主要指农业项目可行性研究多维后评估管理决策支持系统中重要的多维立体动态仿真场景。

（四）评估附件

主要包括投资项目前期论证报告、相关立项审批文件、后评估合同，有关项目地图、反映当地社会经济特征的图表等资料，项目评估意见的回复及补充说明文件，后评估意见及签名等。

三、农业项目可行性研究多维后评估要点

（一）突出经济后评估

1. 经济后评估主要任务

主要任务包括评估项目决策经济目标的正确性、分析鉴定项目实际的经济效益情况、分析预测项目未来的经济前景和发展趋势、检验经济评估方法和评估参数的适用情况、总结经济评估的经验教训以提高项目可行性研究的质量和项目决策的正确性、推荐可能的优化方案或提出可行的改进意见以提高项目的经济效益、提出经济后评估结论和编制项目经济后评估报告等。

2. 经济后评估主要内容

经济后评估的主要内容包括收集和审查后评估资料、项目的投资估算及资金来源的后评估、项目建成投产后的经济效益分析评估、项目实际效益指标与

预期指标的对比分析、替代方案的经济效益分析与后评估、经济后评估的综合结论与建议等。

（二）获取真实准确的实际基础数据

实际基础数据是多维后评估的基础，只有了解并掌握了实事求是的后评估基础数据，才能与预期指标进行科学的对比分析，评估结果才能准确、真实地反映现实情况。

1. 主要资料的收集与审查

主要包括项目的理想、决策和建设资料，项目建成后的效益资料，自评报告和复评报告，其他相关资料等。

2. 实际财务数据的测算与评估

主要包括投资估算及资金来源的评估、项目产品实际生产成本费用的分析与评估、项目的销售收入和利润的分析与评估等。其中投资估算及资金来源的评估主要涉及项目实际总投资的评估、资金筹措和运用情况评估、利用外资情况的评估等。

3. 实际经济数据的测算与评估

着重收集与测算实际经济数据所需的有关基础资料、项目投入物与产出物各项指标的调整与分析、项目经济费用与效益的调整与分析等。

（三）强化项目投产后经济效益的分析与评估

1. 编制基本报表

从企业财务和国民经济两个角度分别编制损益（利润）表、现金流量表、财务平衡表、资产负债表和外汇平衡表等附表，并在此基础上编制综合对照表，即后评估与可行性研究基本经济数据和评估指标对照表。

2. 实际经济效益指标

主要包括项目建成后的财务效益、经济效益、社会效益、生态效益等评估指标。其中项目财务效益后评估的主要指标包括财务内部收益率、财务净现值、投资利润率、投资回收期、投资借款偿还期、财务外汇净现值、财务换汇成本、财务结汇成本等。项目国民经济效益后评估主要指标包括经济内部收益率、经济净现值、投资净收益率、经济外汇净现值率等。

3. 投资项目前、后评估效益指标的对比分析

（1）对比指标的设置。评估指标具有全面性、阶段性评估指标与全过程评估指标相结合的特征。评估指标体系既要有反映实际效益与预期效益偏离的绝对值指标，也要有反映二者之间变化程度的相对值指标。

（2）对比指标的分析。主要分析实际建设工期变化率、实际单位生产能力投资变化率、实际达产年限变化率、实际投资回收期变化率、净现值和内部收益率变化率。

（3）指标对比方法。主要包括实际指标与可行性研究（或项目前评估）中所预测的方案指标进行对比、实际指标与主管部门确定的行业标准进行对比、实际指标与国内外同类项目所能达到的最佳指标进行对比。

（4）指标对比结果的评估。主要包括合目的性评估、合规范性评估等。

第四节　农业政策多维后评估基本框架与要点

一、农业政策多维后评估内涵

（一）农业政策多维后评估内涵

农业政策多维后评估是政策执行完成后对实施效果的评估，采用数字沙盘在管理决策支持系统中动态推演并遴选评估方案，依据一定的标准和程序，对政策内容、执行过程、实施效益与效果、目标实现程度和任务完成情况、风险与可持续性、连续性与稳定性、资源配置效率进行总结评估与科学预测的一种技术经济活动。农业政策多维后评估是农业多维后评估的重要组成部分。

农业政策多维后评估侧重于政策执行后的绩效目标实现情况、政策执行对象的满意程度和政策执行绩效差距的原因分析，突出政策绩效差距形成的因果机制，属于针对政策效果进行的评估，着眼于问题解决程度和优化程度、政策效果。

（二）农业政策多维后评估的分类

国内外学者依据不同的标准，从不同的角度对农业政策评估进行了分类。在国外评估研究的文献中，有不少关于政策评估的分类方法，美国评估研究协会根据工作程序把方案评估分为六类，即前端分析、评估性测定、过程评价、效力评估（或称影响力评估）、方案和问题监控以及元评估（或称综合评估），这六种评估类型构成了方案评估的日常内容。在国内评估研究的文献中，农业政策评估的分类表现为两大趋势：一是认为政策评估应分为三类，即正式评估和非正式评估，内部评估与外部评估，事前评估、执行评估和事后评估；二是赞同从政策影响的角度对政策评估做诸如效益、效率、效果等方面的分类。

农业政策多维后评估，从不同的角度，依据不同的标准，可分为不同的类型。从评估组织活动形式上看，可分为正式多维后评估和非正式多维后评估；从评估机构的地位看，可分为内部多维后评估和外部多维后评估；从政策绩效评估在政策过程所处的阶段来看，政策绩效评估又可分为过程多维评估和事后多维评估。

1. 按照评估组织活动形式进行分类

按照评估组织活动形式进行分类，可分为正式多维后评估和非正式多维后评估。其中正式多维后评估指事先制定完整的评估方案，并严格按规定的程序和内容执行，并由确定的评估者进行的评估。正式多维后评估预先规定绩效指标和评估方法，并定期进行。非正式多维后评估指对评估者、评估形式、评估内容没有严格的规定，根据自己掌握的情况对政策做出评鉴的评估。

2. 按照评估机构的地位进行分类

按照评估机构的地位进行分类，可分为内部多维后评估和外部多维后评估，其中内部多维后评估指由行政机构内部的评估者完成的评估；外部多维后评估指由行政机构外部的评估者完成的评估。

3. 按照政策过程所处的阶段进行分类

按照政策过程所处的阶段进行分类，可分为过程多维评估和事后多维评估，其中过程多维评估指对执行过程中政策实施情况的评估，确定政策在执行过程中是否严格观察；事后多维评估（结果多维评估）指政策执行完成后的评估，鉴定政策对所确认问题达到的解决程度和影响程度并强化和扩大政策的效果。

二、农业政策多维后评估思路与程序

（一）农业政策多维后评估思路

一般来说，农业政策后评估主要对照被评估对象——农业政策实施后的指标情况进行回顾，评估在过去的时段内现行农业政策实施绩效和实施保障，没有形成系统的分析评估框架，评估不全面，属于典型的“对标”评估。同时尽管也运用系统论、社会学的基本理论和方法进行评估，但依然没有跳出传统农业政策后评估就“评估”而“评估”的怪圈，也属于典型的二维平面静态评估。为此需要科学引入“多维”“信息化”元素，利用多维地理信息技术，实现农业政策评估由二维平面静态展示与机械式管理向多维立体动态仿真展示与数字化管理（即农业政策多维后评估）转型升级。

在多维后评估总体评估思路的指导下，在多维后评估管理决策支持系统中设置农业政策多维后评估的模块，实现农业政策多维后评估与多维后评估的无缝对接与高度融合。构建科学合理的农业政策多维后评估指标体系，遴选合适的评估方法并构建相应的评估模型，采取数字沙盘动态虚拟推演评估方案。依据一定的标准和程序，运用科学、合理的方法对农业政策的制定过程与主要内容、实施过程、实施效益与效果、农业资源配置效率等进行总结、衡量、分析和评估，以判断农业资源配置效率的高低，作为决定政策变化与调整优化、政策终止、制定新政策及优化农业资源配置的依据。

（二）农业政策多维后评估程序

农业政策多维后评估程序主要包括准备阶段、实施阶段、结束阶段三个步骤。

1. 准备阶段

作为一项复杂、系统的工作，农业政策多维后评估在实施以前必须进行周密的组织准备工作，这是评估工作的基础和起点，也是评估政策能顺利进行的前提条件。准备阶段的主要任务包括确定后评估对象、制定后评估方案、挑选和培训后评估人员等。

（1）确定后评估对象。确定评估对象实质上是解决评估什么的问题。农业政策具有相关性，某项结果的产生往往是多项农业政策共同作用的产物，要清楚地划出某项农业政策的作用范围并不容易。同时，并不是任何农业政策在任何时候都可以而且有必要进行评估。要根据理论与实际工作的需要，遵循有效性与可行性相结合的原则精选评估对象，特别是比较成熟的、政策实施效果与环境变化因果关系较明显，农业资源配置效率相对较高，其评估结论有较大推广应用价值的政策，才能达到最佳效果。

（2）制定后评估方案。制定后评估方案是农业政策多维后评估准备阶段最为重要的一项工作。评估方案是评估实施的依据和内容，评估方案设计的合理程度直接关系评估质量高低和评估活动的成败。

评估方案主要包含评估者（主体）、评估对象（客体）、评估目的（出发点）、评估标准（准则）和评估方法（手段）五个基本要素，共同构成一个完整的农业政策多维后评估系统。评估方案必须以书面的形式详细地说明五大内容。

一是阐述评估对象。科学遴选评估对象并对其进行系统阐述。二是明确评估的目的、意义和要求。评估目的决定评估的基本方向，解决的是为什么进行评估的问题。三是明确评估标准。事实分析和价值分析以及他们的有机结合是评估标准的基本内容，评估标准通常体现为评估指标体系，它决定评估类型和评估方法。四是提出评估的基本设想。根据评估目标确定评估的内容、范围，制定评估方案。五是评估方案要全面。评估方案还要说明评估场所、时间和工作进度，以及评估经费的筹措和使用等相关问题。

（3）挑选和培训后评估人员。后评估的过程实际上是一种理论研究过程，它对评估人员的理论素养要求很高，评估人员自身素质和理论水平将直接影响评估的质量。因此，必须选择适当的后评估人员，组建后评估技术队伍。根据评估对专业技术人员的综合素质与技能的需求，设置培训方案对其进行相关专业技术、技能的培训，提高其理论分析水平和实际操作能力，构建具有较高水准的多维后评估技术队伍。

2. 实施阶段

后评估的实施阶段是整个农业政策多维后评估活动中最为重要的阶段，实施后评估工作的好坏与评估活动的成败紧密相关。该阶段的任务主要包括资料搜集与整理、综合分析农业政策与农业资源配置信息、系统科学评估等。

（1）资料搜集与整理。利用各种调查手段，全面搜集农业政策制定、执行、影响、效益及其农业资源配置等方面的信息。信息是农业政策后评估的基础，评估农业政策及其优化配置相关农业资源的过程其实也是搜集信息、处理信息的过程。为了保证所获信息具有全面性、系统性和准确性，需要综合采用各种方法来搜集信息，常用的方法主要包括观察法、查阅资料法、调研法、个案法、试验法等。

（2）综合分析政策信息。要在搜集信息的基础上对有关农业政策及其相关联农业资源配置的原始数据和信息资料进行系统的整理、归类、统计和分析。

（3）系统科学评估。综合运用适合的评估方法，对农业政策及其相关联农业资源配置进行后评估，得出评估结论。在实施评估的过程中，评估者应该坚持评估材料的完整性和具体分析的科学性等原则，客观、公正地反映农业政策及其相关联农业资源配置的实际效果。

3. 结束阶段

结束阶段是处理评估结果、撰写评估报告的阶段。农业政策多维后评估离不开价值判断，个人的价值判断受客观条件和一些非理性因素的影响，存在一些不足。因此，当搜集评估信息得出评估结论后，还必须加以完善。

首先，要自我检验评估结果的可信度和有效度。其次，让农业政策及其相关联的农业资源配置设计者、决策者、执行者、参与者结合评估结论加强沟通协调，以便发挥评估的诊断、监督、反馈、完善和开发功能，提高农业政策多维后评估的科学性。重点做好两个方面的工作：撰写评估报告和总结评估。最后，评估者需形成书面形式的评估报告，提交给有关领导和相关部门，从而能及时根据农业政策实施情形决定农业政策继续实施、修改调整、终止等。评估报告除了对农业政策效果进行客观陈述，对农业政策进行价值判断，提出政策建议以外，还应包括对评估过程、评估方法和评估中的一些重要问题进行必要说明，尤其需要对农业资源配置情况进行科学评估，并对评估工作的优缺点进行总结，为提高农业政策及其相关联农业资源优化配置决策管理水平提供支撑。此外，结束阶段还要注意妥善处理决策者与评估者之间的分歧，实现决策者与评估者之间对评估报告的最大限度的协调。

三、农业政策多维后评估基本框架

农业政策多维后评估基本框架主要包括评估报告、评估附表、评估附图与评估附件四部分。根据委托方的要求，可以对这个基本框架相关内容进行适当增减和调整优化，使农业政策多维后评估更加符合评估对象的实际情况。

（一）评估报告

评估报告主要包括农业政策的评估背景、确定评估目标、评估内容与方法的界定、农业政策及其相关联农业资源配置运行情况及实施现状、农业政策及其相关联农业资源配置的实施效果、分析影响农业政策及其相关联农业资源配置实施效果的制约因素、为改进和完善农业政策及其相关联农业资源配置而提出的措施和建议等内容。

1. 农业政策内容评估

主要从背景情况、适应性和合理性、完整性、科学性、衔接水平、预测水平、创新水平等角度对农业政策的内容进行评估。

2. 农业政策执行过程评估

农业政策生命周期是指从农业政策制定到执行结束完整的周期，一般分为研究、制定、衔接、审批、实施、跟踪监测以及修订或终止等环节，每个环节又包括许多具体的程序和内容。

农业政策生命周期评估包括制定评估、实施评估和管理监督评估。其中制定评估包括确定农业政策制定主体是否具体相应资质，以何种方式参与政策制定，是否成立了咨询机构，是否提供了便利的公众参与渠道；审批与决策过程是否规范、科学、民主，决策方法和程序是否科学，论证是否充分等；实施评估主要包括实施成本的大小、实施进度、实施意见反馈与处理的及时性等；管理监督评估主要包括管理监督机构是否对农业政策制定实施进行了有效的监督管理，是否及时发现制定实施中出现的问题，是否严格按照法定程序对政策进行及时修正，实施过程中相关的农业资源是否调配到位、措施条件是否严格落实等。

3. 效益和效果评估

效益和效果评估指执行某项农业政策后，对个人、企业、团体组织、国家、社会、自然环境等方面所产生的效应及效率大小的评估。主要从环境效益、经济效益、社会效益、政策影响、政策效率等角度对农业政策实施的效益和效果进行系统科学的评估。

环境效益主要指农业政策及其相关联农业资源配置的实施对于落实国家可持续发展战略，促进人与自然和谐发展，保障农业资源的节约集约和综合利用以及保护生态环境等方面的作用。环境效益评估的重点是农业政策实施区域内自然资源可持续利用和对环境质量等方面的影响。经济效益评估主要指农业政策及其相关联农业资源配置的实施对促进国民经济全面发展的影响和作用。经济效益评估主要包括四方面内容，一是对农业政策本身的经济效益的评估，具体评估投入—产出比、农业政策资源合理利用情况等；二是农业政策的实施对有关地方和行业转变经济发展方式、提高自主创新能力、产业结构优化升级、完善市场经济体制以及提高企业经济效益的影响评估；三是对农业政策中涉及的重大项目和工程进行的财务和经济效益评估；四是对促进农业政策实施的相关联农业资源配置效率进行科学评估。

农业政策影响评估。评估农业政策对象感受到的初步影响、继发影响（即政策执行后产生的连锁反应）；初步影响与继发影响对整个社会的影响；前项政策对后项政策的影响。

农业政策效率评估。效率评估是农业政策效益与其运行费用之间的关系和比例。效益相等时，成本越小的方案越优；成本相等时，效益越大的方案越好；效益与成本的比例越大越好。

4. 目标实现程度和任务完成情况评估

农业政策的目标一般包括战略性总体目标、单项目标以及阶段性目标。对总体目标实现程度的评估应建立在对单项目标的评估基础上。农业政策中提出的目标既有定量指标，也有定性指标。

任务完成情况评估主要评估政府对社会承诺的实现程度，评估的内容应限于由政府承担主要责任的部分。主要包括政府职责的任务完成情况，对农业政策中提出实施的重大工程项目的推进情况、发展前景、经济效益等进行综合评估。

5. 风险和可持续性评估

主要通过深入分析国内外政治经济局势的变化以及重大自然灾害等突发事件引起的外部环境变化，评估农业政策及其相关联农业资源配置执行过程中的灵活性和对风险的应对能力，评估农业政策执行过程中相关农业资源的配置效率，并通过分析当前所面临的主要风险对农业政策及其相关联农业资源配置的实施已产生和即将产生的影响，进而对农业政策、农业资源配置是否仍然适应形势的需要做出判断，为下一步农业政策的制定和修订及其相关联农业资源优化配置提供依据，有针对性地采取新的政策和资源优化配置措施。

6. 连续性和稳定性评估

主要分析是否树立了科学的政绩观，是否遵循长远农业政策及其相关联农业资源合理调配的目标纲要，是否有随意调整农业政策及其相关联农业资源配置的行为，是否做到了远期目标与阶段性目标相结合，本期、上期、下期政策与资源配置是否保持承前启后的良性互动关系。

7. 综合评估与总结

主要从农业政策目标、思路、执行技术与手段、边界条件变化、农业资源配置、保障机制、重点工程实施效果、经济效益、社会效益、环境影响、可持续发展等方面对农业政策的成功度做出评估。同时提出农业政策编制及其相关联农业资源配置、实施过程中存在的问题，总结经验教训，反馈评估结果，决定农业政策是否延续、调整或终止，为下一步的农业政策编制、修订及其相关农业资源合理配置提出科学对策和建议。

（二）评估附表

农业政策多维后评估应结合农业政策的具体情况，在评估报告正文之后提供相关的附表，主要包括环境效益评估表、经济效益评估表、社会效益评估表、目标实现程度与任务完成情况对比表、重点工程实施效果表等相关评估附表。

（三）评估附图

评估附图主要包括二维平面静态图与多维立体动态仿真图。其中二维平面静态图主要包括农业空间结构布局对比图、农业产业布局对比图、农业资源配置对比图、重点项目与工程实施图等。多维立体动态仿真图主要指农业政策多维后评估管理决策支持系统中重要的多维立体动态仿真场景。

（四）评估附件

农业政策多维后评估报告应结合某项农业政策的具体情况，在评估报告正文之后提供相关的附件，主要包括农业政策多维后评估调查收集的资料、评估意见及签名等。

四、农业政策多维后评估要点

（一）探索科学的评估理论与方法

加强农业政策多维后评估理论、方法、技术体系建设，构建先进、实用的评估方法与制度设计，采取问卷调查、实地调研、察访核验、舆情跟踪、座谈交流和专家咨询等方式进行信息采集，运用成本收益分析、对比分析、对象评定、回归分析、绩效评估、案例研究、动态规划等评估方法，以翔实数据和充分论据为基础，定量分析与定性分析相结合，对重大农业政策举措进行全面、客观、系统、深入的综合分析，逐步提高农业政策多维后评估的针对性、有效性。

（二）科学确定评估标准

农业政策多维后评估，其过程是一种紧紧围绕着农业政策及其相关联农业资源配置实施效果而展开的活动，为了弄清楚某项农业政策的效果究竟是好是坏，是否实现了预期的目标，就必须首先建立一套评估的标准。一般而言，农业政策多维后评估主要包括生产力标准、农业政策运行成本标准、农业政策效益标准、农业政策效率标准、社会服务福利标准。

1. 生产力标准

生产力标准是农业政策多维后评估的根本标准，任何公共政策都应当满足多数人的利益，其中最重要的是经济利益，而经济利益要依靠社会生产力的发展来实现。评估指标主要包括农业生产力、农业综合生产力、劳动率、农民收入和生活水平、农业国民生产总值、国家实力等。

2. 运行成本标准

即政策运行时投入的货币，只有农业政策影响不明显而又很难测定时，采用运行成本这个标准来衡量，一般是把农业政策运行成本与农业政策效果结合起来评估政策的优势。

3. 效益标准

确定政策效益标准的目的是衡量政策要达到某种水平的产出所需的资源投入量或是一定量的政策投入所能达到的最大价值。效益标准的核心内容是政策是否以最小的投入得到最大有效的产出。从政策产出角度评价政策的优劣，即政策实施后的具体效益效果。

4. 效率标准

农业政策效率是指达到政策目标的程度和时间，是农业政策效益与其运行费用之间的关系和比例。农业政策效率较高，不一定获得较高的政策效益，而高效益的政策未必是高效率的政策。

5. 社会福利标准

即是否改善人民生活水平，是否提高社会福利水平。具体指标主要包括人均收入、基尼系数、文化程度、人们对农业政策的支持和响应情况等。

（三）构建农业政策多维后评估信息系统

这项工作是收集、整理、加工和使用农业政策及其相关联农业资源配置信息，为农业政策多维后评估服务。没有足够质量的信息，不能进行科学决策，同样也无法进行科学评估。但是，要全面收集政策信息及其相关联的农业资源配置又是相当复杂而困难的事情。因此要在农业政策生命周期的开始阶段就建立农业政策信息系统，对农业政策及其相关联农业资源优化配置信息的收集、加工、交流和使用进行理论研究和总体设计，同时评估第三方搜集的文字资料、数据资料及其问卷调查结果等都应纳入评估信息系统，以便改进评估系统，使评估活动更加科学有效。

（四）严密论证

充分运用系统的分析方法，围绕影响农业政策的各种因素（包含农业资源禀赋条件与比较优势等）进行全面、系统的分析，既要做宏观的分析，又要做微观的分析。要利用专家长期积累的实践经验，但是主观经验性的判断不能完全替代客观实证性的研究。在复杂多变的环境与条件下，农业政策多维后评估必须依据客观的现实，必须依靠严密的逻辑和科学的方法。同时必须进行深入的调查研究，掌握充分的第一手信息和相关数据，运用切合实际的评估方法，科学地评估农业政策实施绩效与农业资源配置效率。

（五）评估客观公正

农业政策多维后评估要从客观实际出发，要避免先入为主，不带主观偏见，不迎合“长官意志”，各种数据的推算和经济效益的分析要有科学根据。在农业政策多维后评估过程中，要广泛地听取意见，扎实深入地调研，系统地进行利弊分析，涉及的评估内容以及反映情况的数据，必须具体、客观、真实、准确。评估结论要观点鲜明，对评估对象的“可行”或“不可行”等要做出明确判断，不能模棱两可。既要肯定农业政策、农业资源配置的正确性、有效性，又要实事求是地指出农业政策与农业资源配置的不足之处及其已经产生或可能产生的负面影响，并为完善农业政策和优化农业资源配置提出有针对性的意见。

第七章

农业资源多维优化配置支撑体系研究

农业资源多维优化配置以农业资源系统作为研究对象与基础，涉及众多部门与相关要素，属于典型的复杂系统，不仅体现在系统自身的复杂性，也体现在配置过程的复杂性。而传统农业资源配置尽管也按照系统论方法指导资源配置，但一直未跳出资源配置的“怪圈”，存在配置视角与配置思路有偏差、配置模式不优化、配置体系不健全、农业资源家底不清、管理职能交叉、管理手段与配置技术较为落后、管理机制不灵活等问题，需要树立全新的农业资源系统观、生态循环型生命周期—系统论的理念，在农业资源多维优化配置信息化共享管理平台支撑下，从配置模式、配置体系、配置政策措施等层面着手，系统构建农业资源多维优化配置的支撑体系，为实现农业资源配置由二维平面静态展示与机械式管理向多维立体动态仿真展示与数字化管理转型升级提供支撑，从而实现农业资源高效持续配置，全面提高农业资源配置效率和最大限度地发挥农业资源利用效率和效益，缓解甚至解决农业资源短缺和农业资源环境承载力弱化带来的压力，实现农业资源可持续利用与人类社会可持续发展。

第一节　农业资源多维优化配置模式

农业资源优化配置模式是指在相同数量的农业资源前提下，采取相应的最优配置模式把农业资源合理投向不同的区域、部门、产业和农业生产经营主体，实现农业资源的高效持续配置，进而实现农业资源利用效率与效益的最大化。农业资源优化配置模式是农业资源高效配置的重要手段，配置模式的优劣，直接影响农业资源配置效率的高低，进而影响农业资源利用效率与效益的发挥。而农业资源多维优化配置模式的构建需要在五大发展理念的指导下，注重数字化绿色发展、科技创新、财政资金、运行机制等对农业资源多维优化配置的支撑作用。为此，本研究设计了层次性数字化绿色发展模式、科技创新示范模式、财政资金撬动模式、市场与计划双重调控模式 4 大农业资源多维优化配置模式。

一、层次性数字化绿色发展模式

该模式在“绿色发展”理念指导下，将“数字化”融入农业生产的全过程，构建“农户微小型—企业小型—区域中型—省域中大型—国家大型”五级层次性数字化绿色发展模式对农业资源进行优化配置。

（一）农户微小型数字化绿色发展模式

我国农业生产在相当长时期内，小农户家庭经营仍是我国农业经营的主要形式，而农户属于最小的农业生产单元，因而农业资源优化配置需要首先从农户的生产活动开始。政府主管部门通过合理引导并规范农户相关行为习惯，示范推广农户生产生活废弃物资源化利用和农业生产投入减量化模式，在一定程度上可以减少农业面源污染，提高资源利用效率。

区域地方政府积极开发农业废弃物资源化利用网站、数字化服务监管平台、农户生产生活废弃物资源数据库等涉及数字化绿色发展的相关的内容，全面提高农业绿色发展的数字化管理水平，以此来加强政府职能部门的监管与合理引导能力，降低农业资源配置成本和提高资源配置效率。

（二）企业小型数字化绿色发展模式

区域地方政府制定农业绿色发展的优惠政策，鼓励并合理引导企业积极投入农业绿色发展领域，促进相关农业资源流向意愿开展农业绿色发展的企业，逐步提高企业的农业资源配置效率，同时有效结合农户微小型数字化绿色发展模式，构建“企业＋基地＋农户”的合作发展模式。该模式以农户微小型数字化绿色发展模式为基础发展而来，比农户微小型模式拥有更先进的技术，更雄厚的资金实力，应对农业资源配置风险的能力更强，并能带动提高小农户提高其农业资源配置效率。

企业要积极构建数字化管理服务平台，随时服务并监管契约下的农户生产行为，而农户的农业生产及发展模式与企业产业体系要逐步实现高度对接，提高小农户的抗风险能力，从而保障双方的合理权益，构建合作关系紧密且完善、规范的企业小型数字化绿色发展模式。

（三）区域中型数字化绿色发展模式

通过区域政府、企业、种植与养殖基地、农户的共同配合，构建以区域政府为主导、企业为主体、市场化运行的农业农村废弃物资源化利用、农业面源污染综合防控的中循环机制。设计并示范推广符合区域发展实际的农业数字化绿色发展模式，通过政府、社会、企业的紧密合作，大力实施“一控两减三基本”工程，加快以“高效能零排放生态种植养殖产能”取代“高能耗多污染传统种植养殖产能”步伐，逐步实现“保生产”和“保生态”的有机结合，加速农业资源大系统内各要素的无缝对接与有机融合，逐步形成具有区域内部特色的中型生态循环的数字化绿色发展模式，全面提高区域的农业资源生态承载力。

区域政府制定农业绿色发展的优惠政策，农业经营主体充分用足、用活、用好优惠政策，发挥优惠政策集聚农业资源的最大效能，促进相关农业资源快速有效流向农业经营主体、种植与养殖基地及其相关农户，逐步提高经营主体就农业绿色发展的农业资源配置能力，构建农业经营主体的绿色发展模式，提高其绿色产品的供应与上市比例，从而在全面提高资源配置区域的生态、社会效益的同时实现经济效益的最大化，促进农业资源配置效益的最大化和实现农业资源可持续利用。

（四）省域中大型数字化绿色发展模式

引入区块链思维，结合省域自身的区位优势、政策环境优势、丰富多样的生物资源和地貌类型，按照数字化农业的要求拟定省级层面的农业绿色发展政策和现代农业绿色发展道路、发展方向、发展思路、发展目标、主要任务与建设重点等，调动和调整优化不同层次的自然资源、人力资源等农业资源，真正实现每一个过程与环节的可追溯，构建符合省域农业资源现状与发展趋势的资源优化配置整体框架，实现生产全过程管理的数字化绿色发展。

该模式是以微小型、小型、中型模式为基础，它更多是提供发展方向、目标以及规划，引导推动这三种模式可持续发展，为国家大型数字化绿色发展模式的运行提供经验积累。同时积极建设农业数字化绿色发展支撑体系，鼓励并引导社会闲散资金等农业资源投资数字化农业绿色发展项目，构建政府、社会合作共建的数字化农业绿色发展模式，逐步形成数字化农业绿色发展“社会化服务、市场化运行”的整体解决机制。

（五）国家大型数字化绿色发展模式

该模式是在市场经济条件指导下，充分利用国家宏观调控方式弥补市场配置的缺陷，实现两者的优势互补，调控农业资源向效益好的经营主体、地区、部门集中，加大流动性资源向农业资源禀赋相对较差的区域的合理流动与配置，进而实现全国范围内农业资源的优化配置。国内区际优势互补，实际上是通过产品、资源的交流，使区际甚至全国资源配置达到最佳和协调发展，全面提升资源配置的效率与公平性，缩小因资源禀赋差异而造成的区际发展水平的差距。

我国农业发展受农业资源有限性、不均衡性和生态环境功能衰减的双重制约，因此现代农业发展必须坚决贯彻落实“五大”发展理念，优化配置农业资源，协调区际发展，着力建设农业绿色发展支撑体系，构建地方各具特色的农业绿色发展模式，实现小康路上一个也不掉队，走可持续发展的道路。

国家层面上更多的是通过颁布涉及可持续发展与绿色发展的法律法规、国家文件，与国家级、地带级、片区级战略规划共同实现宏观调控方式的资源优化配置，示范推广各具特色的现代农业数字化绿色发展模式，协调农业资源在全国范围内高效流动与合理调配，实现农业资源利用生态效益甚至综合效益的最大化，促进农业资源可持续利用和人类社会的可持续发展。

二、科技创新示范模式

（一）科技项目配置模式

积极构建农业科技资金投入增长的长效机制，在持续加大国家财政资金对科技稳步投入的基础上，鼓励民间社会资本积极投资农业科技创新研发与技术推广。该模式以科技项目形式对资金等农业资源进行优化配置，具有目标性、导向性强的优点。

政府主管部门设计具有目标导向性的农业科技计划项目，受科技项目资助的单位，合理调配相关资源开展相应的农业科技创新等活动。新型农业经营主体、涉农国企，根据其自身发展需求与实际情况，设计相关科技创新项目，解决本企业的生产经营技术难题，在逐步提高其生产效率的同时全面提高相关农业资源的配置效益。

（二）“产学研用”合作模式

进一步深化农业科研事业单位改革步伐，允许科技人员兼职兼薪和合理流动，鼓励科技成果转化，加快相关政策落地，充分调动科技人员进行科技创新与成果转化的积极性，全面提高农业科技成果的转化率。鼓励并促进地方政府、新型农业经营主体、大型涉农企业与农业科研院所签订“产学研用”战略合作协议，构建优势互补、风险共担、利益共享、共同发展的合作模式。围绕区域优势特色产业和制约产业化发展的关键环节，建立“产学研用”合作示范基地，从源头上缩短先进适用科技成果转化时间，积极有效地促进农业科技成果、科技人才等相关农业科技资源合理流向有需求的地方政府、农业经营主体及其相关需求者，充分发挥农业资源的最大效能，从而全面提高农业科技资源配置效率。

（三）现代农业发展集聚区模式

按照“政府搭台＋企业唱戏＋市场运作”的方式，通过政策、资金、科技、人才等农业资源要素的有效整合与高效配置，积极建设现代农业发展集聚区，构建集聚农业资源优化配置的载体和推广示范的平台，营造资本、技术等各种资源要素高度聚集、科学配置的发展区域，培育发展壮大主导产业及特色产业，优化农业资源结构和产业结构，带动区域农业农村经济优先发展。创建主体通过土地流转，形成“企业＋市场＋科研院所＋基地＋农户”的五位一体运营机制，实现农业生产市场化导向、规模化经营、专业化布局、标准化生产、机械化作业、品牌化营销、数字化管理的现代农业发展模式。

为加快现代农业发展集聚区的建设与发展，科技必须先行。为此需要及时组建符合集聚区发展需求的专家服务团队，为集聚区发展提供全方位的科技服务与技术支撑；同时引导国家科技支撑计划、星火计划、创新基金等科技项目进入集聚区，鼓励有条件的经营主体单独或联合相关农业科研院所创建工程技术研究中心等重要科研平台，加大制约集聚区发展的关键技术的联合攻关，提高自主知识产权的占用比例。积极引进培育新品种、新技术及各类先进设施设备，全面提高集聚区农业机械化水平、新品种与新技术覆盖率，提升集聚区的现代农业科技水平，辐射带动区域农业先进科技成果的推广应用水平。

三、市场与计划双重调控模式

农业资源优化配置坚持市场为导向的原则，根据市场发展需求进行资源的优化配置，生产满足社会发展需求的农产品及其相关服务。由于市场调控的盲目性及其缺陷，加之区域农业自然资源禀赋的差异性，为兼顾农业资源优化配置的效率与公平，协调区域发展差异，区域或国家应在以市场为主导的资源优化配置模式下，强调政府宏观调控即计划调控的功能，统筹区域协调发展，缩小区际发展差距，弥补市场配置的缺陷，实现市场、计划配置的优势互补，克服各自劣势，充分发挥双重调控模式的最大效能，全面提升资源配置效率。

四、财政资金撬动模式

农业的产业性质决定了需要得到政府的大力扶持，政府扶持不仅体现在政策的扶持，还体现在财政资金的扶持方面。构建财政支农的长效增长机制，加大政府财政对农业的支持力度，通过财政资金的扶持，充分体现政府对国民经济基础性产业的重视程度、引领性及示范引导性作用，进而以有限的财政资金撬动金融资本尤其是社会闲散资金积极投资农业，缓解农业农村优先发展的巨大资金缺口和压力，通过资金的有效流动与高效配置带动相关农业资源的优化配置。

第二节 构建农业资源多维优化配置体系

人类社会受农业资源有限性与不均衡性、生态环境功能衰减的双重制约，而对于人均资源远低于世界平均水平的我国而言这种制约更加明显。随着我国社会主要矛盾的转变，特别是到21世纪中叶，我国人口将达到16亿人峰值，农业资源短缺与环境问题面临的形式将更为严峻。农业摆脱农业资源危机的基本出路就是在生态文明理念的指导下，构建农业资源多维优化配置的5大体系，实现农业资源高效持续配置，进而实现农业资源可持续利用和人类社会可持续发展。

五大体系主要包括生态型生命周期性循环系统体系和共享型多维管理决策支持系统体系、调整优化产业生产布局体系与绿色发展支撑体系、完善产学研用技术创新推广体系与精细社会化服务体系、强化动态数字化管理创新体系与高效信息化后勤保障体系、统筹协调节约集约永续利用体系与高效预警保护体系等，各体系都属于组合体系，组合体系两者之间相互促进、相互支撑、相互制约。

一、生态型生命周期性循环系统体系和共享型多维管理决策支持系统体系

（一）生态型生命周期性循环系统体系

农业资源多维优化配置涉及诸多因素与环节，农业资源多维评价、农业多维区划、农业多维规划、农业项目多维可行性研究、农业多维规划和农业项目多维可行性研究实施、多维后评估、农业多维区划和农业多维规划方案调整优化、农业资源优化配置等若干个紧密联系在一起的环节或步骤组成农业资源多

维优化配置的全过程，配置各环节通过反复的生态循环与反馈，逐步提高资源配置生命周期的生态效能，不断促进农业资源配置向更优化方向发展。这些环节组合在一起构成了“农业资源多维优化配置生态型生命周期性循环系统”，只有把各子系统置身于循环系统中才能更好地体现各子系统的生态性、生命周期性、科学性与系统性，才能更好地发挥其价值，实现子系统内部、子系统之间、子系统与循环系统的完美融合，为农业资源优化配置提供最优的方案。

（二）共享型多维管理决策支持系统体系

为实现科学高效、多方互动、多层次、全信息、全方位、全过程展示农业资源多维优化配置和数字化管理方案，按照农业资源多维优化配置工作的具体要求及发展趋势，依托农业资源多维优化配置循环系统中各子系统的个性化特色与重点，结合农业资源系统各子系统的主要特征及其发展规律，构建全国一盘棋的农业资源数据共享平台，开发农业资源多维优化配置管理决策支持系统，搭建农业资源多维评价管理决策支持子系统、农业多维区划管理决策支持子系统、农业多维规划管理决策支持子系统、农业项目多维可行性研究管理决策支持子系统、多维后评估管理决策支持子系统等不同功能的子系统，各子系统以农业资源优化配置为中心，为农业资源多维优化配置研究工作、管理决策与实施等方面提供共享型多维、可视化、动态化、数字化管理平台。

二、调整优化产业生产布局体系与绿色发展支撑体系

（一）调整优化产业生产布局体系

一方面，按照农业资源高效利用的原则，依据区域与区际现有产业生产体系，构建更加符合区域发展实际及发展趋势的农业产业生产体系。运用“农业+”思维，促进一二三产业的高度融合，着力建立更紧密的现代农业产业生产体系。完善并补齐产业体系发展“短板”，形成农业生产资料供给、农业生产、农产品仓储保鲜、精深加工及销售等环节的完整生产体系产业链。另一方面，以市场需求为导向，强化区内资源的合理调配和区际资源的优势互补，优化农业区域分工并最大限度地发挥区域比较优势，对区域产业体系布局进行调整优化，建立农业资源高效持续配置的良好产业布局体系。

我国地区差别很大，区域发展不平衡，东部经济发达，西部经济相对落后，南方水多地少、人地矛盾突出，北方地多水少、水土矛盾突出。大多数地区资源要素组合错位，地区之间资源具有较强的互补性和动态交流的必然性，应突破地区封锁，实现区际资源优势互补和区内资源优化调整，优化农业区域

分工并发挥区域比较优势，建立农业资源高效持续配置的良好产业布局体系。

（二）绿色发展支撑体系

随着我国社会主要矛盾的转变，人们对生产生活环境与食品的要求更加严格，为此应在调整优化产业生产布局体系的基础上，以市场和人民群众需求为导向，加快农业供给侧结构性改革步伐，促进农业资源向绿色发展领域集聚，生产满足市场需求的产品与服务。围绕建立和完善绿色农业技术体系、标准体系、产业体系、经营体系、政策体系、数字体系6大体系来构建农业绿色发展支撑体系，积极示范推广农业绿色发展模式，通过资源的高效配置全面改善生态环境，提高农业资源环境承载力，为实现农业资源可持续利用保驾护航。

三、完善产学研用技术创新推广体系与精细社会化服务体系

（一）完善产学研用技术创新推广体系

科技是现代农业发展的主要支撑要素，提高资源利用效率和保护生态环境既是现代农业科技的主攻方向，也是社会发展和解决我国社会主要矛盾的重要手段。构建适应农业资源高效持续利用的产学研用创新推广服务体系与现代农业技术体系，为实现农业资源要素优化配置提供科技支撑。

加大农业科研院所事业单位改革步伐，综合统筹人、财、物管理，创新发展机制，全面调动农业科研人员的积极性，激发创新创业激情，促进农业科技资源的高效配置。积极调整优化农业科研院所发展定位，既要加大基础理论性研究，也要以市场和人民群众需求为导向不断调整优化农业应用技术研究与创新方向，加速农业科技创新资源的有效集聚，为产学研用提供支撑。积极促进农业科研院所同地方政府签订农业科技产学研用战略合作协议，通过建立产学研用示范基地与孵化器，加速推进相关农业资源向示范基地与孵化器集聚。同时逐步完善农业科技推广服务体系，加快农业科技成果的转化应用与示范推广，不断提高农业生产技术水平和农业科技贡献率，最大限度地发挥农业资源的配置效能，全面提高农业资源尤其是农业科技资源的配置效益。

（二）构建完备的精细社会化服务体系

一是创新金融服务。鼓励金融机构研究开发并创新适应农业资源优化配置的信贷服务项目和信贷品种，加大对农业项目特别是重点项目的有效信贷投入。同时，根据区域农业发展的实际需要，区域内各级政府可以设立相关专项基金，用于农业基础设施建设、重大平台建设、农业科技研发、示范推广培

训等。

二是搭建信息共享服务平台。信息技术是实现农业资源优化配置的重要技术手段，利用信息化技术搭建全国一盘棋的集农业自然资源、科技教育、市场、人力资源等于一体的农业信息共享服务平台，为现代农业生产和农业资源配置提供更及时、全面、详细和准确的农业信息与服务，全面促进农业转型升级。同时要鼓励民间社会资本建设信息共享服务平台，开展集农业资源利用与保护、资源配置、农产品销售等于一体的综合性农业信息服务。

三是完善社会化服务体系。由于农业比较效益偏低，大量农村青壮劳动力外出务工及部分农民市民化，导致我国农业生产者的实际年龄、学历层次等既不足以支撑从事繁重体力劳动的农业生产，也没有消化吸收并应用农业先进技术的能力，仅仅依靠这些农业生产的实际从业者，实现农业现代化有较大难度，于是农业社会服务化应运而生。通过详细的市场调研，针对不同产业、实际农业从业人员的年龄及其学历层次等制定区域精细的农业社会化服务方案，不仅能有效解决农业实际从业人员的困境，缓解甚至解决谁来种地的压力，也能减轻农业实际从业人员的劳动强度，还能腾出更多的农村劳动力从事其他产业，优化农民可支配收入的构成比例，同时还有利于农业标准化、规模化、机械化、专业化生产和产业化经营，更好地保障重要农产品尤其是粮食的供给安全。通过精准配置农业资源，构建精细化的社会化服务体系，进一步优化农村劳动力资源的社会化分工，合理调配农村劳动力等相关农业资源在一二三产业内部的配置比例，从而全面提高农业资源配置效率，为农业增效、农民增收、农村增美和城乡统筹发展提供支撑。

四、强化动态数字化管理创新体系与高效信息化后勤保障体系

农业自然资源的禀赋差异和部分流动性，导致资源可控性差，管理成本较高，这也是农业资源配置效率低的重要原因。同时农业资源高效配置的相应软硬条件与环境还有待提高，根据市场经济和农业资源特点，应建立与之相适应的农业资源管理体制、运行机制，并营造良好的配置环境，需要加强国家宏观调控。

（一）强化动态数字化管理创新体系

积极创新农业资源配置管理的体制机制，在国家机构改革的基础上，进一步调整优化国家管理机构的行政职能与职责范畴，尽量防止交叉管理，避免出现人浮于事的局面，完善一线和基层管理人员职务晋升的畅通渠道，充分调动其工作积极性，构建农业资源配置管理相对较为集中且运转高效灵活的体制机

制。利用多维地理信息技术积极搭建全国一盘棋的农业资源多维优化配置管理决策支持系统和农业资源共享空间数据库，促进农业资源配置管理向动态数字化管理转型升级。

（二）营造高效信息化后勤保障体系

积极导入信息化元素，优化区域农业资源高效利用与后勤保障环境，营造运转高效的信息化后勤保障体系。配置区域政府要不断完善有利于区内资源高效利用和区际农业资源合理流动的政策保障体系，转变政府职能，强化涉农部门和政府职能部门的职责。积极建设后勤保障大数据，构建信息化后勤保障服务平台，对于从事区域农业生产发展的农业经营主体、相关机构及致力于农业国际合作的国际友人、相关外资单位要在信息、工商、检验检疫、海关等服务方面提供便利和优质服务，为涉农招商引资、区际农业合作交流等相关农业资源合理流动营造一个服务优质、办事效率高的良好环境。

五、统筹协调节约集约永续利用体系与高效预警保护体系

农业资源不仅存在重用轻养的情况，而且还存在破坏生态环境甚至掠夺式经营的现象，人类面临生态环境功能衰减和资源有限性、不均衡性突显的双重压力，为实现人类社会的可持续发展，树立永续利用与高效保护统筹协调的资源观迫在眉睫，构建统筹协调的农业资源节约集约永续利用与高效预警保护体系是实现农业资源高效配置的重要手段。

（一）节约集约永续利用体系

我国人多地少，人均资源占有量远低于世界平均水平，树立节约集约永续利用的资源观，对于我国而言尤为重要。农业资源永续利用不仅涉及众多部门，还涉及农业资源系统，属于典型的复杂系统，需要按照综合系统论的方法，构建农业资源节约集约永续利用体系。资源节约集约永续利用的根本保障是农业资源的高效持续配置，保护的目的是利用，在利用过程中，全程全方位贯彻落实可持续发展理念，以生态绿色的可持续发展理念指导并调控农业资源的合理、优化配置，促进更多的农业资源向“永续”利用领域集聚。积极示范推广农业资源可持续利用模式，促进农业资源利用各环节、各层面的节约集约永续利用。加大农业资源高效且永续利用先进适用技术的示范与推广力度，辅助采取相关工程与管理措施，全面提高农业资源永续利用技术的普及率，从技术、工程、管理措施的角度为资源永续利用提供支撑。加大农业可持续发展的财政资金投资与效益示范，带动社会资本积极投资农业可持续发展体系的构

建，搭建农业资源可持续利用支撑体系。

（二）高效预警保护体系

保护是实现永续利用的前提，积极构建具有预警功能的高效农业资源保护体系，实现在保护中开发，农业资源节约集约永续利用才能实现。

一是建立资源环境监测预警体系。制定全国一盘棋的农业资源环境监测预警实施方案，构建农业资源环境监测预警体系，设置单项农业资源、组合农业资源、综合农业资源的承载力评价指标体系，对评价指标及其相关联指标进行实时监测，开展农业资源承载力年度评价，评估地区农业资源超载程度并进行预警提示，根据评价结论设置相应的调控政策与技术工程措施，协调农业资源与自然生态环境的关系，强化农业资源环境保护力度，为农业资源优化配置提供依据，促进农业资源可持续利用。

二是实施资源内部挖潜战略。积极开发丘陵、草原、水域、沙漠、海洋等其他自然资源，生产食物和各种农林牧渔产品。大力实施土地综合整治尤其是农村建设用地整治，积极实施“增减挂钩”、土地开发、旱改水等策略，扩大新增耕地指标并增加其产能。

三是实施“藏粮于地、藏粮于技”战略。合理划定“两区”，加强永久基本农田保护；大力实施高标准农田建设工程，全面提高高等优质耕地比例；协调耕地保护与合理利用关系，合理划定国土空间“三线”边界，严守18亿亩耕地红线。积极推进主要农产品尤其是粮食行业高产优质、绿色环保技术研发与储备，大力实施主要农产品尤其是粮食科技增产工程，解决制约主要农产品农业产业化关键环节、关键节点的重大技术瓶颈。

四是实施“环境替代资源”的战略。建立并实施资源替代战略，缓解农业资源尤其是淡水和耕地资源的压力。通过实施设施工程，强化农业资源中的环境要素（光照、温度、湿度、二氧化碳等可再生资源），对水肥实施精准控制，使设施内作物生长发育不受或很少受自然条件制约，提高不可再生资源（土地、水和矿质养分）的利用效率，甚至实现资源循环利用的农业生产模式。实施“环境替代资源的战略”可大幅度提高农业的产出率，缓解我国耕地、人口、水等资源压力，是增加农业可持续发展潜力的有效途径。

五是积极开拓国际资源市场。借助“一带一路”和构建人类命运共同体的契机，积极开拓国际资源市场，鼓励国有企业和实力雄厚的民营企业，与世界各国企业合作开发相关农业资源，生产满足国人需要的农产品和相关需求。

第三节　农业资源多维优化配置政策与保障措施

农业资源优化配置是农业资源合理开发、节约集约利用和有效保护的重要手段，也是缓解甚至解决农业资源短缺和全面提升农业资源环境承载力的重要保障，有利于农业资源高效持续配置和全面提高农业资源配置效率。农业资源优化配置是实现我国农业农村优先发展和解决我国目前社会主要矛盾的重要措施，有利于实现人与自然的和谐发展，进而实现人类社会可持续发展。

农业资源优化配置是以农业资源系统为研究对象与基础，需要树立全新的农业资源观与农业资源优化配置理念，在农业资源多维优化配置信息化共享管理平台支撑下，进行政策与保障措施的系统梳理与综合研究。通过系统调研与综合研究，以多维性、系统性、综合性、融合性、前瞻性、信息化、数字化为研究视角，从农业资源的详查、高效利用、有效保护、数字化管理和全面应用等层面着手，系统研究农业资源高效持续配置与利用保护的战略，提出实现农业资源多维优化配置的政策与保障措施，全面提升农业资源配置效率，最大限度地发挥农业资源利用效率和效益，使有限不均衡的农业资源实现可持续利用，进而促进人类社会的可持续发展。

一、启动农业资源详查和农业多维区划工作

中华人民共和国成立以来，尽管我国开展了第一轮农业区划、1～3 轮土地详查、耕地后备资源调查、地名普查、农业资源台账制度建设试点等资源调查工作，但作为国民经济基础性产业的农业，一直未开展真正意义上的农业资源详查工作。农业部门虽然也有自身的数据调查统计渠道，但农业资源的真正家底没有全方位地掌握，没有发布被国家、社会广泛认同的农业资源详查数据及资源数字化地图。同时首轮农业区划已完成超过 30 年，农业资源种类、规模、特征、分布、功能等都发生了很大变化，对农业资源优化配置的指导作用日渐弱化，“三农”领域重大战略决策、重大工程和项目的规划设计都受相关部门的数据和数字化地图的制约，部门决策的科学性、合理性在一定程度上受到制约。

农业资源多维优化配置是以农业资源现状家底为基础，结合各农业区的发展方向、建设途径等分区成果做的统筹安排和合理配置。家底越清楚，农业分区就越科学合理，农业资源多维优化配置就越高效，就越能促进农业资源的可持续利用。为全面提高农业资源多维优化配置方案的科学性，为农业资源可持续利用提供权威的农业资源详查数据和科学合理的农业分区方案，很有必要利

用多维地理信息技术等先进技术，启动农业资源详查和农业多维区划工作，完善农业资源多维优化配置的基础支撑，也为国家宏观战略决策和战略实施提供依据。

二、优化资源配置的形式

（一）强化农业科技要素配置，调整优化农业资源配置结构

加大农业资源优化配置供给侧结构性改革步伐，积极调整优化农业资源配置结构，加大现代要素的配置与供应，有效解决现代农业发展中的人才、技术、资本、市场等资源瓶颈。加大实施科技兴农战略，转变农业生产方式，推动农业发展由依靠物质要素投入驱动向依靠科技进步驱动转变，提升社会经济技术要素尤其是科技要素对农业资源优化配置的影响力，全面降低农业生产对自然资源的过度依赖，提升农业资源配置的科技贡献率。

（二）加大农业资本要素配置，理顺农业资源配置投资资金来源

保证农业稳定持续投入是提高农业资源配置效率的前提。我国农业发展存在低投入高索取的现象，部分区域资源承载力趋于临界值，环境功能存在衰减的现象，构建农业稳健投入并持续增长的长效机制，不仅能提高农业资源的生态环境承载力，也能为农业资源高效持续配置提供资本支撑。整合各类涉农项目财政资金，集中财政资金解决制约农业农村优先发展的关键区域、关键环节与重点领域。充分利用金融杠杆拓宽融资渠道，缓解新型农业经营主体和农业农村优先发展对资金需求的压力。积极鼓励农民投工投劳，按照一定比例折算为现金作为股金参与项目投资建设与分红。充分利用财政、税收、土地等优惠政策和有序释放土地特别是农村建设用地的红利等手段，引导社会闲散资金投资农业农村领域。通过这些途径进一步理顺农业资源配置的投资来源，构建稳健的农业资源配置的长效投资机制，促进资本等农业资源向农业农村集聚，进而实现资本等农业资源的高效持续配置，最大限度地发挥资本等农业资源配置的综合效益。

（三）加大农业政策要素配置，创新农业资源配置政策与制度

一是破除城乡“二元体制”，统筹调配城乡资源。农业资源优化配置最根本、最有效的手段就是制度的创新。在某种程度上，制度分层是城乡发展不公和资源配置效率相对低下的重要原因。经济新常态下的农业资源配置应正确认识城乡关系，转变计划经济体制下非均衡的传统发展模式，打破泾渭分明的城

乡“二元体制”，消除工农资源价格“剪刀差”现象。只有实施城乡统筹，农业农村才能拥有资源分配的制度依据，农业、农村、农民才能平等参与资源分配，公平获取农业资源。为此应加大城乡资源的统筹协调，构建统一开放的城乡市场，逐步实现城乡资源同权同价，有效推动城乡资源一体化。同时加快资本、人才、科技、信息等相关农业资源合理流向农业农村，推动优质资源向农业农村转移，不断提升农业农村的资源获取能力，达到资源的城乡统筹与合理调配，加快农业农村优化发展步伐，进一步缩小城乡发展差距。

二是制定并创新扶持政策，加大农业政策要素配置力度。制定区域农业资源配置的扶持政策，资源配置区域政府颁布并实施《关于加快推进农业资源多维优化配置的实施意见》，就土地、电力、农机、财政、金融等领域制定并创新相关扶持政策。通过制定并创新相关扶持政策，全面提升农业农村优化发展的内生动力，加速推进农业资源科学有序向农业农村转移和集聚，进一步彰显政策对农业资源配置的引导、调配作用。

三、搭建大数据资源体系平台

农业资源多维优化配置不仅涉及农业资源，而且还涉及配置区域、国家的相关方面，同时还与配置区域以往农业资源配置的方案息息相关。所有涉及农业资源配置的数据组成了内容驳杂丰富的数据集合，这些数据集合不仅包括“数字”，还包括“视频、图片、音频、文本”等不同格式，涵盖结构化、半结构化、非结构化等多种数据结构类型，具有典型的大数据属性特征。与传统农业资源配置数据和方法相比，大数据在从宏观到微观层次揭示人类空间活动模式和规律、农业资源变迁规律、农业资源利用方式等方面更具优势。利用多源、异构、碎片化、驳杂、海量和不同采集频率的农业资源数据，搭建农业资源多维优化配置大数据资源体系平台，形成农业资源多维优化配置数据库，系统阐述配置区域的农业资源配置历史及其发展脉络、特征、变迁规律及配置区域的优势，不仅能打破农业资源管理与配置的“信息孤岛”，也有利于跳出资源配置的怪圈，进而实现所有涉农部门关于农业资源的相关信息共享，夯实农业资源配置的数据基础，为制定最优的资源配置方案、全面提高配置效率与提高管理决策的准确性及合理性提供大数据支撑。

四、完善实施监管体系

大力实施“配置—评估—监管—问责”制度，在大数据资源体系条件下构建并完善农业资源多维优化配置实施监管体系，搭建国家、省、市、县纵向贯通，各相关部门横向协同的农业资源多维优化配置监督实施信息平台，纳入农业资源多维优化配置信息化共享管理平台。再科学务实的农业资源配置方案，没有构建良好的实施监管制度体系，配置效能的发挥都有待商榷。为保障农业资源多维优化配置方案真正落地，实现农业资源高效配置，需要搭建农业资源多维优化配置方案编制后的实施评估、实施监管和问责制度，并且将三者与配置方案编制、批复工作建立起有效的制度“闭环”。

（一）构建实施评估体系

目前虽然开展了农业资源配置效率评估，但一般仅限于学术层面上的研究，没有上升到政府管理决策工作的层面，即使政府相关主管部门工作职责中涉及评估的范畴，但执行并落实评估工作职责的力度不强，对农业资源多维优化配置管理决策的作用效果也不明显，更没有形成评估体系，也没有形成制度上的常态。为此必须严格执行并落实部门工作职责，把落实农业资源多维优化配置实施效果评估作为政府涉农主管部门考核的重要内容，制定农业资源多维优化配置评估实施管理办法与相关技术规程，强化评估职责考核与技术标准体系，构建集各相关部门评估与综合性评估相结合的系统性评估体系，作为农业资源多维优化配置监管体系和优化配置方案的重要实施依据。

评估分为五年评估与年度快检两个时间维度。五年评估主要对农业资源优化配置实施目标的一致性和实施效果、编制技术手段、执行过程与机制等多个维度进行评估，配置效率分析是五年评估的一个重要依据。年度快检类似于农业资源优化配置的动态监测，主要对农业资源承载力体系进行监测和预警。

（二）构建全面高效的实施监管体系

制度闭环中的监管体系作为问责和处罚机制的有力基础，主要从三方面构建运转高效的监管体系。一是组建相对独立且具有一定督查监察处置能力的第三方评估机构。将监管职责从配置责任主体中相对独立出来，赋予相应的督查监察职责，规范审计监督、配置技术和业务的技术性督查、行政程序和行政行为的行政监察处置能力，防止出现既当裁判也当运动员的配置体系结构性问题，评估只对上一级政府负责而不对同级政府负责，才能全面提高督查监管的力度和效果。二是构建严明的农业资源多维优化配置行政问责与处罚机制。树立擅自修改农业资源多维优化配置方案和浪费甚至破坏农业资源及农业资源多维优化配置重大设施工程就是违法犯罪的思想意识，同时结合其他领域的改革，对我国的行政法进行一定程度的修订。对于农业资源多维优化配置相关的行政管理失职造成的包括农业自然资源资产损失在内的重大问题，应当设立相应的罪名和罚则。

五、加大工作队伍建设力度

（一）加强行业队伍建设

一是理顺职能部门职责，统一归口管理。农业资源管理与配置涉及农业农村、水利、商务、科技、扶贫、文化旅游、发改、自然资源、林业、生态环境等众多涉农部门，存在管理职能交叉、管理相对混乱、管理成本居高不下、管理效率较低等问题。为此，应由农业资源多维优化配置区域政府组织牵头，成立农业资源多维优化配置领导小组，农业农村部门具体负责，涉农部门参与，整合其农业资源多维优化配置的相关职责，形成部门发展合力，统一归口到农业农村部门具体管理。统筹协调配置区域农业资源配置的高质量发展，形成统一有序的良好发展机制。

二是组建多学科高素质的专业技术队伍。农业资源多维优化配置不仅涉及众多学科，其综合性、系统性都很强，需要组建以农业软科学研究、农业应用技术研究、计算机与信息学研究等科研事业单位为主的联合体从事农业资源多维优化配置研究工作，同时结合不同类型农业资源多维优化配置工作任务与具体要求，搭建多学科不同专业应用背景的高素质专业技术人员队伍，实现多专业多层次的技术人员联合作业，发挥各自专业的特长，从不同专业角度进行协同研究与联合攻关，取长补短，避免单一学科研究的局限性、片面性。

三是强化基础性工作的业务培训。农业资源多维优化配置工作的业务范围不仅涉及面广、业务工作量大，而且要求高、技术手段较为先进，大量繁琐的基础性工作不可能全靠专业技术队伍完成，需要对完成基础性业务工作的技术人员与业务人员进行相关培训，设置相应的技术规范、培训课程与内容，采取集中授课、现场操作指导、实习点评等形式，统一认识、统一规程、统一步调、统一方法、统一技术，为高质量地按时完成农业资源多维优化配置研究工作提供基础支撑。

（二）全面提升农业从业人员综合素养

农业从业人员是落实农业资源多维优化配置方案的直接实施者和第一操作者，农业从业人员综合素质的高低决定农业资源多维优化配置效果的好坏。为全面提升农业资源优化配置效率，实现农业资源可持续利用，必须全面提升农业从业人员的综合素养。

一是加快高层次农业人才的引进和使用。深化科研院所事业单位改革，建立健全并严格落实科研机构、高校、企业农业科技人才双向交流和兼职兼薪制度。鼓励涉农政府主管部门采取管理技术咨询、社会购买服务、产学研用合作等方式引进和使用人才，建立人才引进“绿色通道”，提供一站式便捷服务，同时为高层次人才提供施展其才华的舞台，并为其安心工作、全身心创新创业解决后顾之忧。二是创新涉农专业教育形式。鼓励区域性大专院校设立农业特色产业学院或专业，加大区域农业发展的专业型、实用型人才培养，为区域农业农村优先发展提供急需的专业人才。同时积极拓展业务教育培训空间，联合区域农广校开设区域优势特色产业的相关技术技能长期培训，解决产业发展的实际技术管理经营难题，努力提高农业从业人员素质。三是加快本土农业人才的培养和使用。鼓励和支持各单位创新人才培养方法，根据岗位职责对技术人才的要求和不同层次科技人才的知识结构，采取请进来、送出去、课堂教学、以老带新、实践实训等多种方式促进人才的成长。同时完善科技专业性人才的职务薪酬晋升通道，形成人人爱岗、以企业为家的良好工作氛围。四是大力培养精干高效的“三农”工作队伍和高素质农民。完善并落实基层干部队伍的工资职务晋升通道和相关激励政策，最大限度地激发基层干部的工作热情与潜能，培养一支“一懂两爱”的“三农”工作队伍与实干家。积极培育高素质农民，大力实施高素质农民认证制度，让真正掌握了现代农业先进技术、懂经营、会管理的高素质农民专门从事农业生产，全面提高高素质农民的身份地位，真正激发高素质农民的创业激情、创新热情，全面促进农民增收、农业增效、农村增美。

六、提升公众参与的广度与深度

农业资源多维优化配置的目的不仅是满足社会生产发展需求，还要满足各相关利益主体的合理诉求，只有全面提升公众参与的广度与深度，协调并真正落实公众合理、有效的意见，才能满足各相关利益主体的合理诉求，落实以人为本的高质量发展理念，全面提升农业资源优化配置效率，促进经济、社会、生态协调发展。

公众主要包括管理决策者、相关技术人员、普通民众（包含经营主体）等，而普通民众正是公众参与部分最为庞大的群体。对农业资源多维优化配置的了解程度、参与意见的有效性、个人能力等都是影响普通民众真实参与配置方案编制与决策的重要因素，而影响程度最深的是时间性和空间性，普通民众在时间和空间上都无法真正参与农业资源多维优化配置全过程，在管理决策环节属于典型的象征性参与，但在生产实施环节属于重要的实际参与者或第一顺位实际参与者。

为全面提升公众参与农业资源优化配置管理决策环节的广度与深度，需要从参与群体着手，创新公众参与方式与技术。不仅需要从组织编制方式上从单纯的政府主导向多元主体协同参与转变，从单纯注重技术方案参与向注重沟通协商参与转变，在全过程中以不同形式、不同平台邀请利益相关方参与，并真正注重公众合理性意见的吸收与采纳。同时还需要创新公众参与技术，开发集WEB开放技术、信息数据库、WEB服务器、浏览器等为一体的农业资源多维优化配置GIS公众参与平台，并与农业资源多维优化配置信息化共享管理平台进行无缝对接。通过农业资源多维优化配置GIS公众参与平台的开发建设，实现公众参与向可视化、信息共享及全面化、多维动态数字化方向转型升级，让公众能够随时随地参与讨论，公众参与不再受时间和空间的限制，保证公众参与的有效性，全面提高公众参与的积极性。

REFERENCES 参考文献

曹云，2017.“一带一路”背景下新疆农业资源配置效率及优化［J］. 中国农业资源与区划（7）：135-141.

陈玢，2013. 探索北京“多维”理念城市规划实施指引体系［J］. 北京规划建设（3）：458-557.

陈东，王志强，张晓亚，2018. 现代农业工程项目建设标准体系框架研究［J］. 中国工程咨询（12）：32-39.

陈艳华，2018. 三维规划审批建模技术的研究与应用［J］. 科技创新与应用（19）：152-154.

丁安邦，2016. 生态文明视野下福建省农业资源配置与整合［D］. 吉林：吉林大学.

范淼，郭金宇，王嘉瑞，2017. 农业信息技术在农业生产中的运用［J］. 南方农机（2）：99.

付强，2005. 农业水土资源系统分析与综合评价［M］. 北京：中国水利水电出版社.

葛天航，2015. 编制农业建设项目可行性研究报告的思考［J］. 农业科技与装备（3）：79-80.

葛亚峰，姜北，王东旭，2019. 三维规划辅助决策［J］. 中国建设信息化（7）：56-59.

宫文，2011. 接替资源找矿对矿业城市可持续发展影响分析［D］. 北京：中国地质大学.

顾莉萍，毛翔飞，肖运来，2015. 现代农业产业规划指导理论与操作实务［M］. 北京：中国农业科学技术出版社.

郭少军，2016. 治理理论对高职院校学生工作的启示——以内蒙古电子信息职业技术学院为例［J］. 价值工程（9）：183-185.

哈尼帕·哈布都拉，张永帅，2009. LINGO 语言在农业资源优化配置中的应用［J］. 环境与管理（3）：63-65.

何晶丽，2008. 黑龙江省农业项目的可行性研究［D］. 哈尔滨：黑龙江大学.

何灵，赵建娜，2012. 基于综合评估法的电网企业物资招标评标方法研究［J］. 华北电力大学学报（社会科学版）（4）：36-39.

何宁，2014. 农业项目的可行性研究在农业投资中的地位和作用［J］. 科技致富向导（14）：231-231.

何永浪，吴宗法，2009. 发展结果导向的公共项目管理模式及方法研究［J］. 经济论坛（23）：12-15.

侯智慧，2017. 内蒙古农业资源利用可持续评价［D］. 北京：中国农业科学院.
黄和平，王智鹏，2019. 农业土地资源利用效率评价及改善路径研究-以江西省 11 个设区市为例［J］. 中国生态农业学报（中英文），27（5）：803-814.
金江，2010. 现代物流企业价值评估方法选择与模型构建［J］. 科技经济市场（7）：95-96.
金群淤，李宁，2019. 大数据技术融合数据驱动的国土空间规划编制探索［J］. 价值工程（21）：279-280.
靳京，吴绍洪，戴尔阜，2005. 农业资源利用效率评价方法及其比较［J］. 资源与科学（1）：146-152.
井瑞祥，2011. 水利工程项目评标方法研究［J］. 内江科技（1）：18.
景丽星，2012. 基于实物期权理论的粮食储备库的投资分析［D］. 武汉：华中师范大学.
李罡，2019. 信息技术在城市规划管理中的应用体系研究［J］. 工程技术研究（7）：110-111.
李南江，程良勇，2019. 三维规划验收系统设计研究［J］. 现代信息科技（5）：18-20.
李善同，周南，2019. "十三五"时期中国发展规划实施评估的理论方法与对策研究［M］. 北京：科学出版社.
李伟，2008. 农业投资项目评价研究［D］. 长春：长春理工大学.
李志军，2016. 第三方评估理论与方法［M］. 北京：中国发展出版社.
栗金池，刘文科，杨其长，2010. 利用设施农业技术实现"环境替代资源"的战略构想［J］. 中国农学通报，26（3）：283-285.
梁大伟，2018. 智慧社区安全防范风险评估方法研究［J］. 信息系统工程（1）：81-82.
梁学庆，宋戈，2004. 黑龙江省农业资源配置机制研究［J］. 东北农业大学学报（社会科学版）（9）：11-13.
林卿，2005. 世贸组织框架下闽台农业资源整合与优化配置［J］. 台湾研究集刊（1）：53-59.
刘慧，1998. 中国农业资源配置现状研究［J］. 资源科学（9）：18-25.
刘江宜，余瑞祥，朱建娣，2004. 贵州省农业资源竞争力评价研究［J］. 贵州财经学院学报（6）：67-70.
刘军，邓文，周克艳，2014. 湖南创意休闲农业发展战略研究［M］. 长沙：湖南大学出版社.
刘军，2011. 湖南省农业资源可持续利用评价研究［J］. 江西农业大学学报（社会科学版）（9）：65-70.
刘军，2012. 湖南省农业资源利用综合评价研究［J］. 中国人口·资源与环境（6）：96-102.
刘乾进，2013. 路桥投资项目后评价反馈机制研究［J］. 经营管理者（25）：195.
刘新卫，2007. 农业资源利用效率研究综述［J］. 国土资源情报（1）：40-45.
刘秀荣，2007. 高等教育投资项目后评估研究［D］. 天津：天津大学.
刘学明，2000. 农业投资项目理论与实践研究［D］. 北京：中国农业科学院.
刘洋，霍剑波，赵跃龙，等，2014. 中国农业建设项目可行性研究存在问题与对策分析

[J]．中国农业资源与区划，35（6）：75-78.
刘颖，贾秀荣，2018. 三维信息化技术在城市规划管理中的应用［J］．规划师（12）：73-78.
刘玉龙，吴卫荣，王燕，2017. 多维信息融合方法及技术研究［J］．计算机应用与软件（6）：101-105.
陆忠军，刘克宝，刘艳霞，等，2010. 黑龙江省农业多维空间信息平台建设的研究［J］．黑龙江农业科学（1）：101-102.
鹿星，倪红珍，杨明祥，等，2014. 水资源优化配置的可视化决策支持系统分析平台［J]. 水利水电技术（1）：24-27.
罗其友，马力阳，高明杰，等，2018. 县域农业资源承载力评价预警系统构建初探［J］．中国农业资源与区划（2）：1-7.
罗其友，2000. 21 世纪我国农业资源配置战略［J］．农业现代化研究（1）：37-40.
罗瑶，汤放华，莫文波，等，2019. 基于 Super Map 的二三维一体化城乡规划设计技术研究［J］．城市学刊，40（3）：66-72.
吕富保，1996. 区域农业资源优化配置的 SDLP 方法［J］．生态农业研究（12）：57-60.
马爱锄，2000. 农业资源配置理论与方法研究［D］．西安：西北农林科技大学．
马爱慧，张安录，2012. 农业补贴政策效果评价与优化［J］．华中农业大学学报（社会科学版）（3）：33-37.
马磊，乔芳丽，张青山，2011. 沈阳经济区新型工业化发展水平定量研究［J］．经营与管理（8）：86-88.
农业资源与可持续发展关系研究课题组，2002. 农业资源优化配置与农业可持续发展［J]. 中国农业资源与区划（2）：44-50.
农业资源可持续发展研究课题组，2003. 农业资源优化配置与生态环境建设［J］．中国农业资源与区划（2）：56-62.
彭俊，卢艳松，夏凯，2017. 一种基于 SOM 的多维农业时空数据可视化分析方法［J］．江苏农业科学（5）：244-248.
彭雪君，2014. 水资源论证后评估指标体系及方法研究［D］．武汉：长江科学院．
彭英子，2019. 基于三维 GIS 的城市规划信息系统研究［J］．工程技术研究（20）：29-30.
平英华，2014. 规范完善农业投资项目可行性研究报告的研究［J］．安徽农业科学，42（30）：10724-10725，1075.
祁菲，2019. GIS 技术在国土空间规划公众参与中应用研究［J］．中国住宅设施（9）：77-78.
闰玄梅，张晓玲，雷锦霞，2016. 山西省农业资源高效利用技术［J］．现代农业科技（1）：283-284.
宋维佳，刘凤芹，2007. 东北地区农业资源优化配置［J］．研究财经问题研究（5）：70-76.
宋伟，陈百明，陈曦炜，等，2010. 农业资源利用效率的重新诠释与评价-以江苏省常熟市和江西省泰和县为例［J］．地理科学进展，29（3）：319-326.
宋伟，2015. 农业资源利用效率评价及其优化管理设计［M］．北京：气象出版社．
宋耀辉，马惠兰，戴泉，2013. 塔吉克斯坦农业资源利用综合评价研究［J］．科技和产业（7）：13-17.
苏世亮，吕再扬，王伟，等，2019. 国土空间规划实施评估：概念框架与指标体系构建［J］．地理信息世界，26（4）：20-23.
孙凤莲，沈金虎，2018. 吉林省农业水资源优化配置的路径选择研究-来自日本的启示［J］. 广东学刊（3）：134-143.
孙睿，2019. 农业信息技术应用思考［J］．南方农业，13（3）：183-184.
孙潇，黄映晖，2019. 北京市农业废弃物资源化利用分析与展望［J］．农业展望（8）：75-80.
唐华俊，罗其友，等，2008. 农业区域发展学导论［M］．北京：科学出版社．
唐伟，朱玉洁，王喆，2018. 气象现代化区域发展水平评估实证研究［J］．阅江学刊（3）：46-54.
陶蕊，施筱勇，迟计，2019. 国外发展战略与规划评估的案例研究及启示［J］．软科学（1）：29-33.
藤田昌久，保罗·克鲁格曼，安东尼·J·维纳伯尔斯，2005. 空间经济学：城市、区域与国际贸易［M］．梁琦，译．北京：中国人民大学出版社．
田成铭，2019. 刍议四维空间［J］．科学技术创新（27）：57-58.
田政，2003. 当前农业项目可行性研究的特点分析［J］．中国工程咨询（4）：50-51.
佟彪，党安荣，李健，等，2017. 规划的多维协调与融合-“多规合一”实践探索综述［J］. 北京规划建设（1）：97-101.
佟长福，李和平，刘海全，等，2019. 水资源高效利用实践与可持续利用对策-以鄂尔多斯杭锦旗为例［J］．中国农村水利水电（10）：70-74.
汪军，陈曦，2019. 英国规划评估体系研究及其对我国的借鉴意义［J］．国际城市规划，34（4）：86-91.
汪艳涛，王记志，2019. 区域农业资源利用效率的时空比较研究-以湖南省 14 个地（市、州）城区为例［J］．江西 农业大学学报（社会科学版）（12）：62-66.
王丰，2009. 基于优化烟草农业资源配置的中介组织创建构想［J］．中国烟草学报（2）：57-60.
王海燕，2002. 农业资源可持续利用研究——农业资源承载力和可持续性评价［D］．北京：中国农业大学．
王小林，2003. 农业项目投资群体决策支持系统［D］．北京：中国农业大学．
王毅，廖卓娴，2019. 湖南文化创意产业园区发展分析与建设路径［J］．经济地理，39（2）：215-223.
温晓玲，2008. 关于科技项目评估的几点思考［J］．技术与市场（2）：38-40.
文化，2009. 农业发展规划编制的方法与案例［M］．北京：中国农业科学技术出版社．

吴磊，2017. 供给侧改革与我国农业资源配置研究［J］. 农业经济（8）：79-81.
吴丽丽，徐充，2014. 中国城乡公共资源均衡配置的制度探析［J］. 北方论丛（2）：143-147.
吴思齐，2015. “数字沙盘”为农业规划排兵布阵［J］. 农村工作通讯（24）：64.
吴宗法，马振鹏，孟秀焕，2015. 基于模糊神经网络的公共项目绩效评价模型研究——以发展结果为导向的理论框架构建［J］. 南京审计学院学报（1）：85-94.
夏佐铎，姚书振，余瑞祥，2003. 地质调查项目社会评价分析［J］. 中国矿业（2）：2.
谢非，2014. 面向农业物联网信息的多维时空数据可视化的研究［D］. 杭州：浙江大学.
谢高地，章予舒，齐文虎，2002. 农业资源高效利用评价模型与决策支持［M］. 北京：科学出版社.
谢兰兰，陈东升，2018. 加拿大的农业支持政策：水平与实施效果评价［J］. 现代管理科学（5）：115-117.
邢千里，1989. 试析传统农业的资源配置方式［J］. 农业经济问题（12）：43-46，39.
邢著荣，冯幼贵，吴爽，等，2019. 实景三维在城市规划中的应用［J］. 城市住宅（7）：57-59.
徐金暐，2017. 现代信息论应用与发展［J］. 电信快报：网络与通信（5）：42-44.
徐铭辰，2019. 我国专项规划评估的现状、理论方法及评估制度保障［J］. 科技管理研究（3）：194-198.
徐萍，吴群，刘勇，等，2003. 城市产业结构优化与土地资源优化配置研究-以南京市为例［J］. 南京社会科学（增刊）：340-346.
徐勇，1998. 农业资源高效利用评价的程序、内容及方法［J］. 资源科学（9）：12-17.
许暖，沈波，王欢，等，2014. 基于熵权法的信息安全健康度评价模型［J］. 安徽电子信息职业技术学院学报（3）：32-36.
薛晓轩，2012. “数字江城”多维规划管理系统解决方案［J］. 测绘与空间地理信息，35（12）：86-87，92.
杨传喜，徐顽强，王敬华，2013. 基于复杂适应系统理论的农业科技资源配置研究［J］. 系统科学学报（2）：81-93.
杨林娟，韩建民，2006. 确定甘肃农业优势产业 促进农业资源配置优化［J］. 中国农业资源与区划（4）：13-17.
姚凤民，朱美金，2019. 广东农业资源配置效率评价及其优化［J］. 地方财政研究（80）：89-99.
姚捷，2005. 上海重大项目后评估方式［J］. 上海经济（3）：34-36.
易静华，刘艳华，苗冠军，2015. 宁夏农业科技资源配置模式研究［J］. 安徽农业科学，43（35）：332-335.
余真，2019. 基于BIM的三维规划辅助决策系统研究与实现［J］. 城市勘测（3）：23-27.
袁林，张永伦，2001. 项目可行性研究的可靠性问题［J］. 技术经济（5）：58-60.
袁占良，张子平，2002. 多维地理信息系统及其在土地管理中的应用研究［J］. 测绘通报

（5）：14-16.
张海林，2018. 农业补贴政策调整完善绩效评价分析与思考［J］. 新会计（5）：46-48.
张慧，2019. 基于三维虚拟 VP 技术的景观规划系统设计［J］. 现代电子技术，42（12）：132-135.
张良驯，2019. 中长期青年发展规划评估的标准、模式和程序［J］. 中国青年社会科学（1）：40-48.
张天柱，2008. 现代农业园区规划与案例分析［M］. 北京：中国轻工业出版社.
张万强，赵俊三，李红波，等，2014. 土地资源优化配置研究评述［J］. 安徽农业科学，42（1）：322-326.
张伟，聂锐，王慧，2014. 全生命周期视角下水资源多目标优化配置研究［J］. 现代经济探讨（1）：89-92.
张翔，关里，2018. 多规统合，多维表达，"大数据"时代城乡规划新思路［J］. 建筑建材装饰（18）：125-126.
张臻，王龙昌，赵虎，2010. 农业资源优化配置决策支持系统［J］. 农机化研究（12）：6-10.
赵廷东，张化枫，2013. 灾后需求评估-理论、方法与实践［J］. 自然灾害学报（6）：24-31.
赵伟，藤田昌久，郑小平，2009. 空间经济学：理论与实证新进展［M］. 杭州：浙江大学出版社.
赵伊娜，2016. 生态经济视角下农业资源配置效率评价与优化-以河南省为例［J］. 安徽农学通报，22（14）：11-15.
郑芳，2013. 新疆农业水资源利用效率的研究［D］. 石河子：石河子大学.
郑海霞，封志明，张陆彪，等，2006. 甘肃省县域农业资源利用效率综合评价- 基于遗传投影寻踪方法［J］. 经济地理（7）：632-635.
郑青，2010. 闽台农业资源配置模式演进及前景展望［J］. 亚太经济（4）：133-137.
中国农业科学院农业资源与农业区划研究所，2016. 打造多维信息空间规划平台［J］. 农业工程技术 农业信息化（3）：38.
钟庆泽，2019. 三维地理信息技术在城乡规划管理中的应用研究［J］. 规划与设计（10）：81-82.
周灿芳，肖广江，刘序，2015. 区域农业规划理论方法与应用研究［M］. 北京：中国农业出版社.
周肇光，2008. 区域经济学概论［M］. 合肥：安徽大学出版社.
朱传耿，马晓冬，孟召宜，等，2007. 地域主体功能区划——理论·方法·实证［M］. 北京：科学出版社.
朱绍新，尹进，1996. 农业项目可行性研究的应用与展望［J］. 农业经济（11）：47-48.
朱绪荣，2012. 国家现代农业示范区规划方法与案例［M］. 北京：中国农业科学技术出版社.

朱作文，2005. 我国农业项目可行性研究的问题与对策［J］. 科技情报开发与经济（23）：82-83.

左为，2019. 对国土空间规划构建的思考［J］. 黑龙江自然资源（1）：47-51.

Fu Q，Zhu C，Jiang Q，et al，2015. Water resource management based on trade-off analysis of multi-dimensional critical regulation and control indicators［J］. WATER SCIENCE AND TECHNOLOGY-WATER SUPPLY，15（4）：552-558.

Li M，Guo P，Zhang LD，et al，2015. Multi-dimensional critical regulation control modes and water optimal allocation for irrigation system in the middle reaches of Heihe River basin，China［J］. ECOLOGICAL ENGINEERING（3）：166-177.

POSTSCRIPT 后 记

我国受农业资源有限性与不均衡性、环境功能衰减的双重制约，人均资源拥有量远低于世界平均水平，发挥农业资源的最大配置效率尤为重要。随着我国社会主要矛盾已经转化为人民日益增长的美好生活需要和不平衡不充分的发展之间的矛盾，农业资源高效持续配置与可持续利用日益受到社会、政府的高度关注与重视。

课题负责人长期从事农业区域发展战略研究，主要在农业资源评价、农业区划、农业规划、农业可行性研究、后评估等领域开展研究与咨询工作，敏锐地发现这些研究咨询工作都与农业资源配置有着千丝万缕的联系，也贯穿于农业生产发展的始终，是从宏观到微观、从顶层设计到直接指导农业生产的不断递进过程。随着国家农业资源区划办公室的撤销，农业区划工作呈现逐步萎缩的趋势，作为承前启后的一代“农业区划人”，应该通过研究来发声，凸显新时期农业区划工作的重要性，引起国家的重视，达到虽然撤销工作机构但不弱化甚至强化区划工作职责的目的。

课题负责人通过文献查询与初步研究，发现传统农业资源配置尽管也运用系统论指导农业资源配置，但一直没有跳出就“配置”而谈“配置”的怪圈，而传统农业资源配置属于典型的二维平面静态展示与机械式管理，在一定程度上限制了农业资源配置效率的最大限度发挥与资源的可持续利用。同时农业资源配置具有时空多维性、生态循环型生命周期性的根本特征，而多维空间就在我们身边，并且城市规划管理决策中已引入了多维规划的理念，能否借助先进技术手段，以全新的思维、全新的理念、全新的视角，科学导入“多维”“信息化”元素，实现传统农业资源配置由二维平面静态展示与机械式管理向多维立体动态仿真展示与数字化管理转型升级呢？创意、创新的火花在本课题负责人刘军研究员脑海中突然迸发出来，于是课题最初的研究想法与雏形应运而生，开始积极谋划本课题的研究设计工作。

本书由课题主持人刘军研究员负责统筹设计与创新点凝练、拟定提纲、任务分工、执笔，戴健华、宗锦涛、皮向红、刘贝、刘学文、钱炬炬、陈丽桦、吴亚军、莫惠、何东霖等同志参与了本课题的研究、写作与出版工作。

衷心感谢湖南省财政厅徐洪武处长对本课题的认同与立项支持！感谢各位专家学者百忙之中对本课题研究提出的中肯修改建议！感谢湖南省农业科学院的领导和同事们给予的鼎力支持和热情帮助！感谢本书参考文献的所有作者，是你们的智慧和思想给予笔者十分重要的创新启发，同时由于参考文献很多，尽管在整理参考文献方面做了大量努力，力求全面，争取不遗漏，但仍有可能存在遗漏，对已参考但未纳入参考文献的作者深表歉意！最后要特别感谢中国工程院院士、湖南省农业科学院党委书记柏连阳在百忙之中为本书作序，中国工程院院士、湖南省农业科学院院长单杨为本书题词。

对于本课题的研究，前后用了四年左右的时间，虽然做了多次修改完善，但总觉得问题仍不少，需要今后不断进行深化、拓展研究。同时本课题的课题名称也是经过多次调整优化而来。最初为“农业多维区划与资源优化配置研究”，然后调整为“农业多维区划视角下的农业资源优化配置研究”，再次调整为“多维视角下的农业资源优化配置研究”，最后调整优化为目前的课题名称。每一次课题名称的调整优化都是研究思路与角度的大调整，充分体现了创新思维更加明确、更加清晰的演进过程。由于作者水平有限，书中缺点错误在所难免，一些观点或结论难免有失偏颇，也敬请学术界前辈、同仁和广大读者不吝指教，以便再版时完善。

图书在版编目（CIP）数据

农业资源多维优化配置研究/刘军著．—北京：中国农业出版社，2022.7
ISBN 978-7-109-29644-2

Ⅰ．①农…　Ⅱ．①刘…　Ⅲ．①农业资源—资源配置—研究　Ⅳ．①F303.4

中国版本图书馆 CIP 数据核字（2022）第 118277 号

中国农业出版社出版
地址：北京市朝阳区麦子店街 18 号楼
邮编：100125
策划编辑：边　疆　　责任编辑：张　丽
版式设计：杜　然　　责任校对：刘丽香
印刷：北京中兴印刷有限公司
版次：2022 年 7 月第 1 版
印次：2022 年 7 月北京第 1 次印刷
发行：新华书店北京发行所
开本：700mm×1000mm　1/16
印张：16.25
字数：300 千字
定价：80.00 元
